AF619536

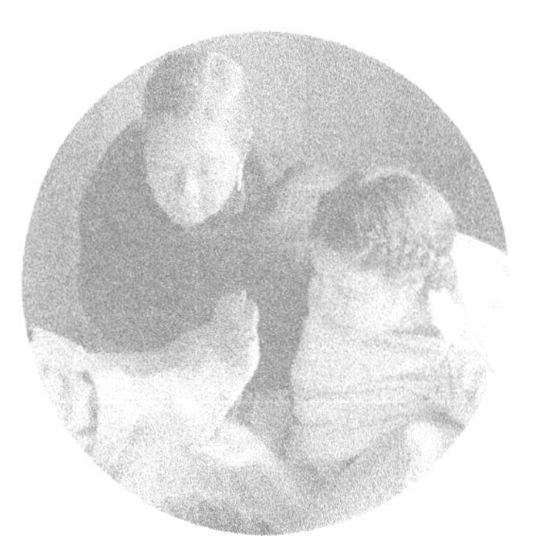

La forma video
Tra cinema e arti visive dopo il digitale
di Milo Adami

Le traduzioni dall'inglese e dal francese sono dell'autore.
In copertina: Stan Douglas, *Hors Champs,* 1992. Installazione video, Coll. Centre Pompidou. Foto di Philippe Migeat.

www.postmediabooks.it
isbn 9788874902613

LA FORMA VIDEO

Tra cinema e arti visive dopo il digitale

Milo Adami

postmedia • books

Prefazione
Valentina Valentini

L'indagine su cui questo volume si fonda è stata condotta da Milo Adami – giovane studioso e regista con una attiva pratica nel campo del cinema documentario – durante i suoi tre anni di dottorato alla Sapienza[1]. L'urgenza che la motiva e ne struttura l'ipotesi è: dove ha trovato scampo e dimora la pratica videografica dopo l'avvento delle tecnologie digitali?

Rosalind Krauss in *L'arte nell'era postmediale* (2005)[2] sostiene che il video abbia incarnato la fine della specificità mediale propria del moderno perché non ha unità formale, essendo l'"eterogeneità' la sua essenza. Anche per Fredric Jameson, il video «così strettamente connesso al computer e all'informatica dominanti nella fase tarda, la terza del capitalismo, può a buon diritto dirsi la forma artistica *par excellence* del tardo capitalismo» e sancisce la fine dell'autonomia dell'opera d'arte, perché predominante è la dimensione del flusso[3]. Nell'era digitale televisione, radio, cinema non esistono più ciascuno con il proprio specifico *medium*, ma trasmettono dal computer come dal cellulare, su diversi supporti mobili. La pratica videografica a partire dagli anni Novanta attraversa una fase critica (il primo capitolo di questo volume, infatti, porta il titolo *Le origini del trauma*). Basti ricordare che Bill Viola per la produzione del ciclo *The Passions* (schermi LCD con immagini di figure umane in *slow motion*), allestisce un set e vi dispone dei performer secondo un piano di regia, per cui la videocamera non è più la camera stylo con cui riquadra il mondo e se stesso. E infatti Jean-Paul Fargier, sensibile osservatore, interprete e teorico della fenomenologia videografica sin dalle origini, si pone la domanda: che rapporto c'è fra le opere di Bill Viola prima e dopo gli anni Novanta? In che momento l'arte elettronica, è diventata una sopravvivenza senza rapporto con quello che è stato? «[...] Nel momento in cui [Bill Viola] ha smesso di apparire nelle sue installazioni, nelle sue bande! Fra *The Passing* (1991) e *The Greeting* (1995). Fra una *camminata* nella Death Valley e un *à la manière de* Pontormo»[4].

Scrive Milo Adami: «Agli inizi degli anni Novanta l'introduzione sul mercato dei primi schermi e video proiettori LCD (Liquid-Cristal-Display), più leggeri e luminosi dei precedenti modelli tricromatici CRT (Cathode-Ray-Tube), consente con estrema facilità di proiettare il video in qualsiasi tipo di spazio espositivo, su uno schermo di grandi dimensioni o a parete [...] mentre le opere pensate per il tubo catodico richiamavano un tipo di fruizione più intima e privata, quelle pensate per la video proiezione sembrano piuttosto ispirarsi all'architettura barocca: – citando il catalogo della mostra del 1996 *Being Time: The Emergence of Video Projection* – 'sono più spettacolari, immersive, polimorfe, seduttive e disarmanti'»[5]. A fine Millennio si impone, oltre alle videoinstallazioni e ai videoambienti interattivi, l'universo delle *Live Media Arts* (videomapping, multiproiezioni, live VJ) che implicano un passaggio dal terreno dell'arte a quello variegato dell'intrattenimento e della comunicazione, tant'è che: «La parola 'video' si eclissa progressivamente dai titoli delle mostre e persino un festival storico quale la *Semaine International del la video* (attivo dal 1985), sceglie nel 1999 di abbandonarla per cambiare il suo nome in *Biennale des images en mouvements*»[6]. Immagine in movimento diventa il comune denominatore di una famiglia audiovisuale che trova nelle tecnologie digitali l'omogenizzazione del processo produttivo dell'immagine che ha azzerato le specificità dei supporti e viceversa moltiplicato i formati. L'avvento delle tecnologie digitali produce, citando Raymond Bellour, l'estetica della confusione[7].

Questo sinteticamente lo sfondo entro cui Milo Adami conduce l'indagine sulla forma video e le sue persistenze dopo gli anni Novanta. Non ultimo con il digitale, oltre al termine video, scompare anche quello di videoarte sostituito da «*video culture*, [che] rispetto a quello di 'video arte', meglio si adatterebbe ad un'epoca in cui tutte le forme visive, circolanti nel contemporaneo, sono generalmente diventate '*visual culture*'. In un processo di definizione, il video ha perso i legami con la propria storia e il proprio supporto per disperdersi nelle forme audiovisive del contemporaneo»[8].

Assumendo l'unità mostra (*Passages* [1990], *Eight Spaces: Eight Installations* [1995], *Being Time: The Emergence of Video Projection* [1996], e tante altre) come insieme significativo di opere, teorie, autori, Milo Adami seleziona e analizza un campione non convenzionale di video, installazioni e film, ricostruendo le fonti, il pensiero, le pratiche, avendo particolare cura di non semplificare i percorsi variegati e complessi del video. La conoscenza della storia delle tecnologie e la competenza nell'uso diretto del dispositivo elettronico permette di analizzare le opere rispetto ai modi compositivi, alle tecniche, passando con agili confronti dal decennio Settanta al nuovo millennio, dal passato al presente, ritrovando nel cinema il video. Per Milo Adami si tratta di farsi guidare da un metodo in grado di: «Interpretare e accostare tra presente digitale e passato elettronico, rivalutando la storia e migliorando il nostro orientamento nel labirinto del digitale, [...]. La prospettiva dello storico dell'arte (lo studio filologico delle opere considerate nella loro diversità di dispositivi, linguaggi, estetiche, l'analisi delle mostre, le interpretazioni critiche, i testi teorici), arricchita dal confronto con le altre discipline, dai *media studies* all'estetica, dal cinema alla fotografia, dall'antropologia visiva alla storia delle tecnologie, rappresenta una valida via per non consegnarsi allo smarrimento o all'aporia delle forme e dei formati digitali»[9].

Alla domanda: dove rintracciare l'eredità del video, domanda basilare posizionandosi dalla prospettiva degli anni Novanta, Milo Adami risponde con questa ipotesi: «Al di sotto dell'eterno presente sul quale si regge l'immediatezza e l'interazione della comunicazione digitale, in realtà esiste un continuo e costante recupero e aggiornamento, cosciente o meno, di forme che provengono dal passato»[10]. Ovvero, «piuttosto che decretarne la fine – propone Adami – non sarebbe più fruttuoso individuare i sintomi e le ricadute della storia del video nel presente digitale?»[11]. Da questa ipotesi euristica il percorso che l'indagine costruisce, analizzando sia opere video che filmiche, è volto a rintracciare le interferenze fra video, cinema e arti visive dopo gli anni Novanta[12]. Scopriamo così, con fondatezza scientifica, un universo audiovisivo che porta traccia dei modi compositivi propri del dispositivo elettronico e digitale e si mettono in luce aporie e rimozioni, in seno alle elaborazioni storico-critiche che ignorano l'apporto delle pratiche videografiche.

Le figure di scrittura, selezionate ed elaborate da Milo Adami analizzando la produzione video, sono in grado di far emergere quanto potrebbe richiamare un canone del video (nonostante si sia ribadito che non è pensabile una teoria unificante per il video)[13]. Prendiamo in considerazione alcune di queste figure: la *liveness* ha modificato radicalmente lo statuto dell'opera, perché, come scrive Jean-Paul Fargier: «L'immagine video, non ha limiti, non ha fine». Con la diretta in azione nelle installazioni a circuito chiuso, con accelerazione e rallentamento, ripetizioni, con la video-proiezione lo spettatore-visitatore fa esperienza 'tangibile' del tempo. La *texture*, in contrasto con il cinema, è l'immagine a bassa definizione, sgranata, fuori sincrono, composta con sovrapposizioni e sovraimpressioni che mirano non alla nitidezza di un'immagine dopo l'altra, ma alla plasticità di immagini stratificate. Le *finestre*: il video ha riconfigurato il modo di guardare il mondo, scomponendo il piano visivo in riquadri, orizzontali e verticali, moltiplicando le immagini: «La finestra inquadra o de-quadra, toglie e aggiunge, suddivide e riunisce, isola e combina, stacca e confronta. È una figura della molteplicità, come la sovrimpressione, ma attraverso giustapposizione, non attraverso sovrapposizione»[14]. Osserva Fargier: «È all'interno che succede tutto. L'immagine non è molteplice solo per scissione, lo è anche per sovrapposizione, sfogliamento»[15]. Lo sguardo aptico: la produzione video ha messo in crisi la percezione ottica, per cui guardare diventa anche un toccare, non tenere le cose a distanza, ma avvicinarle. E ciò è reso possibile anche attraverso telecamere particolari, come la Paluche o le lipstick camera: «Con la Paluche – scrive Anne-Marie Duguet[16], citata da Milo Adami – per lo sguardo si apre concretamente uno stravolgimento spaziale: la mano conquista un punto di vista estraneo all'occhio, uno sguardo tattile che produce immagini che potrebbero avere l'espressività di un gesto»[17]. Il *remixage,* ovvero il riutilizzo di archivi di immagini in movimento è un modo produttivo proprio del dispositivo elettronico e digitale (anche se il lessico invalso è *found footage*): dalle *Histoir(s) du Cinéma* (1988-1998) di Jean-Luc Godard a *The Clock* (2010) di Christian Marclay. Inoltre, il video ha reso possibile, grazie alla sua 'leggerezza', di penetrare in spazi privati, dare espressione al formato diario e al ritratto, come allo spazio psichico. Il video, sin dalle origini, si è prestato a diventare il *medium* della comunicazione intima e privata, come una lettera o una pagina di diario, in cui la barriera fra soggetto e oggetto, propria del cinema, è oltrepassata nel rivolgersi direttamente allo spettatore o a se stessi, spettatori della propria performance (la funzione autoriflessiva). In questo senso il dispositivo elettronico ha rivoluzionato le forme di rappresentazione e autorappresentazione (ritratto singolo e collettivo e autoritratto) proprie della fotografia e del cinema, ponendo in essere differenti figure, coesistenti e plurali in tensione fra dissolvimento del soggetto e suo divenire icona[18].

Abbiamo scritto che l'indagine di cui questo volume dà conto confronta due epoche, quella pre-digitale e quella post-digitale, con l'obiettivo di rilevare sia i tratti identitari dell'estetica videografica, sia le modellizzazioni in altri contesti mediali, come il cinema, nei decenni successivi al Novanta. Lo studio di Milo Adami ha verificato che la forma video, con l'avvento del digitale e con il formato installativo, trova accoglienza nei musei; nello stesso tempo si manifesta quello che Philippe Dubois definisce la *cinephagie*, l'attrazione per il cinema degli artisti video. Bill Viola, a partire dal ciclo di *The Passions,* si è detto, ricorre a un vero e proprio apparato cinematografico, altri artisti realizzano veri e propri film rimuovendo la pratica videografica. Troviamo analizzate e ben documentate questi passaggi e le correlate aporie, come quella che ritrova la genealogia delle installazioni nell'archeologia del cinema rinviando al lontano passato forme espressive del presente e ancora, quella che annette alla proiezione su schermo delle installazioni l'effetto illusionistico proprio del film nella sala buia. Il rilievo di questo studio è nella sua metodologia sperimentale, nel suo analizzare un campione vasto di opere video e filmiche e di far discendere da queste le intepretazioni critiche e gli assunti teorici. Attraverso questa perlustrazione scientificamente predisposta secondo una ipotesi che viene verificata nel corso dei capitoli, Milo Adami sfugge a assunti generalizzanti.

In *Immagine-tempo* Deleuze aveva sostenuto che la potenza – e la speranza – insita nelle nuove immagini è che siano schierate contro il mondo, che portino una carica dirompente sul piano estetico e politico, così come è stato per il cinema moderno, perché «Il nuovo automatismo non vale nulla per se stesso se non si mette al servizio di una potente volontà d'arte. Una 'volontà d'arte' originale»[19]. L'indagine sulle interferenze estetiche fra video e cinema e arte visiva costituisce un contributo originale nel territorio dei *visual* e *media studies* che hanno ignorato in generale la storia del video e dimostra che, attraverso le opere radunate e le analisi prodotte, il dispositivo elettronico è stato in grado, nella sua breve storia, di rinnovare il modo di rappresentare il mondo in immagine e di contribuire a risensibilizzare la nostra percezione del reale.

Il contributo di questo volume va valutato dunque per aver ampliato, in direzione di un canone 'videografico' la nostra conoscenza della produzione elettronica e digitale e delle sue figure di scrittura, estendendo la loro incidenza dal video al più vasto territorio audiovisuale.

1. Adami M., *Immagini in movimento: lo scompiglio dei formati, supporti e dispositivi, tra video, cinema e arti visive. Per una storia espositiva 1990-2015*, Dottorato di ricerca in Tecnologie digitali e metodologie per la ricerca sullo spettacolo, XXVIII ciclo, Sapienza Università di Roma, tesi di cui ho seguito il percorso di ricerca come tutor.

2. Krauss R., *L'arte nell'era postmediale*, Postmedia Books, Milano 2005, p. 30.

3. Jameson F., *Postmodernismo. Ovvero la logica culturale del tardo capitalismo*, Fazi editore, Roma 2007. Vedi anche il saggio di Saba C. G., *Per un supplemento di indagine: la forza deterritorializzante del video*, in Saba C. G. – Valentini V. (a cura di), *Medium senza Medium. Amnesia e cannibalizzazione: il video dopo gli anni Novanta*, Bulzoni, Roma 2015, che ricostruisce in modo puntuale un percorso fra le teorie che si sono interrogate sul video.

4. Fargier J. P., *The Reflecting Pool di Bill Viola*, Bulzoni, Roma 2009, p. 79.

5. M. Adami, *La forma video. Tra cinema e arti visive dopo il digitale*, cap. 1, p. 5.

6. Ivi, p. 17.

7. Bellour R., *Di un altro cinema*, in Valentini V. (a cura di), *Le storie del video*, Bulzoni, Roma 2003, pp. 299-318.

8. Adami M., *La forma video. Tra cinema e arti visive dopo il digitale*, cap. 1, p. 19.

9. Ivi, cap. 4, p. 3.

10.Ivi, cap. 4, pp. 39-40.

11. Ivi, cap. 4, p. 4.

12. Vedi cap. 4, *Videografie*.

13. Vedi a tale proposito Rosalind Krauss, *L'arte nell'era postmediale*, op. cit., p. 32.

14. Dubois P., *Video e scrittura elettronica*, in Valentini V. (a cura di), *Le Storie del video*, op. cit., p. 173.

15. Fargier J.-P., *The Reflecting Pool di Bill Viola*, Bulzoni, Roma 2009, p. 27.

16. Duguet A.-M. *La paluche un œil au bout de doigts*, in Ead., *Vidéo, la memoire au poing*, Hachette, Parigi 1981, p. 166.

17. M. Adami, *La forma video. Tra cinema e arti visive dopo il digitale*, cap. 4, p. 24.

18. Vedi Valentini V., *Ritratti autoritratti icone: come il video riconfigura il sé come altro*, in Taviani E. (a cura di), *Selfie&CO. Ritratti collettivi tra arte e web*, Guerini scientifica, Milano 2016, pp. 95-111.

19. Gilles Deleuze in *Immagine–tempo* (Ubulibri, Milano 1989, pp. 293-295) poneva la questione del rapporto fra il cinema e la *nouvelle image*, rapporto conflittuale e complesso se non lo si pone come continuità e filiazione diretta fra cinema sperimentale e arte elettronica, come per convenzione avviene.

Desidero ringraziare Valentina Valentini per avermi seguito e incoraggiato in questi anni di ricerca, Imma Costa e Valeria Vannucci per l'attenta lettura. Per i suggerimenti e la loro disponibilità ringrazio Fred Barzyk, Raymond Bellour, Marco Bertozzi, Martin Bonnard, Fabrizio Cittadini, Simone Dotto, Jean-Paul Fargier, Francesco Federici, André Habib, Julia Knight, Sandra Lischi, Jennifer Malvezzi, Viva Paci, Françoise Parfait, Cosetta G. Saba, Etienne Sandrin, Antonio Somaini, Giulio Squillaciotti, Cosimo Terlizzi, Christine Van Assche. Dedico inoltre questo libro a Francesca, Teodora e Bianca.

Introduzione

Questa ricerca prende le mosse da un disorientamento: le immagini in movimento non sono più oggi riconducibili ad un supporto fisico né ad un solo dispositivo ma esposte a continue rielaborazioni, sconfinamenti e attraversamenti, con il rischio talvolta di scivolare in un tutto indistinto. La proliferazione degli schermi portatili e fissi, le immagini prodotte dal computer, le tecnologie di post-produzione, la realtà virtuale, l'immersività dei videogiochi, il web e la diffusione di piattaforme crossmediali: negli ultimi trent'anni le tecnologie della visione hanno completamente riconfigurato le relazioni tra soggetto-osservatore e i modi della rappresentazione audiovisuale. Se il digitale sovrappone ed uniforma formati e supporti, quale metodologia adottare per analizzarne i linguaggi? Come orientarsi e da quale prospettiva storico-critica osservare una simile multi visione?

Da principio si è rivelato indispensabile prendere le distanze dal pensiero diffuso di chi ritiene che la modernità si misuri esclusivamente sulla base del progresso tecnologico. La mitologia del nuovo di cui ogni tecnologia si ammanta, se osservata da un punto di vista storico rivela tutta la sua fragilità. Su cosa poggerebbe un'innovazione tecnologica? Lo studioso e critico francese Philippe Dubois se lo domandava nel 1998 in un paragrafo di un saggio che intitolava *La novità come effetto del discorso*[1]; ogni innovazione, sosteneva, è supportata da una retorica e da un'ideologia: la retorica del nuovo, della novità, che ha sempre contraddistinto e continua a contraddistinguere le tecnologie dell'immagine e l'ideologia della rottura, della tabula rasa e dunque del rifiuto della storia, ovvero «l'ideologia del progresso continuo, la cui sola prospettiva storica che gli appartenga è quella della teologia»[2]. Un discorso centrato sulle innovazioni tecnologiche rischierebbe, ad opinione di Philippe Dubois, di occultare tutto ciò che può essere invece regressivo in termini di rappresentazione (sottomettendo di fatto il regime estetico a quello tecnologico), rimuovendo quei macro concetti (la questione del reale, del realismo, del mimetismo, etc.) da sempre implicati nel divenire delle immagini.

Se tale ragionamento si applicasse alle innovazioni tecnologiche potremmo altresì domandarci: quand'è che per rovescio una tecnologia diventa desueta? Cosa ne decreta l'esaurirsi del suo potenziale espressivo o la sua fuoriuscita dal mercato? La modernizzazione tecnologica non ha mai seguito un flusso lineare ed omogeneo, il sistema economico vi ha sempre esercitato un controllo diretto, mettendo in movimento quel che era fisso, spazzando via ciò che era desueto e trasformando un oggetto unico in oggetto di scambio e di consumo. Con l'avvento del digitale il processo di modernizzazione ha investito soprattutto le tecnologie della visione, quali tra queste sono rimaste escluse? O meglio quali sono gli elementi di continuità che legano le immagini presenti con le precedenti organizzazioni del visivo?

Tenendo simili domande sullo sfondo, il presente studio nasce nello specifico dal desiderio di guardare alle mutazioni del linguaggio videografico (nato con il segnale oggi obsoleto del nastro elettromagnetico), ripercorrendone con il digitale una stagione molto problematica che ne segna il mutamento e il destino. Si è scelto in questo ambito di adottare la parola 'video' e non 'video arte' in quanto la si ritiene più idonea ad implicare del video tanto le sue caratteristiche fenomenologiche, quanto la sua storia tecnologica e le sue varie implicazioni di carattere artistico, teorico e critico. Di storie il video ne avute molte: medium di creazione e di riciclaggio d'immagini; strumento di critica militante; proposta alternativa ad una tv commerciale; campo di sperimentazione per nuove tecniche, formati e tecnologie audiovisive; dispositivo di proiezione/interazione e di ripensamento dello spazio espositivo. Per ciascuno dei linguaggi visivi e performativi (cinema, pittura, scultura, danza, performance, poesia, teatro) con i quali è entrato in contatto, il video ha aperto occasioni radicali di ripensamento. Come ha scritto Marco Maria Gazzano le arti elettroniche audio-visive sono una linea di confine: «Un luogo di intreccio e reciproca tensione (ed estensione) tra ambiti diversi (arti plastiche, performative, cinematografia, arti acustiche), tra il campo di espressione, scrittura e percezione del visivo, quello del corporeo (in una dialettica materiale/immateriale assai seducente), quello del sonoro e addirittura del musicale. Esse possono inoltre essere considerate parte di un processo di ridefinizione del logos (discorso, narrazione, scrittura, espressione vocale) come della parola, sia essa poetica o descrittiva, narrativa o concettuale»[3].

Il dispositivo videografico ha in definitiva dimostrato di saper assorbire al suo interno tutte le altre tecnologie di registrazione e riconfigurazione della realtà, ne ha rimodellato (o rimediato) il linguaggio – la composizione audiovisiva, il rapporto fra immagine e suono – mettendone in discussione le singole autonomie. Al pari della stagione delle avanguardie storiche, il video ha riaperto per le immagini in movimento una stagione di radicale ripensamento[4].

Se molto si è scritto sulla stagione elettronica del video, ricostruire la genesi delle principali teorie e forme assunte dopo l'avvento del digitale - incluse le sue contaminazioni con gli altri media - è lo scopo di questa ricerca. Data la complessità dell'intreccio e optando per un approccio storiografico e intermediale, la principale difficoltà riscontrata è stata adottare un metodo d'analisi che potesse, includendo questioni di natura estetica, tecnologica, teorica, museografica, essere il più inclusivo possibile, soprattutto in un'epoca di convergenze mediali quale il digitale, senza al contempo scadere nell'enciclopedismo o nel generico. Tornare alla storia del video si è rivelato pertanto un primo passo indispensabile al fine di definire meglio l'oggetto di studio e cartografare le varie questioni sollevate dall'avvento del medium videografico.

Se oggi è del tutto comune imbattersi in video proiezioni e video installazioni all'interno di musei e luoghi pubblici, tendiamo a dimenticare che tale familiarità è il risultato di un percorso tutt'altro che agevole se paragonato alle origini, quando artisti e critici si batterono affinché le arti elettroniche ottenessero uno spazio di legittimazione all'interno dei contesti ufficiali dell'arte. Il rapporto tra video e istituzioni museali è stato tutt'altro che armonico. La studiosa statunitense Marita Sturken, nel suo articolo *Paradox in the Evolution of an Art Form: Great Expectations and the Making of a History* (1988)[5], riteneva che i musei avessero ricoperto un ruolo determinante nel condizionare il corso della storia del video, offrendone spesso una ricostruzione semplificata e addolcita, priva dei suoi aspetti più scomodi e militanti. Per accedere più facilmente ad una rete di finanziamenti pubblici e privati, i musei avevano molto spesso isolato il video in dipartimenti specializzati, attivando solo di rado dei confronti con il cinema, la pittura e gli altri media, una funzione viceversa più consona alla sua natura ibrida e intermediale. Aspirando ad un riconoscimento istituzionale, curatori e critici avevano sì plasmato intorno alle arti elettroniche una legittimazione teorica in grado di provarne le specifiche caratteristiche e identità, ma, al contempo, ne avevano limitato la portata 'deterritorializzante', inquadrandole all'interno di quei solidi criteri formali modernisti che mai avevano smesso di governare le istituzioni museali[6].

Per ricostruire la complessità e gli intrecci del video, la sua storia espositiva e istituzionale è indispensabile far convergere nell'analisi musei, gallerie, mostre, cataloghi, artisti, discorsi critici e riviste specializzate. A latere del suo percorso espositivo, è tuttavia bene ricordare come le opere video siano da sempre circolate, e circolino tutt'oggi, nei festival d'arte elettronica che a gran numero tra gli anni Ottanta e Novanta proliferavano nel mondo[7]. La storia del video è in sostanza un accumulo di sovrapposizioni talmente fitte quanto è varia la sua natura. Per chi si assume il non facile compito di interpretarla, tale aspetto – dovendo necessariamente precisare un metodo selettivo e un campo di studio – non può che comportare delle scelte, delle parzialità, delle rinunce.

Il criterio che si è preferito adottare guarda alla recente storia digitale del video attraverso un campione di mostre internazionali che coprono poco più di un decennio, a partire dal 1990, e un'area geografica compresa principalmente tra gli Stati Uniti, l'Inghilterra, la Francia e l'Italia. Le esperienze asiatiche, nordafricane, australiane e sudamericane non è stato possibile prenderle in considerazione, nonostante questi luoghi siano stati investiti da una sorprendente vitalità e produttività artistica tutt'oggi attiva; le intenzioni non sono del resto quelle di delineare un panorama esaustivo, quanto di ricostruire le principali tendenze espositive, analizzare le opere, i criteri selettivi ed estendere la ricerca alle riflessioni critiche emerse in tali circostanze.

Tale ricognizione, che più in generale guarda ai mutamenti e agli sconfinamenti tra le immagini in movimento – tra video, cinema e arti visive – sopraggiunti dopo il digitale, si pone in continuità con gli studi italiani che negli ultimi due decenni non hanno mancato di interpretare le trasformazioni delle arti elettroniche e digitali (Vittorio Fagone, Valentina Valentini, Sandra Lischi, Alessandro Amaducci, Rosanna Albertini, Cosetta Saba, Marco Maria Gazzano, Bruno Di Marino, Maria Rosa Sossai, Silvia Bordini per citarne solo alcuni)[8]. Recuperando una memoria espositiva (analizzando le opere esposte e i testi in catalogo, nonché un corollario di fonti a queste collegate, come articoli su riviste, saggi in pubblicazioni e atti di convegni) questa ricerca intende in definitiva ricostruire i contesti dai quali determinate teorie hanno preso le mosse e fornire agli studi italiani un utile strumento di approfondimento e confronto.

Il capitolo *Le origini del trauma* analizza il primo decennio delle tecnologie digitali - gli anni Novanta - durante i quali l'attenzione critica ed espositiva, un tempo rivolta al video, si rivolge verso nuovi linguaggi emergenti come l'interattività, la realtà virtuale e le prime forme di *web art*, ma guarda anche al cinema, alla sua storia e alle sue relazioni con le arti visive. Dopo aver conosciuto tra la metà degli anni Settanta e la fine degli anni Ottanta, un intenso momento di dibattito critico, il territorio ibrido del video sembrò disperdersi nella galassia dei multimedia, la stessa parola video, vedremo, scomparirà gradualmente dai titoli delle mostre, sostituita da concetti più ampi quali 'immagini mobili', 'immagini in movimento', 'nuovi media', '*arts film*'.

Il secondo capitolo *Immagini in movimento: tendenze, sviluppi e rimozioni tra cinema e video* ripercorre mostra per mostra le principiali ricadute teoriche ed interpretative emerse nel secondo decennio del digitale intorno al video e in particolare alle video installazioni. Nel non facile compito di cogliere il dinamismo all'interno del repertorio delle immagini in movimento, trapassando da un formato all'altro senza distinzione, escludendo un proprio medium di appartenenza, vedremo come la presunta autonomia del video si diluirà in concetti mobili come '*Images en mouvement*' in Francia, '*Moving picture*' o '*Moving image*' negli Usa e in Inghilterra, ipotizzando per ciascuno punti di forza e di debolezza. Il digitale ha costretto non solo il video ma anche altri media, il cinema in particolare, a radicali ripensamenti. La crisi delle sale cinematografiche, la diffusione sul web, i sistemi di *home cinema*, la frammentazione apportata dalla proliferazione degli schermi portatili, questi e molti altri elementi hanno comportato continue ridefinizioni e varie teorie interpretative. É in questa cornice che il cinema si è cercato e forse ritrovato al di fuori di se stesso, ripensato dai cineasti e dagli artisti in forma di video installazione all'interno dei luoghi e nei sintagmi delle arti visive, venendo inevitabilmente a contatto con le forme del video. Cercare il cinema al di fuori dei propri specifici contesti abituali è un chiaro sintomo delle ricadute teoriche e critiche legate alla destabilizzazione dei confini e dei saperi, innescata dalla condizione postmediale del digitale[9]. In un simile sguardo allargato alle immagini in movimento, il video, da sempre tecnica effimera ed impura, emerge per aver fatto di questa identità il suo tratto distintivo, ratificando di fatto la fine della specificità mediale e pertanto affermandosi come antesignano della condizione postmediale; una ragione in più per non dimenticarne la storia e analizzare le possibili ricadute nel presente.

A supporto di una ricerca che ricostruisce un ampio contesto internazionale di riferimento, attingendo a testi perlopiù non tradotti, il terzo capitolo (*Percorsi intermediali del video in Italia*) dà conto dei percorsi espositivi e delle coeve riflessioni che scaturiscono del contesto italiano a partire dall'avvento del digitale. Nonostante il video in Italia abbia istituzionalmente sofferto una marginalità che ne ha reso al pubblico oscure se non ignote la storia, le caratteristiche e le potenzialità; le mostre, gli artisti, i festival, gli spazi, le pubblicazioni qui riportate dimostrano una non trascurabile vitalità, che perfettamente dialoga con il dibattito internazionale.

Questo nostro *excursus* sulle storie critiche ed espositive del video, tra cinema e arti visive dopo il digitale, si conclude nel quarto capitolo, *Videografie*, pensato come un'ipotesi di rilancio per una ricerca a venire.

Integrando una proposta di lettura focalizzata sulle questioni ricorrenti affrontate dagli artisti (una soluzione critica in parte già emersa tra l'Italia e la Francia nelle ipotesi di molti studiosi delle arti elettroniche e digitali come Philippe Dubois, Françoise Parfait, Sandra Lischi, Valentini Valentini, Alessandro Amaducci[10], Cosetta Saba, Andrea Lissoni[11] e altri ci siamo chiesti: quali sono del video i temi, motivi e le figure di scrittura evidenti, rimossi o inconsce che riemergono, o persistono, senza distinzione di genere nel campo allargato delle immagini in movimento, dalle arti visive, al cinema, al documentario, o altrimenti che ritornano sotto altre forme nei labirinti della comunicazione, dalla televisione a internet? Con quali criteri rintracciarne del videografico le vitalità? Non si tratterà più quindi di chiedersi che fine abbia fatto il video ma interrogarsi sul dove le sue forme persistano rigenerate.

Per concludere potremmo affermare che mentre un intenso dibattito teorico si è prodotto negli ultimi due decenni intorno al cinema, aiutandolo nei tempi di crisi a salvare il proprio statuto a livello sociale, culturale e discorsivo («rilocandolo altrove», per citare un'espressione cara a Francesco Casetti)[12], il video viceversa, insieme alla famiglia allargata delle arti elettroniche e digitali, è parso subire una progressiva marginalizzazione dal confronto che le 'arti maggiori'. Piuttosto che «apprezzare il dialogo tra diversità, l'oscillazione delle differenze, abituarsi a leggere la bellezza del confronto disarmato dalla rigidità ideologica», quella che Paolo Rosa chiamava un'estetica delle relazioni, troppo spesso il dibattito ha omesso di includere una delle «rappresentazioni più efficaci della complessità del contemporaneo, eredi estreme di una ispirazione espressiva magari non separata ma certo "altra" rispetto a quelle proposte dall'industria culturale»[13]. Ricostruire del video, quale forma d'arte, le ragioni di un'apparente dispersione (storica, culturale, teorica, discorsiva, tecnologica) e ipotizzare al contempo dove oggi si riconfigurino le sue forme, o videografie, è quanto in definitiva questo studio si propone di evidenziare.

1. Dubois P., *Machines à images. Une question de ligne générale*, in Id. *La question vidéo. Entre cinéma et art contemporain*, Yellow Now, Crisnée, Belgio 2011, pp. 53-75 (ed. orig. in Beau F – Dubois P. – Leblanc G., *Cinéma et dernières technologies*, De Boeck-Université-INA, «Arts&Cinéma», Paris-Bruxelles 1998, pp. 19-41).

2. Dubois P., *La question vidéo,* op. cit., p. 55.

3. Questo aspetto si rafforza in particolare con le video installazioni, scrive Françoise Parfait: «Les installations vidéo ont permis de reconfigurer le regard et son implication dans le travail de représentation et de constitution des images, domaine qui avait été abandonné depuis les recherches formelles des avant-gardes, de Cézanne à Duchamp; l'autorité de l'image photographique ou cinématographique, par exemple, étai peu inquiétée», Parfait F., *Video: un art contemporain*, édition du Regard, Paris 2001, p. 140.

4. Gazzano M. M. – Balzola A. – Monteverdi A. M. (a cura di), *Le arti multimediali digitali*, Garzanti, Milano 2004, p. 147.

5. Sturken M., *Paradox in the Evolution of an Art Form: Great Expectation and the Making of a History*, in Hall D. e Jo Fifer S. (a cura di), *Illuminating video, An Essential Guide to Video art*, Aperture, New York, 1991, pp.101-121. Il testo è stato pubblicato per la prima volta nel numero monografico Bellour R. – Duguet A-M. (a cura di), *Vidéo,* «Communications», n. 48, Seuil, Paris 1980.

6. Rita Myers in una lettera a MaritaSturken del 1987 scriveva: «That video emerged during the final stages of the modernist enterprise is crucial. While it did attempt to locate its 'inherent properties' like a good modernist medium, these properties were inextricably linked to subject matter, a natural consequence of the camera but also a radical shift away from the other modernist media, painting, sculpture, etc. You can't really reduce a medium to its constituent elements when one of those elements virtually gives you the world back. Video challenged the modernist creed with content and it continues to challenge the traditional museum/gallery world with moving parts and time, among other things», Ivi, p. 119.

7. Per citarne solo alcuni ricorderemo il *Festival de Vidéo et Télévision* a Montbéliard in Francia, la *Videonale* di Bonn in Germania (ancora attivo), il *World Wide Video festival*, la *Semaine International de la Vidéo* a Ginevra (oggi *Biennale de l'image en mouvement*), il festival *Ars Electronica* di Linz, *Vidéoformes* di Clermont-Ferrand (1986), *Instants Vidéo* di Marsiglia e in Italia tra gli altri la *Rassegna Internazionale del video d'autore di Taormina* (1987-1995) a cura di Valentina Valentini, a Pisa, curata da Sandra Lischi dal 1985, la manifestazione *Ondavideo-Suoni e immagini del futuro* e a Milano il festival *Invideo* (attivo dal 1990). Su *Invideo* vedi Ussia N., *I linguaggi del video. Tra arte e cinema: analisi delle specificità di linguaggio e della produzione anni '90 attraverso l'archivio di Invideo, con un'intervista a Sandra Lischi sulle prospettive future della videoarte*, Tesi di laurea specialistica in Saperi e Tecniche dello Spettacolo Cinematografico, Università La Sapienza, Roma a.a. 2009/2010.

8. Vedi Aprà A. – Di Marino B. (a cura di), *Il cinema e il suo oltre. Verso il cinema del futuro. Film, video, CD-Rom*, XV Rassegna Internazionale retrospettiva, Mostra Internazionale del Nuovo Cinema, Pesaro, 25 – 30 novembre 1997; Lischi S., *Cine ma video*, 1996, Ead., *Visioni elettroniche: l'oltre del cinema e l'arte video*, 2001, Ead., *Il linguaggio del video*, 2005; Amaducci A., *Videoarte: problemi di teoria e di linguaggio*, 1991, Id., *Il video: l'immagine elettronica creativa*, 1997, Id., *Segnali video*, 2000, Id., *Banda Anomala, un profilo della videoarte monocanale in Italia*, 2003, Id., *Videoarte. Storia, autori, linguaggi*, 2014; Fagone V. (a cura di), *Arte video: Il viaggio dell'uomo immobile: videoinstallazioni, videoproiezioni*, 2003; Valentini V., *Il video a Venire*, 1999, Ead., *Le storie del video* e *Le pratiche del video*, 2003.

9. Vedi Casetti F., *I media nella condizione post-mediale*, in Guastini D. – Cecchi D. – Campo A. (a cura di), *Alla fine delle cose. Contributi a una storia critica delle immagini*, Volo Publisher, Firenze 2011, pp. 162-190.

10. Vedi Amaducci A., *Anno zero. Il cinema nell'era digitale*, Lindau, Torino 2007.

11. Vedi Lissoni A., *Forme di resistenza. Il video alle prese con il mantenimento della sua identità*, «Close-Up», n. 17, settembre – febbraio 2005-2006, p. 34.

12. Casetti F., *L'esperienza filmica e la rilocazione del cinema*, «Fata Morgana», n. XI, 2008, 4, pp. 32-40.

13. Rosa P., *Per una estetica delle relazioni* in *Le arti multimediali digitali*, op. cit., p. 561.

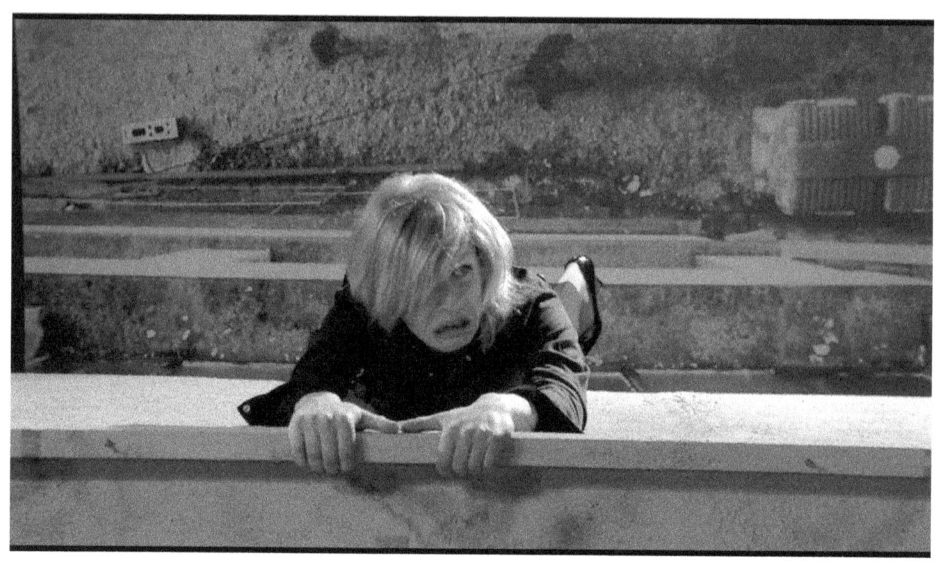

Brice Dellsperger, *Body Double 29*, 1996

Con Natacha Lesueur e Brice Dellsperger, video monocanale, colore, 2'58".

Foto Team (gallery).

1. Le origini del trauma

Premessa

Per analizzare retrospettivamente il corso degli anni Novanta si propone qui di considerare un campione di mostre nelle quali la storia del video si è articolata, o forse, traumaticamente dispersa. In un panorama audiovisivo frammentato nel multiformato, vedremo come il lessico videografico da un lato subirà una lenta eclissi (la parola stessa 'video' tendenzialmente scomparirà progressivamente dai titoli delle mostre), dall'altro il cinema (installato sempre più negli spazi espositivi) occuperà progressivamente la scena del dibattito, forte di una legittimazione teorica che lo aiuterà ad esorcizzare i timori connessi all'avvento del digitale, proteggendo la propria storia e il proprio mito. Ripercorrere questa storia espositiva vuol dire tracciare una genealogia delle trasformazioni e delle interpretazioni di cui il video in quanto forma d'arte è stato oggetto negli ultimi decenni.

Una mostra è il corpo di un discorso che può cogliere il sentimento di un'epoca oppure oscurarlo, esprimere un punto di vista o altrimenti negarlo. Il catalogo è la traccia di ciò che resta: un complesso mosaico di riflessioni teoriche in grado di mettere in moto altri concetti, correnti di pensiero, nuove pubblicazioni, nuove mostre, tesi di laurea, ricerche, convegni e corsi universitari. Una mostra è in sostanza il luogo in cui si compiono scelte in grado di cambiare il corso della storia. Per la corrente di studi della *New Museology* (Nuova Museologia) nata tra gli anni Settanta e Ottanta – soprattutto in Francia e nei paesi anglosassoni e così definita da Peter Vergo – l'intero sistema di organizzazione e di trasmissione del sapere di un museo andrebbe auspicabilmente sottoposto a verifica, mettendone a nudo le strutture, i rituali e le procedure, svelando le regole e le motivazioni che si celano dietro determinate scelte culturali ed espositive. Analizzando nel suo insieme le pratiche museali, la nuova museologia provava in maniera incontrovertibile che il museo era da sempre stato un luogo di controllo sociale, strumento di produzione di un consenso orientato: «L'effetto museo – scrive Cecilia Ribaldi nel libro che cura nel 2005 *Il Nuovo Museo*, elaborando una citazione di Svetlana Alpers del 1988 – è un modo di vedere, dalle metodologie allestitive dipende l'esito della visione. Dove si colloca pertanto il discrimine tra parzialità e arbitrarietà? Chi seleziona che cosa esporre e in che modo farlo? Chi decide in ultima istanza della visione e da dove trae il suo mandato?»[1]. Domande, queste, che ci aiuteranno a risalire il corso della nostra storia espositiva.

Le mostre riportate in questo primo capitolo tengono conto dei concetti più dibattuti intorno al video e alle immagini in movimento a partire dall'inizio degli anni Novanta: il superamento delle ontologie e delle specificità; la fortuna espositiva delle video installazioni e la crisi sistemica del video monocanale; l'uso di proiezioni, schermi e multischermi; le operazioni di riciclaggio di immagini preesistenti; il remake; il passato come modello estetico e tecnologico; la scomparsa del lessico videografico; il *cinéma d'exposition* o cinema esposto e la supposta rimozione della storia del video. Ciascuno di questi temi rappresenta un criterio attraverso il quale leggere lo scompiglio sopraggiunto nel panorama delle immagini in movimento. Come aveva già presentito nel 1995 Christine Van Assche (per decenni responsabile della sezione *Nouveaux Média* del Centre Pompidou di Parigi) in relazione alle nuove tecnologie emergenti: «Diventa probabilmente urgente ridefinire nuovi criteri, analizzando differenti gradi di ibridazione (se di ibridazione si tratta), soffermandosi sugli elementi di rottura e di continuità: procedere in sintesi ad un minuzioso lavoro di analisi critica» [2].

1.1 *Passages de l'image*

Passages de l'image è l'esposizione che inaugura nel 1990 al Centre Georges Pompidou di Parigi, allora diretto da Jean-Hubert Martin, ma il progetto originario, a cura di Raymond Bellour, Catherine David e Christine Van Assche, risale al 1985-1986. La mostra annuncia un cambiamento epocale: il tempo delle immagini meccanicamente riprodotte poteva dirsi concluso, le immagini computerizzate, immagini senza corpo, senza polvere, immagini di sintesi numerica, erano apparse, producendo forti vacillamenti all'interno delle immagini tutte, fisse e in movimento: «Da questo momento in poi – riportava la prefazione alla mostra – non sarebbe stato più possibile, come prima, dire: il cinema, la foto, la pittura. Siamo entrati definitivamente in un tempo di crisi dell'immagine, riguardante la natura stessa delle immagini»[3].

Passages de l'image espone le prime immagini prodotte da un personal computer, sono simulazioni di tornado, modelli di crescita di piante e batteri, premonizioni di un nuovo linguaggio alle porte: «Nella loro purezza esemplare – scriveva a tale proposito Raymond Bellour – all'incrocio fra lo schematismo del disegno e la definizione fotografica, queste immagini sono confrontabili con le 'vedute' Lumière di un'arte che non sa ancora se ha un avvenire, e se ne avrà uno in proprio o solamente proporzionale alle sue combinazioni, ancora insospettate, con le tecniche e le arti precedenti»[4]. Se nell'odierna epoca digitale il moltiplicarsi di dispositivi di produzione e di diffusione delle immagini permette un libero deambulare da un contesto all'altro, tanto da dubitare che esista ancora una chiara demarcazione tra un medium e l'altro[5], ecco che *Passages de l'image* ci appare come una delle prime mostre ad aver intuito i sintomi di una intermedialità crescente all'interno delle immagini, video compreso. Ricorrendo ad una forma multidisciplinare (tra cinema, video, fotografia, video installazioni e immagini di sintesi) la mostra restituiva il variegato panorama audiovisivo del momento, ripercorrendo temi quali il dialogo tra cinema e pittura, cinema e fotografia, l'apporto del video e delle video installazioni, tutte questioni già emerse in ordine sparso nel corso degli anni Ottanta nei vari festival video dedicati, spazi indipendenti, dibattiti, seminari e riviste.

Per Catherine David, co-curatrice della mostra, l'immagine non ha più un luogo di riferimento, sfugge continuamente tra il mondo dei media e quello dell'arte contemporanea, l'incertezza del visibile è il nuovo postulato dal quale ripartire e il museo non è più un luogo di conferme, semmai di rinunce; così scrive nel suo testo in catalogo: «Nello spazio del museo, questa comune incertezza può rappresentare per lo spettatore un'esperienza di confronto [...] Che il cinema sia alterato dalla fotografia, o viceversa, che il video sia il luogo di tutte le alterazioni possibili [...]

Tutte queste deformazioni, interessanti di per sé, non diventano veramente significative se non in una prospettiva culturale che oltrepassi le categorizzazioni»[6].

Se per il critico e regista francese Pascal Bonitzer l'immagine è per sua natura «multi»[7], per Raymond Bellour le questioni da porsi sono nei diversi modi di essere dell'immagine, pertanto è nel passaggio da un linguaggio all'altro che le immagini vanno interrogate, è negli «interstizi», direbbe Gilles Deleuze, che si annidano le questioni più rilevanti. Scrive Raymond Bellour nel suo testo pubblicato nel catalogo di *Passages* dal titolo *La doppia elica*: «Ogni arte è tentata di riscoprire in se stessa, all'interno o all'esterno dei propri limiti materiali, lo spettro della comunità che forma con le altre arti. Così è il cinema quando si scopre come arte e così il video, capace di produrre nuove immagini non riconducibili a quelle precedenti, e, allo stesso tempo, pronto ad attirare a sé, assorbendo, mescolando e ripensando, tutti gli altri immaginari sfiorati ed osservati (pittura, fotografia, cinema, musica, teatro, performance, etc..)»[8].

Questa unica capacità di passaggio è ciò che per Raymond Bellour caratterizza il video più di ogni altra forma d'arte ed è quello che lo definisce, negativamente e positivamente, in rapporto all'idea stessa di arte.

1.2 *Le installazioni al tempo di 'Passages'*

A partire dagli anni Ottanta, supportate da una serie di grandi mostre retrospettive (*Luminous Image* allo Stedelijk Museum nel 1984 e *Video Skulpture 1963-1989* a Colonia nel 1989), le installazioni video conoscono una fase di grande sviluppo. Solo qualche decennio prima una simile fortuna espositiva sarebbe stata del tutto impensabile, le video installazioni avevano ormai conquistato l'attenzione di critica, pubblico, festival, gallerie e musei di tutto il mondo, affermandosi come uno spazio ibrido, interattivo, immersivo, rispecchiando un'epoca in cui saperi, merci, immagini e dati si apprestavano globalmente a circolare.

«Lo spazio delle installazioni – scrive Raymond Bellour nell'introduzione al suo noto libro *Fra le immagini* (*L'Entre-Images*, 2002)

– non appartiene né al cinema né alla televisione, appartiene alle gallerie e al museo, è il luogo di un misto dell'esperienza, in cui si incarna quel nuovo corpo di immagine imposto dalle trasformazioni che viviamo»[9]. Colui che circola nelle video installazioni è per Raymond Bellour uno spettatore-visitatore che non sa se il suo sguardo è puntato su una scultura o su una qualche forma di pittura in movimento, la sua memoria viene sollecitata di continuo, il suo sistema percettivo deve ricostruire punto per punto, molecola per molecola, l'unità di un'immagine che di per sé non esiste. Come le forme architettoniche del Centre Pompidou incoraggiavano una dimensione esperienziale partecipata, sigillando un nuovo concetto di 'museo aperto' tempio e *agorà* della cultura, così le installazioni video erano la forma che meglio incarnava quel desiderio di rendere lo spettatore soggetto/oggetto del proprio agire.

Passages de l'image espone una rosa di artisti della seconda generazione del video (se per prima consideriamo quella dei pionieri come Nam June Paik, Wolf Vostell, etc...), ovvero le video installazioni di Gary Hill, Thierry Kuntzel, Marcel Obenbach e Bill Viola; le altre opere sono delle sperimentazioni tra fotografia e video (Jeff Wall, *Eviction Struggle*, 1988), tra fotografia, oggetti tridimensionali e ologrammi (Michael Snow, *Still Life in 8 Calls,* 1985) e una compresenza di fotografia, film, video e informatica (Chris Marker, *Zapping Zone*, 1989). L'installazione di Bill Viola in particolare, intitolata *Passage* (1987), è un corridoio lungo e stretto che conduce i visitatori, uno per uno, di fronte alla retro proiezione di un video monocanale. Si tratta del volto di un bambino, ripreso in primissimo piano durante la sua festa di compleanno. L'immagine è troppo larga (5m x 3,5m), troppo alta, troppo vicina, non resta che sedersi in terra oppure restare in piedi, sommersi da una proiezione che dura il tempo di sei ora e mezza (ottenuta rallentando sedici volte la ripresa originale di 26 minuti). Una simile dilatazione temporale trasforma l'insignificante in rilevante, consentendo ai dettagli più minuti di affiorare, lo spettatore-visitatore in questo caso non può far altro che passare con un limite di tempo aperto e installarsi in un riparo, cercando le migliori condizioni per confrontarsi con uno schermo la cui prossimità è inquietante.

Zapping Zone (Proposal for an Imaginary Television) è l'installazione video che Chris Marker, fino ad allora estraneo al mondo dell'arte contemporanea, espone a *Passages de l'image,* segnando di fatto un legame vedremo profondo e duraturo tra musei, gallerie e cineasti[10]. Nel film *Stalker* di Andrej Tarkovskij, la 'Zona' era un luogo mistico, una misteriosa camera dei desideri, mentre negli spazi espositivi del Pompidou Chris Marker la reinterpreta, mediandola con lo zapping televisivo. In una stanza buia il bagliore intermittente di tredici televisori rischiara l'ambiente e in un pulviscolo di generi e supporti scorrono immagini di ogni tipo: sequenze estrapolate dai suoi film, immagini rubate da programmi televisivi giapponesi, fotografie scattate nel corso dei suoi viaggi a San Francisco, Berlino, Tokyo, immagini d'archivio, sequenze girate da amici documentaristi e mai trasmesse in televisione, sequenze estratte da *Vertigo* di Alfred Hitchcock (1958). Nell'immaginaria televisione di Chris Marker, una moderna *Wunderkammer* dei formati video, cine, foto, grafici, lo zapping si fa linguaggio, per poi confluire nel nuovo che avanza: un piccolo personal computer, confuso tra i monitor televisivi, riproduce immagini alterate con i primi software di postproduzione. Sono le fotografie degli animali amati da Chris Marker, il gufo, il suo gatto Guglielmo d'Egitto oppure sono fotogrammi estrapolati dai suoi film e rielaborati con colori, effetti di solarizzazione, viraggi e collage. *Zapping Zone* era di *Passages de l'Image* la sua migliore interpretazione, facendo del videografico il 'passeur' (il passante) con il quale appropriarsi di tutte le immagini tecnicamente riproducibili (cine, foto, video).

Nel 1995 Il MoMa di New York dedica alle installazioni video una mostra intitolata *Eight Spaces: Eight Installations*[11], affidandone la curatela alla storica direttrice del dipartimento video e cinema sperimentale (attivo dal 1978) Barbara London. Le video installazioni erano di fatto state sempre incluse all'interno di mostre più ampie dedicate alle arti elettroniche ma mai il MoMa aveva riservato loro una mostra monografica, segno questo di un mutato approccio. Barbara London nel catalogo ricostruisce la storia del video e delle video installazioni, dalla prima mostra ufficiale (*Tv as a Creative Medium*, alla Howard Wise Gallery di N.Y. 1968), alle contaminazioni con la performance, la danza e la musica (Mary Lucier, Shigeko Kubota, Joan Jonas), passando per le sperimentazioni sulla diretta (Peter Campus, Bruce Nauman, Dan Graham) e sul multiformato (Al Robbins, *Realities 1 to 10 in Electronic Prismings*, 1984). L'installazione, in continuità con la sua storia, è per sua natura luogo di confronto tra più media e le opere esposte in *Eight Installations* non fanno eccezione, *Evening* è ad esempio una proiezione tricanale di Stan Douglas (1994), *Lovers* di Teiji Furuhashi mescola più formati – cinque video monocanale con suono, cinque proiettori e diapositive – mentre Tony Oursler espone *System for Dramatic Feedback*, integrando come sua abitudine scultura e video proiezioni. Bill Viola espone *Slowly Turning Narrative*, un'installazione del 1992 nella quale al centro di un'ampia stanza buia colloca uno schermo di grandi dimensioni che ruota lentamente sul suo asse verticale. Un lato dello schermo è specchiante, così da permettere allo spettatore di riflettersi, mentre l'altro è opaco, due video proiettori lo inquadrano da due angolature opposte, il primo proietta un video in bianco e nero di un primo piano dello stesso Bill Viola, il secondo diffonde una serie di immagini a colori: bambini intenti a giocare con dei fuochi d'artificio, una casa in fiamme, un centro commerciale, un paesaggio. In un lento carosello entrambe le immagini si alternano come poli opposti di una comune forza magnetica, mentre il suono di una voce ritmicamente declama una lunga lista di stati d'animo[12].

In *Eight Installations* è esposta una nuova installazione di Chris Marker, *Silent Movie*, prodotta dalla Wexner Center Foundation nel 1995 in occasione del centenario del cinema. Si tratta di una torre di cinque monitor da 25 pollici incassati in una struttura di metallo, ciascuno trasmette da un computer, secondo un ordine casuale, un pulviscolo di immagini multiformato: riprese realizzate da Chris Marker (con l'attrice Catherine Belkhodja), sequenze estrapolate da film muti in bianco e nero (*La Chute de la maison Usher* di Jean Epstein, 1928; *Paris qui dort* di René Clair, 1925) e fotogrammi rielaborati al computer. Infine, su dieci pannelli verticali, vengono affissi dei manifesti cinematografici ironicamente alterati da Chris Marker al computer: *A bout de souffle* di Raoul Walsh oppure una versione di Ernst Lubitsch di *Alla ricerca del tempo perduto* con Gloria Swanson. La memoria di un secolo di cinema è frammentaria, dissociata, falsata, rivista e riletta da altri media, ancora una volta Chris Marker, lungi dall'essere un cinefilo nostalgico, dimostra la sua estrema libertà creativa: «Felice come sono per la libertà che il video mi permette, non posso tuttavia fare a meno di sentirmi un nostalgico quando rivedo un fermo immagine in 16 mm di *San Soleil*... Ciò detto per nulla al mondo tornerei a girare e montare in 16mm. Tali sono le contraddizioni dell'animo umano»[13].

1.3. *Proiezioni, schermi, multischermi*

Agli inizi degli anni Novanta l'introduzione sul mercato dei primi schermi e video proiettori LCD (Liquid-Cristal-Display), più leggeri, economici e luminosi dei precedenti modelli tricromatici CRT (Cathode-Ray-Tube), consente con estrema facilità di proiettare il video in qualsiasi tipo di spazio espositivo, sia su uno schermo di grandi dimensioni che a parete, *Being Time: The Emergence of Video Projection* (1996) è una mostra che ne interpreta le ripercussioni sul linguaggio videografico. Gary Hill qui espone *Tall Ships* (1992), un corridoio lungo e buio dove sedici videoproiezioni a grandezza naturale svelano figure umane in bianco e nero dai tratti fantasmatici, sono diverse per etnia, sesso ed età, emergono dal buio procedendo silenziose verso lo spettatore. Per il curatore della mostra Marc Mayer la video proiezione amplifica le temporalità del video (la diretta, il *ralenti*, la ripetizione, le variazioni, le ricombinazioni), la sua immagine non è fatta per essere vista, piuttosto per essere vissuta nel tempo di un'esperienza. Il suono, parte integrante dell'opera, post-prodotto, amplificato e spazializzato, contribuisce a rendere l'esperienza dell'ascolto e della visione presente: è qui e ora che tutto sta accadendo. Per Marc Mayer la proiezione su grande scala rievoca le fattezze del cinema e della pittura murale, due forme peculiari di arte pubblica, mentre le opere pensate per il tubo catodico richiamano un tipo di fruizione più intima e privata, quelle pensate per la video proiezione sembrano piuttosto ispirarsi all'architettura barocca: «sono più spettacolari, immersive, polimorfe, seduttive e disarmanti»[14].

Raymond Bellour sostiene che il video, quando proiettato, si avvicina fatalmente per analogia al dispositivo cinematografico, permettendogli di esistere al di là del suo formato e supporto di origine, il televisore[15]. Si tratta di un'opinione alquanto diffusa, vicina ad un dibattito teorico che soprattutto in Francia, ma non solo, prende via via sempre più corpo congiuntamente ad una serie di mostre organizzate intorno al concetto di proiezione e di multischermo[16]. Accade per la prima volta in occasione della Biennale di Lione del 1995, quando Yann Beauvais, allora Film Video Curator dell'American Center di Parigi, scrive per il catalogo un testo nel quale così esordisce: «Se il cinema non esistesse, gli artisti l'avrebbero inventato»[17]. Dalle avanguardie degli anni Venti fino agli anni Cinquanta e Sessanta, l'intento di Yann Beauvais è quello di riattivare una memoria su tutte quelle operazioni in cui il dispositivo cinematografico era stato smontato, decostruito e ripensato come *art plastique* (arte plastica)[18]. Due anni dopo, nel 1997 (ma il progetto risale al 1993-1994), in concomitanza con l'inaugurazione del centro di produzione Le Fresnoy - Studio National des arts contemporains[19], Dominique Païni, allora direttore della Cinémathèque Française, inaugura sotto la sua direzione artistica la mostra *Projectiones, les transportes de l'image*[20] (Proiezioni, i trasporti dell'immagine). Si tratta di una selezione di artisti e cineasti che ricorrono nelle loro video installazioni all'uso della proiezione, in pellicola e in video, tra i quali Michael Snow, Józef Robakowski, Henri Foucault e Atom Egoyan[21]. Da un punto di vista teorico la mostra ipotizza esistere un legame di discendenza che lega le video installazioni contemporanee al cinema delle avanguardie e a quello strutturalista degli anni Sessanta e Settanta. Lo storico dell'arte Patrick de Haas, autore nel catalogo del testo *Entre projectile et projet. Aspects de la projection dans les années vingt*[22], ricorda in tal senso le sperimentazioni avanguardistiche dei futuristi Arnaldo Ginna e Bruno Corra, le scenografie e proiezioni di Làszlò Moholy-Nagy per il teatro di Erwin Piscator (*Les Contes d'Hoffmann*, 1929, e *Le Marchand de Berlin*, 1929), la 'Polyvision' (Polivisione) di Abel Gance per il suo *Napoléon* (1927) o ancora la proiezione su triplo schermo da lui ideata e realizzata per la presentazione del film scientifico *Kristallen* di Jan Cornelis Mol (Parigi, Studio 28, 1928).

Yann Beauvais, coinvolto anche lui da Dominique Païni nel catalogo della mostra[23], si sofferma viceversa su quella stagione del cinema sperimentale e strutturalista, compresa tra gli anni Sessanta e Settanta, che vide una generazione di artisti, tra Stati Uniti e Europa, rispondere al desiderio – sentito ovunque nel teatro, nella danza, nelle arti visive, nel video – di abolire le frontiere tra le pratiche artistiche contaminando i media tra loro. Tra questi Yann Beauvais cita ad esempio le installazioni filmiche di Taka Imura e Paul Sharits (*Soundtrip/Filmstrip*, 1972, *Episodic generation*, 1979 e *3rd Degree*, 1982), *Line Describing a Cone* di Anthony McCall (1973) o le interazioni tra proiezione, performance (Carolee Schneemann in *Ghost Rev*, 1965 e *Snows*, 1967) e danza (Lucinda Childs, Sol Lewitt e Philip Glass, *Dance*, 1979). Quel che tuttavia Yann Beauvais omette di ricordare è che negli stessi anni in cui Malcom Le Grice o David Day (*Unsigning: For Eight Projector*, 1972) e gli altri esponenti del cinema strutturalista si misuravano con le loro multi-proiezioni in pellicola[24], altri artisti alla celluloide alternavano o preferivano video proiettare il neonato formato elettronico.

Rispetto ai limiti tecnici della pellicola e di un proiettore cinematografico – come la breve durata di una bobina o l'indispensabile oscuramento dello spazio – la studiosa francese Anne-Marie Duguet nel 1988 sosteneva che il dispositivo elettronico si era in generale dimostrato più duttile, offrendo agli artisti una maggiore libertà nella combinazione dei diversi elementi che lo costituivano (autonomia della camera e del monitor, video proiezioni ma anche monitor la cui immagine è indipendente dalla luce circostante)[25]. Un concetto che verrà similmente affrontato anche da Sandra Lischi nel 1988 nel suo saggio *Video: da processo a prodotto*. Offrendosi il video come una lavagna in cui tutto poteva essere incessantemente cancellato e riscritto in tempo reale, il processo diventava tanto importante quanto il prodotto finale, video e cinema strutturalista secondo Sandra Lischi in questo non differivano di molto, per entrambi la priorità era stata quella di riportare al centro le qualità e caratteristiche interne ad ogni supporto, fossero queste la pellicola o il segnale video: «Il video sembrava la risposta tecnologicamente più avanzata alle prefigurazioni e ai tentativi artigianali di questo cinema e lo strumento più duttile, il più disponibile a raccogliere la poetica dell'opera aperta»[26].

L'artista statunitense Peter Campus era stato tra i primi a ricorrere nelle sue installazioni alla video proiezione (in *Shadow Projection, Interface* e in *Negative Crossing,* entrambe del 1973), James Coleman era solito proiettare diapositive, Simone Forti ologrammi su plexiglas (*Striding Crawling*, 1977), per tutti la finalità era comune: spostare l'attenzione degli spettatori dalla parete di fondo allo spazio che li circondava per diventare, letteralmente, parte dell'opera. Per la seconda generazione di artisti (Bill Viola, Gary Hill, Judith Barry, Tony Oursler) la video proiezione acquisisce progressivamente una sua autonomia estetica e narrativa, non assimilabile né con la fruizione televisiva, più intima e raccolta, né con quella cronologicamente lineare (inizio, sviluppo, conclusione) del cinema. Con la terza generazione, infine (nelle video installazioni di Diane Thater, Willie Doherty, Pipilotti Rist, Wyn Geleynse) la video proiezione assumerà i tratti di una forma d'arte in sé compiuta, al limite tra il cinema, l'affresco e la scultura in movimento.

Tra le studiose canadesi più attente alla storia del video, Christine Ross sottolineava simili aspetti in un breve saggio del 2003 intitolato per l'appunto *Issues in the New Cinematic Aesthetic in Video* (Istanze della nuova estetica cinematografica nel video). La video proiezione su larga scala a suo giudizio liberava l'immagine video dalle restrizioni del monitor – e conseguentemente dalle associazioni con il medium televisivo – espandendola in un 'movie-sized image' che non si rapportava più ad uno specifico dispositivo di trasmissione ma a tutto lo spazio architettonico circostante[27]. Nell'inclusività spaziale di queste video installazioni – che Christine Ross chiama «*new cinematic video installation*» (letteralmente 'nuove video installazioni cinematiche') – convergevano forme ibride che discendono tanto dal video quanto dal cinema, dalla televisione come dalle nuove tecnologie digitali, trasformando il nostro spazio sociale e culturale in un «avvolgente, interconnesso, cibernetico campo di forze»[28]. Si chiede poi Christine Ross da un punto di vista più fenomenologico: come è cambiata con la video proiezione la relazione tra l'immagine video e lo spazio circostante? Alla piccola immagine vibrante trasmessa su un monitor a tubo catodico – un oggetto con un suo specifico volume – Christine Ross sostiene si sia progressivamente sostituita la proiezione di una grande immagine bidimensionale, senza che questa debba necessariamente avere più un legame con la sua fonte d'origine (il proiettore spesso è oscurato alla vista), si dà forma ad uno spazio illusorio ed immersivo, e, in questo senso, 'filmico'.

Un tale coinvolgimento sensoriale per Christine Ross riattiva una memoria critica tanto sulle esperienze del multischermo dell'*expanded cinema* (cinema espanso, promosso da Gene Youngblood nel 1970) che sugli esperimenti percettivi degli artisti del video. In particolare, Christine Ross ricorda le video installazioni interattive a circuito chiuso di Peter Campus, nelle quali, precisa, l'osservatore diventa parte attiva dell'opera che senza il suo intervento non esisterebbe. Un simile immersione del soggetto all'interno dell'immagine video proiettata è ontologicamente resa possibile da quel che Marshall McLuhan, scrive Christine Ross, aveva descritto come il potere tattile della televisione e del video: «Se è sensato affermare che ogni media sia un'estensione fisica e psichica del proprio sé, i media elettronici stabiliscono il più coinvolgente degli effetti, una sorta di universale e simultanea consapevolezza»[29]. Se l'immagine video proiettata su larga scala si espone parallelamente ad un confronto seppur non lineare con l'esperienza dello schermo cinematografico, per Christine Ross la stessa parola 'video' non appare più essere necessaria o rilevante, è dall'incontro dei due emisferi – l'immersività della video installazione da un lato e l'illusione del cinema dall'altro – che si viene a costituire un terzo tipo di esperienza sensoriale e inclusiva che espande la nostre facoltà percettive; uno scarto che potremmo dire generato dal confronto e dal contatto tra due diversi statuti dell'immagine.

Come ha efficacemente osservato Francesco Federici analizzando il testo di Laura Marks del 1998, "Video haptics and erotics"[30], nelle immagini video l'occhio non solo guarda ma tocca e con il corpo entra, s'immerge e riemerge. Una dimensione aptica che in un'installazione video si accentua ancora di più se pensiamo all'assoluta qualità materica e spaziale che assume non solo l'immagine ma soprattutto il suono, capace di orientare il nostro movimento e coinvolgimento sensoriale secondo una precisa spazializzazione volumetrica. Il video è quindi il medium aptico per eccellenza, scrive Francesco Federici, sia pure quando ripensa in forme videoinstallative il corpo storico e iconografico del cinema[31]. Da questa prospettiva di lettura, tanto il cinema quanto il video escono rafforzati da un arricchimento reciproco sul piano percettivo ed estetico.

Ciò detto la mostra curata da Dominique Païni, *Projectiones, les transportes de l'image,* evita un accurato confronto con le storie del video; il suo obiettivo non è quello di ricostruire un periodo di intensi scambi intermediali e di finalità condivise – a prescindere dal medium utilizzato, tra video e cinema – il suo intento (fragile e storicamente ardito) è un altro: dimostrare come la video installazione, la proiezione, la multi-proiezione e una certa organizzazione plastica dello spazio della visione, siano storicamente connaturate al dispositivo cinematografico. Dominique Païni lo conferma chiaramente nel suo testo in catalogo, *Faut-il en finir avec la projection* (Per farla finita con la proiezione), il cinema, in continuità con la sua storia, afferma, si 'espone' e trova nella forma installativa e nell'uso della proiezione – integrata quale elemento plastico e non nascosta allo sguardo, il suo passato e il suo futuro: «Dalla lanterna magica al computer, ritorna come in una spirale, l'onnipresenza della macchina come parte dell'immagine»[32]. La presenza del cinema all'interno di uno spazio espositivo, nella forma appunto di una video installazione, non è pertanto solo auspicabile quanto, secondo Dominique Païni, legittimata dalla storia. Colui che si muove all'interno di un'installazione è come un *flâneur*, scrive Dominique Païni, «mobile et esseulé» (mobile e solitario), non così tanto dissimile da uno spettatore cinematografico: «È come se il *flâneur* di Baudelaire, incantato dai giardini delle Tuileries, facesse oggi il suo ritorno incarnandosi nell'internauta solitario, il quale, seppur sprofondato nel suo divano – aspetto che lo accomuna allo spettatore cinematografico – è al tempo stesso mobile e interattivo»[33]. Nel tentativo di avvalorare l'analogia tra cinema e «*les arts plastiques*» (le arti plastiche)[34], Dominique Païni in sostanza trascura l'apporto del video e delle video installazioni, dimenticandosi di ricostruire quei tratti in comune che abbiamo visto rintracciabili fra il cinema strutturalista e la produzione videografica, come ad esempio la moltiplicazione dei punti di vista, l'esplorazione di altre superfici di proiezione, il ruolo attivo dello spettatore. La storia del video in sostanza subiva l'ingiusto e storicamente infondato torto di omissione, venendo emarginata o estromessa dal discorso sulla trasformazione delle immagini in movimento.

1.4. *Le mutazioni del video monocanale e il fascino del mainstream*

Lasciamo qui per un attimo la riflessione sui festival e le mostre per soffermarci brevemente su una questione già accennata in precedenza che tocca nel profondo a livello produttivo lo sviluppo del video nel corso degli anni Novanta. Se le video installazioni conoscono una grande fortuna espositiva, il video monocanale, rispetto alla sua storia produttiva degli anni Settanta e Ottanta, vede viceversa sotto molti punti di vista (tecnologico, produttivo, distributivo) un cambiamento radicale all'interno dei propri assetti produttivi. Se da un lato l'introduzione sul mercato delle prime videocamere digitali, e dei primi software di post-produzione, rende più o meno accessibile a tutti l'idea di dotarsi di una propria unità di produzione video, è soprattutto in relazione alla sua messa in onda televisiva che il video vede ridursi i propri spazi di diffusione[35]. Gran parte dei centri di produzione e sperimentazione, sovvenzionati da fondi privati e pubblici, che per quasi venticinque anni avevano promosso in Europa e negli Stati Uniti la ricerca, la produzione e la diffusione televisiva del video monocanale, subiscono drastici tagli[36]. Per tutti gli anni Ottanta in Europa la televisione aveva dimostrato una pur minima curiosità verso le sperimentazioni degli artisti, era stato il caso poco noto in Italia del settore della RAI Ricerca e sperimentazioni programmi attivo dal 1976 al 1987, o in Francia dell'INA (Institutnational de l'audiovisuel), produttore dal 1984 al 1986 delle *Cartes postal vidéo* realizzate da Robert Cahen, Alain Longuet e Stéphane Huter, o ancora di *Canal Plus* o di *Channel Four* in Inghilterra. Sono tutte esperienze molto sporadiche che ben presto non trovano più spazio all'interno della programmazione di una televisione che lentamente si uniforma.

Negli Usa in particolare la storia dei rapporti tra artisti e televisione era iniziata un decennio prima ma sempre tra la fine degli anni Ottanta e l'inizio degli anni Novanta fu costretta all'epilogo. Il *Tv Lab*, programma di fondi per la *Thirteen/WNET Public Television Station* – istituito e finanziato nel 1971 dalla Rockefeller Foundation e dal New York State of Council on the Arts 40 – venne dismesso nel 1987[37]; il *New Television Workshop*, sostenuto dall'emittente televisiva WGBH di Boston anch'esso grazie ai fondi della Rockefeller Foundation, chiude nel 1993. L'affermazione della televisione commerciale riduce drasticamente gli spazi di messa in onda e infrange il sogno di tutti quegli artisti, da Gerry Schum, David Hall, Andy Warhol e molti altri, che avevano creduto possibile grazie al video una trasformazione radicale del mezzo televisivo. Scrive a tale proposito Raymond Bellour: «Tutti i sogni di una tv fatta dagli artisti si scontrano con la logica del profitto, quando il profitto, attraverso la pubblicità, diventa la forma visibile del tempo»[38]. Trascorsa l'euforia dei decenni precedenti, il video non era del tutto riuscito a trovare una via per istituzionalizzarsi, sopravviveva in un circuito off, distribuito nei vari festival attivi nel mondo ma privato dello spazio in onda televisivo non avrebbe più avuto alcuna possibilità di incidere su un immaginario collettivo, se non nella forma del video clip musicale. Gli anni Novanta, scriveva Valentina Valentini nel 1995: «Sanciscono la fine del sogno visionario – debole in verità – del video che vince i vecchi media – cinema e televisione – con la forza della nouvelle image, con la spettacolarità degli effetti speciali, con l'orgoglio di poter disporre di un apparato produttivo e distributivo indipendente e di poter controllare, come singolo autore, l'intero processo produttivo»[39].

Nel 1989 Jon Dovey, esponente di punta del collettivo inglese dei *Gorilla Tapes* (movimento nato e basato sull'uso, riuso e riciclo del linguaggio televisivo per finalità parodistiche e politiche)[40], scrive un articolo apparso sulla rivista inglese «Indipendent Media» con un titolo emblematico: *Video on tv – paying the rent* (Video in tv – paga il conto). Il video, lamenta Jon Dovey, è diventato un medium dalla natura talmente multiforme che una definizione terminologica è quanto mai indispensabile; occorre distinguere il video in sé («*video as video*») da tutti gli altri usi commerciali che ricopre nel quotidiano. Rispetto ad una decina di anni prima, come per ogni altra cosa, dalla salute all'educazione, la televisione era diventata uno strumento con il quale generare profitto; tuttavia, prima che questo suo destino si segnasse per sempre, era riuscita a saccheggiare a più non posso le migliori idee che gli artisti le avevano offerto. «Dopo vent'anni di storia del video – si chiede Dovey – dove sono i nuovi, giovani artisti?». La televisione aveva progressivamente relegato la messa in onda delle opere video in orari notturni sempre più proibitivi, allontanandoli dalle fasce orarie del grande pubblico, a questo punto, si domanda Jon Dovey: «Vogliamo guardare al *mainstream* televisivo? Oppure preferiamo pensare che il nostro lavoro sia per un pubblico più ristretto?»[41]. La questione è centrale: da un lato il *mainstream*, dall'altro i margini, gli artisti dovranno scegliere da quale parte schierarsi? Se gli spazi per la messa in onda televisiva verranno ridotti e i finanziamenti tagliati o dirottati su altre tecnologie, a quale pubblico gli artisti potranno rivolgersi? Un pubblico di nicchia, quello dei festival, delle videoteche, delle piccole cooperative indipendenti, dei centri di produzione come il CICV (Centre International de Création Vidéo Montbéliard, attivo in Francia dal 1990 al 2004, chiuso per assenza di fondi) oppure esisteva ancora un modo per intercettare un pubblico più vasto? Il passaggio che in questi anni si registra di molti artisti al cinema di finzione potrebbe rispondere a simili quesiti, come se, agli albori della svolta digitale, fosse il tentativo di reagire ad una fase in cui il video sembrava ripiegare su se stesso.

Nel caso di *Double Blind* (1992), film girato dagli artisti Sophie Calle e Greg Shephard si tratta di un cinema d'autore, fortemente videografico, un film intimo e autobiografico a metà tra un viaggio on the road e un diario filmato. Riconducibili all'interno di un cinema decisamente più *mainstream* e hollywodiano sono invece gli esordi alla regia di Cindy Sherman con il suo commedy/horror *Office Killer* (1997)[42], mentre Robert Longo, dopo aver realizzato negli anni Ottanta una serie di videoclip musicali, passa nel 1995 al lungometraggio con il cyberpunk film *Johnny Mnemonic,* con Keanu Reeves, Dolph Lundgren e Takeshi Kitano. David Salle lascia invece temporaneamente la pittura per produrre il suo primo e unico film, *Search and Destroy* (1995), ricorrendo nel cast a grandi star, da Dennis Hooper a Martin Scorsese, Christopher Walken e Ethan Hawke, mentre Julian Schnabel infine nel 1996 si avvierà verso una fortunata carriera cinematografica firmando la regia del film biografico dedicato a Jean-Michael Basquiat (*Basquiat*, 1996). In tutti questi casi il tipo di cinema prodotto non ha più nulla a che vedere con le esperienze *underground* degli anni precedenti, sono lontane, lontanissime, le incursioni in pellicola di Andy Warhol, così come lo sono quelle degli artisti delle avanguardie (Salvator Dalì, Man Ray, Fernand Leger). Non è che l'inizio di un fenomeno di avvicinamento degli artisti al cinema che culminerà con il passaggio dal video al cinema di Steve McQueen con *Hunger* (2008), *Shame* (2011) e *12 Years a Slave* (premio Oscar come miglior film nel 2013), di Sam Taylor Wood con *Nowhere Boy* (2009), di Shirin Neshat con *Women Without Men* (2009), vincitore del Leone d'oro al Festival del Cinema di Venezia, e di Gilliam Wearing con il suo docu-fiction *Self Made* (2010). In molti di questi film l'apporto tecnico ed estetico del video, come scriveva Valentina Valentini «finalizzato ad abbattere le grandi narrazioni, l'illusione di realtà, favorire l'esplorazione di universi psichici ed onirici e incoraggiare una costruzione epico-lirica anziché drammatico narrativa»[43], apparirà quanto mai lontano, svanito con il desiderio degli artisti di uscire dai margini e misurarsi con l'industria del cinema. In altri casi, marginali e indipendenti, vedremo come l'immaginario videografico resterà come sullo sfondo, come una traccia ad uso degli artisti, una tra le tante che abitano la galassia digitale.

La complessa questione dei rapporti tra cinema e video, qui accennata, nei due decenni successivi all'avvento del digitale, proprio per la sua straordinaria capacità di assorbire, ricodificare e riadattare formati, supporti, storie, archivi e per la facilità d'utilizzo di mezzi di riproduzione e postproduzione, occuperà gran parte delle mostre che andremo ad analizzare, rivelandosi pertanto una questione cruciale per comprendere con spirito intermediale se e come i due linguaggi o sistemi di segni – cinema e video – si siano ricodificati o meno l'uno nell'altro.

1.5. *Recycle, recadrage, remaking cinema*

Nella sezione 'Aperto' della Biennale di Venezia del 1992, Angela Bulloch espone *Solaris*, una riproposizione del film di fantascienza di Andrej Tarkovskij, rimontato solo con le parti in cui la moglie del protagonista, Hera, dorme e cammina. L'artista sudafricano Kendell Geers proietta su due schermi speculari una serie di sparatorie estrapolate dalla storia del cinema (*Tv Shoot*, 1998-1999). Assemblando insieme varie sequenze del cinema hollywoodiano, Christian Marclay farà del 'rimontaggio' la sua cifra stilistica (*Telephones*, 1995, *The Clock*, 2010), mentre l'artista francese Brice Dellsperger dal 1995 ad oggi produce un ciclo di brevi video intitolati *Body Double*, nei quali travestendosi da donna reinterpreta alcuni dei più celebri ruoli femminili presenti nei film di Brian de Palma e Alfred Hitchcock. Pierre Huyghe, nel suo video *Remake* (1994-1995) rimette in scena per intero *La finestra sul cortile* (1954) di Hitchcock, ne replica tutte le inquadrature, così come il montaggio e i dialoghi, ma lo fa con attori non professionisti, per rivivere l'esperienza: «Ho chiesto all'attrice di essere Grace Kelly piuttosto che il personaggio interpretato da Grace Kelly. Le ho chiesto di essere una superficie, non di immedesimarsi psicologicamente in un ruolo»[44].

Nicolas Bourriaud le ha definite un'arte della 'post-produzione': anziché produrre nuove immagini, questi artisti privilegiano esporre o riutilizzare opere prodotte da altri, iscrivendosi all'interno di una rete di segni e significati preesistenti[45]. Lo sottolinea anche Hal Foster: «il cinema, nella sua dimensione sociale e culturale, viene utilizzato come tessuto connettivo che i film portano in sé per poter accedere ad un linguaggio di comunicazione universalmente riconosciuto»[46]. Come un Dj si serve di dischi di cui non è l'autore, adottando tecniche ereditate dalla storia delle avanguardie artistiche (*détournement*, readymade reciproci o assistiti, *cut-up*, *scratch* e *mixage*), così gli artisti della postproduzione, spinti dalla proliferazione caotica delle immagini propria della cultura globale, mixano e combinano opere preesistenti. Conclude Nicolas Bourriaud: «La sovrapproduzione non è più vista come un problema, ma come un ecosistema culturale»[47] e questo vasto movimento di riciclo, come rileva Arthur Danto qualche anno più tardi, è il sintomo che contraddistingue «la condizione postmoderna dell'arte contemporanea»[48].

Ampiamente utilizzate dal situazionismo, dal dadaismo prima, dal movimento Fluxus poi e dal cinema sperimentale, pratiche di riuso e di *détournement* non erano una novità, quindi in cosa differiva l'approccio degli artisti della 'post-produzione'? Quali analogie ad esempio con la dissacrante spregiudicatezza della *Verifica Incerta* (1964) di Alberto Grifi e Gianfranco Baruchello?[49] Quali con la magnifica messa a nudo delle finzioni cinematografiche messa a punto in *L'occhio è per così dire l'evoluzione biologica di una lagrima* (1965-1968), dove Alberto Grifi aveva alternato immagini da lui girate nel campo di concentramento di Auschwitz con un primo piano di Monica Vitti nello sforzo non riuscito di produrre un pianto?[50] Simili pratiche di *demontage*, *détournement*, e *foundfootage,* sperimentate da Alberto Grifi e prima dal cinema sperimentale di Jospeh Cornell e Bruce Conner[51], con il passaggio all'elettronica trovano nella generazione del magnetoscopico e del videoregistratore VHS una prosecuzione, riconfigurando, riciclando, rimontando o smontando le immagini preesistenti[52]. Negli *scratch* video di Georges Barber, in quelli dei fratteli Duvete, in *Detour Ceausescu* di Chris Marker (1990), nei video scratch dei *Gorilla Tapes* (da *Death Valley Days* 1984, *Invisible Television*, 1987), l'intero palinsesto televisivo, cinema compreso, veniva decodificato e smascherato di tutte le sue retoriche[53].

Nel saggio *Cinema e video: compenetrazioni* (scritto nel 1988 insieme a Marc-Emmanuel Melon e Colette Dubois), Philippe Dubois si sofferma su una serie di artisti che ricorrono nei loro video a citazioni, allusioni, remake e parodie cinematografiche. «Un effetto cinema», lo definisce Philippe Dubois e aggiunge, «il video sembra globalmente essere diventato *cinéphage*»[54], quindi suddivide le opere in tre gruppi. Nel primo, *Infanzia e memoria: il cinema dalla parte delle origini*, il cinema rappresenta un'infanzia, una memoria personale in procinto di svanire. Accade in *Les Nouveaux Mystéres de New York* (1976-1981) di Jean-André Fieschi, un diario intimo girato tutto con la camera *paluche* (una mini videocamera portatile delle dimensioni di un microfono) che a tratti reinquadra alcuni vecchi film. Per Jean-André Fieschi riferirsi alla storia del cinema vuol dire attivare una memoria che è al contempo individuale e collettiva: «Il salto nel cinema – dichiara – è stata una ricerca delle immagini precedenti»[55]. Il secondo gruppo di opere individuato da Philippe Dubois è *Découpages e collage: il cinema come elemento plastico*, qui l'oggetto filmico viene tagliato e manipolato per essere ridotto a puro elemento visivo, piegato alle trame del video. Philippe Dubois vi include *1000 Küsse* (1983) di Klaus vom Bruch, mille differenti tipologie di baci rappresentati dal cinema americano e *Gli Invincibili* (1983-1987, 21 min) di Gustav Hamos[56], un *bricolage* di formati tra cinema e video in cui lo stesso Gustav Hamos reinterpreta il ruolo dell'eroe Flash Gordon, portandolo provocatoriamente alla morte. Nel terzo e ultimo gruppo di opere *Parodia e riciclaggio; il cinema fonte d'immagini,* il cinema è un archivio di immagini e stereotipi da depredare, torturare e riutilizzare per fini anti-narrativi. È quel che corrisponde a due cortometraggi in 16mm di Martin Arnold, *Piece touchée* (1989) e *Passage à l'acte* (1993), brevissime sequenze (18-20 secondi) estrapolate dal cinema americano più classico, tagliate, ripetute e cambiate di velocità fino a mutare in incubo quel che Hollywood aveva raffigurato come un idilliaco *american way of life*.

Oltre al saggio di Philippe Dubois, la questione dei rapporti tra cinema e video torna in una serie televisiva prodotta nel 1989 dall'emittente televisiva spagnola RTPA – Radio Televisión del Principado de Asturias, intitolata *El arte del video*, scritta e diretta da José Ramón Pérez Ornia, con la regia di Alejandro Vallejo. Si tratta di una serie tv in 14 puntate da mezz'ora ciascuna con 116 interviste ad artisti, critici e studiosi, che ripercorre la storia delle opere video prodotte tra il 1959 e il 1989. Ogni puntata illustra un differente aspetto del linguaggio videografico, così da ricostruirne le varie relazioni con le altre arti visive e performative: cinema, teatro, performance, musica, pittura, scultura, danza, televisione, linguaggi della parola e infografica. La puntata numero 7, *En torno al cine*, è dedicata ai rapporti tra cinema e video. Vi partecipano tra gli altri Philippe Dubois, Jean-Paul Fargier, Gene Youngblood, Robert Caehn, Gustav Hamos e Jean-Luc Godard, il quale dichiara: «tra il cinema e il video, c'è la stessa differenza che c'è tra scienza e filosofia, il video è la scienza e il cinema la filosofia», difficile immaginare di separarli. Gene Youngblood è piuttosto orientato ad includere il video in una definizione 'espansa' di cinema: «Esiste il cinema e poi esistono vari altri media con i quali possiamo fare cinema: film, video, computer, fotografia, oleografia. Il cinema è l'arte di organizzare una sequenza audiovisiva nel tempo, un'immagine, un suono».

Tra gli artisti citati nella puntata ve ne sono alcuni che si appropriano dell'immagine del cinema per contaminarla con il proprio vissuto, alcuni lavorano sulle proprie ossessioni cinematografiche come quella che Marcel Odenbach nutre per *Psycho* di Alfred Hitchcock, citandolo più volte nel suo video *Der Widerspruchder Erinnerungen* (1982). Altri artisti mescolano citazione, remake e performance come Zbigniew Rybczyński che in *Steps* (1987) ricorre alla celebre scena della scalinata della *Corazzata Potëmkin* (1925) di Sergej Michajlovič Ėjzenštejn, per sovrapporvi immagini da lui girate in *blue screen* di una comitiva di moderni turisti americani che si aggirano ignari del dramma consumato[57]. Per il critico, cineasta, videoartista francese Jean-Paul Fargier, intervistato nella puntata, tutta la mitologia hollywoodiana, ovvero una certa rappresentazione dell'amore, dell'eroismo, della violenza, è codificata in un archivio custodito dalla storia del cinema: «Se il video vuole avere un certo impatto sul pubblico deve passare attraverso la mitologia e la banca della mitologia è il cinema». Philippe Dubois, anche lui intervistato, si spinge oltre per sostenere che il modello del video non è più la televisione ma il cinema, il rapporto con il cinema non è più un rapporto di opposizione, di conflitto, di messa a morte o di distruzione, al contrario è un rapporto di vampirismo, di assimilazione. Il video cerca nel cinema dei modi per alimentarsi, per darsi nuove forze, un nuovo immaginario. Remake, rimontaggio, citazione, parodia e riciclaggio, appartengono al gioco di scambi, spesso conflittuali, che da sempre si è dato tra video e cinema come in una coppia di 'inseparabili', per citare ancora Jean-Paul Fargier: «Ti amo, ti uccido... ti odio, ti prendo... L'amore/odio sembra regolare, nella buona e nella cattiva sorte, le relazioni obbligate del cinema e del video. Ma, dal punto di vista genealogico, di quale ordine sono queste relazioni? Matrimonio? Legame tra fratelli? Rapporto genitore-figlio?»[58].

Quando nuove pratiche di appropriazione, citazione, remake, decostruzione e rimontaggio del cinema e del suo archivio, con forza emergeranno nel corso anni Novanta, in pochi ricorderanno quanto era già accaduto in video e molti si affretteranno a definirlo 'Cinema'. Douglas Gordon rallenterà *Psyco* di Alfred Hitchcock portandolo ad una durata di 24 ore retroproiettandolo su uno schermo (3m x 4m) sospeso nel vuoto, o poggiato per terra, ad una velocità di due frame al secondo (*24h Psycho*, 1993). In *The Searchers* (1995) Douglas Gordon proietterà il film omonimo di John Ford portandolo ad una durata di 5 giorni, ovvero rendendo oggettivo il tempo in cui la storia raccontata nel film realmente si svolgeva. In queste e simili opere il *détournement* è solo un lontanissimo riferimento, le operazioni di Douglas Gordon sono a metà tra il concettuale e la pop art di Andy Warhol, la sua generazione, dichiara in un'intervista rilasciata a Hans-Ulrich Obrist nel 1996, non scandaglia, «pesca a strascico»: «Ritengo che noi siamo in una posizione migliore, per ripescare quello che c'è intorno, perché non dobbiamo fare distinzioni, in termini di gerarchie. Per me, il film di John Ford è uguale alla documentazione scientifica sulla pazzia ed è uguale ad un film sulle mosche. Questa è l'unica cosa che possiamo fare col readymade: ridurre o elevare ogni cosa allo stesso livello»[59].

La generazione degli artisti nata con gli anni Sessanta sembrava non poter fare a meno di raccogliere i resti di una cultura in procinto di scomparire. Ancora Nicolas Bourriaud: «L'odierna cultura globale è una gigantesca reminiscenza, un'enorme combinazione della quale è molto difficile identificare i principi di selezione. Come evitare che questo compendio di culture e stili finisca per votarsi a un eclettismo kitsch, un alessandrismo cool che esclude qualunque giudizio critico? Se non possiamo opporre a questo eclettismo – banalizzante e consumista, che predica l'indifferenza cinica verso la storia e cancella le implicazioni politiche dell'opera – qualcosa di diverso dalla visione darwiniana di Greenberg, o di una visione semplicemente storicizzante dell'arte?»[60].

Riscrivere la modernità è il compito storico che investe gli artisti alla fine del XXI secolo, non ripartire da zero, com'era accaduto con le neoavanguardie degli anni Sessanta e Settanta, ma inventare e selezionare, scaricare dal computer e riutilizzarne i dati.

1.6. *Face à l'histoire*

«Tutto potenzialmente potrebbe diventare un documento storico, senza alcun limite, gli oggetti della vita quotidiana, così come i quadri, film, il teatro, tutto può diventarlo», così scrive lo scrittore, filosofo e documentarista francese Laurent Gervereau nel 1996 in un saggio dal titolo *Un art sans histoire*: «assistiamo ad un doppio fenomeno esponenziale, un'arte senza limiti e una storia vorace»[61]. Parallelamente allo sviluppo e al dibattito intorno alle nascenti tecnologie digitali, un certo rapporto con il passato, con il suo archivio, si fa sempre più frequente, tanto nelle opere degli artisti quanto nelle riflessioni teoriche e museali. È un doppio movimento nel quale la nuova generazione di artisti, osserva Hal Foster, sembra profondamente coinvolta: «Solitamente ci sono due dinamiche implicate in questi nuovi momenti tecnologici. Alcuni artisti vogliono futuristicamente sperimentare la libertà offerta dai nuovi media, altri guardano ai vuoti lasciati dal passato, ovvero all'obsoleto»[62]. Un doppio movimento che non può non affiorare sul crinale di un nuovo secolo.

Tale sentimento emerge in un'importante mostra quale *Face a l'histoire 1933-1996, l'artiste moderne devant l'événement,* dedicata alle relazioni tra l'arte, gli artisti e il corso degli eventi storici. Un tema che ritorna anche nella decima edizione di *Documenta* del 1997[63], Catherine David che ne è la curatrice, organizza al contempo un'ampia retrospettiva per rendere omaggio alla storia della celebre mostra quinquennale di Kassel, e, allo stesso tempo, interroga il presente: l'eterogeneità delle estetiche contemporanee, la pluralità degli spazi espositivi, nuovi e vecchi (la pagina, il muro, il poster, il cd-rom, il televisore, il Web, il video, il cinema). Un aspetto che trova con forza riscontro anche nelle video installazioni esposte, dove emerge l'utilizzo di tecnologie e formati desueti di proiezione quali proiettori diapositive e proiettori pellicola 16 e 8mm. Accade ad esempio nell'opera di Liisa Roberts *Trap Doors,* nella quale tre proiettori 16mm girano alla velocità di 1000 frame per secondo e retroproiettano su tre schermi semi trasparenti, disposti a triangolo, un film in bianco e nero; *Trap Doors* è allo stesso tempo un'installazione e una proiezione in pellicola. In *Rice* l'artista olandese Marijke Van

Warmerdam ricorre ad un proiettore 16 mm per retro-proiettare su un piccolo schermo (15,4 x 21cm) il filmino di una donna che ridendo si rovescia sulla testa un vassoio di riso. Per ottenerne il *loop* la pellicola scorre su due bobine sostenute da una struttura metallica a forma di 'T'. Riporta il catalogo a tale proposito: «La fascinazione per le nuove tecnologie digitali ha portato la gente a dimenticare quanto l'origine del cinema risieda nella fotografia. In questo nostro tempo di videoclip frenetici e di video zapping, Marijke van Warmerdam ritorna ancora e ancora alle origini tecnologiche della pellicola»[64].

Lo storico dell'arte George Baker osserverà in occasione di una tavola rotonda organizzata nel 2003 da Chrissie Iles (Film e video curator del Whitney Museum di New York) a proposito del tema dell'uso di desueti dispositivi di proiezione cinematografica nell'arte contemporanea: «Potremmo forse specificare meglio questo diffuso sentimento di nostalgia che nei contesti dell'arte contemporanea si è concretizzato in un generico ritorno al film (inteso come supporto e come storia, NdT). Alcuni artisti lo esprimono in maniera tangibile, come nelle opere di Douglas Gordon [...] Altri si ricollegano alla memoria del cinema nel suo periodo compreso tra il muto e il sonoro come fosse un momento da riattivare»[65].

Recuperare un passato non è solo un atto autobiografico, vuol dire anche riferirsi ad uno spazio mentale del tutto immaginario. Andreas Huyssen l'ha definita una «*Memory bloom*», una «*Nostalgia for ruin*» (Nostalgia delle rovine), dietro la quale si celerebbe un profondo rimpianto per un tempo passato che ancora non ha cessato di proiettare le sue speranze sul futuro, sulle ceneri del modernismo: «Siamo nostalgici per le rovine della modernità perché conservano quella promessa svanita nel nostro tempo: la promessa per un futuro alternativo»[66]. In un momento epocale quale il passaggio dal sistema analogico a quello digitale, il passato, il suo archivio, diventa un sipario dietro il quale nascondere le proprie incertezze. Quale sollievo poter trovare nel cinema, nella sua storia, nelle sue leggende, nel suo immaginario, nella sua *aura,* il conforto di una «*posture mélancolique*»[67]. Scrive Stéphanie Moisdon-Trembley in un articolo del 1996: «Al termine di una proliferazione di esposizioni dette alternative, questi artisti, preoccupati dalla perdita di specificità dell'opera d'arte, della sua crisi d'identità, si riuniscono nella forma del villaggio in piccoli gruppi ideologici [...] rivolgono la loro curiosità verso un'immagine in filigrana, il cinema, i suoi riferimenti, le sue mitologie, la sua architettura e la sua memoria»[68].

Quel che era stato il punto di riferimento dal punto di vista comunicativo per i pionieri del video, ovvero la televisione, ora è il cinema, i suoi miti, i suoi film (per lo più hollywoodiani), i suoi dispositivi archeologici, le sue modalità produttive. Per le sue note capacità di instaurare un forte tessuto sociale e culturale, il cinema rappresenta per gli artisti un immenso immaginario collettivo nel quale riconoscersi idealisticamente come 'comunità'. Così, per assurdo, alle soglie del digitale molti artisti abbandonano il supporto video per tornare alla pellicola in tutti i formati (8mm, 16mm e 35mm), mentre altri riattivano desueti proiettori e obsoleti dispositivi dell'archeologia del cinema, quali lanterne magiche, stereoscopi e teatri d'ombre (Christian Boltanski e William Kentridge fra tanti). Simili spostamenti verso la storia del 'pre-cinema'[69], negli stessi anni affiorano nel campo degli studi cinematografici. In *Le grand art de la lumière et de l'ombre, archéologie du cinéma* (La grande arte della luce e dell'ombra, archeologia del cinema, pubblicato nel 1995)[70], Laurent Mannoni si serve di una rigorosa consultazione di materiali d'archivio per risalire il corso della storia del cinema e retrodatarne l'origine all'epoca degli spettacoli luminosi di Giovan Battista della Porta (1540-1615). Il testo di Laurent Mannoni, insieme alle pioneristiche ricerche di Ceram (1963) e Jacques Deslandes (1966)[71], sono ritenuti dallo studioso finlandese Erkki Huhtamo quali precursori di quell'ormai noto approccio definito come '*Media Archelogy*'[72].

Un precursore acclamato in questo senso è stato Thomas Elsaesser che già nel 1988-1989, prendendo spunto dall'*Archeologia del sapere* di Michel Foucault propose il concetto di 'Storia del cinema come archeologia dei media'[73]. Un'altra formulazione compare in un articolo scritto sempre da Erkki Huhtamo nel 1996, intitolato *An Archeological Approach in Media Art* (Un approccio archeologico nelle arti mediali)[74], nel quale s'interessa non casualmente al riuso di dispositivi tecnologicamente desueti nelle installazioni d'arte contemporanea. Erkki Huhtamo analizza l'opera di Paul De Marinis, *The Edison Effect,* una serie di macchine-oggetti che indagano svariate modalità di riproduzione del suono, dal fonografo di Thomas Alva Edison alla tecnologia laser del CD; mentre *See Banff?* (1994) di Michael Naimark è un parallelepipedo in legno con visore e manovella (una contaminazione tra un kinetoscopio e un mutoscopio) azionando la quale viene riprodotto un breve filmato in pellicola girato dall'artista con la tecnica della stereoscopia. Osserva Erkki Huhtamo: «Zootropi, kinetoscopi, fonografi, periscopi, vecchi televisori, obsoleti computer e *videogame* – un intero repertorio di dispositivi e tecnologie desuete sembrano aver invaso gli spazi dell'arte, contestualmente ad un presente in continuo mutamento tecnologico»[75].

Con l'approccio archeologico, il punto di vista dell'artista, prima rivolto al futuro, viene supportato da un nuovo sguardo indirizzato al passato, o meglio, passato e presente convivono all'interno di un unico dispositivo. Questa modalità non ha nulla a che vedere con le appropriazioni citazioniste del postmoderno, è piuttosto un tentativo di superare quel punto di vista e avviare con il passato un dialogo che possa replicare al costante traballamento di confini e definizioni proprie dell'audiovisivo. Conclude Erkki Huhtamo: «[...] Nonostante l'obiettivo dell'archeologo dei media sia quello di guardare al passato, il suo non è un punto di vista fisso; piuttosto, estremamente mobile. Studia incessantemente il panorama storico e tecnologico, andando avanti e indietro, cercando corrispondenze e rotture. Alla fine ritorna al presente e, eventualmente, al futuro»[76]. Lo stesso concetto di obsolescenza, come ci ha aiutato a riflettere Thomas Elsaesser in un suo saggio dal titolo *L'archeologia dei media come poetica dell'obsolescenza*, può essere interpretato forse troppo letteralmente sia come una nostalgia per epoche lontane, sia come un gesto di rottura «eroica resistenza all'accelerazione inarrestabile»[77]. Ovvero un oggetto, una tecnica, un medium, proprio perché obsoleto, si distacca dalla sua funzione/merce e diventa nuova forma di readymade.

1.7. *Video: the Success of its Failure*

Ci siamo soffermati fino ad ora sulle mutazioni del linguaggio videografico inquadrandolo da un punto di vista allargato a tutte le altre arti e al cinema in particolare, perché è qui che si consuma, questa è l'ipotesi, la sua ipotetica sparizione, emarginazione, rimozione o diluzione.

Dopo *Passages de l'image,* la Biennale di Lione del 1995 è senza dubbio la mostra che meglio riassume le questioni del momento. Con il centenario del cinema alle porte (1995), i progressi dell'informatica e il grande consumo d'immagini preannunciato dal digitale, le distinzioni che tenevano isolati i media in categorie distinte ora vacillano. Cinema, foto, video, video installazioni possono ancora essere dei modelli per l'arte contemporanea? La Biennale di Lione si sforza di comprendere il nuovo che avanza e propone un ciclo di conferenze sul video, il virtuale, l'ipermedia, l'interattività, la *computer graphics*, il Web, la multisensorialità. Ma è soprattutto alla video installazione che la Biennale dedica una vera e propria consacrazione con 64 artisti, 23 video installazioni storiche, 9 inedite in Europa, 14 in Francia e altre 30 nuove creazioni. Il catalogo raccoglie gli interventi di Yann Beauvais, Friedemann Malsch (curatore del museo di Strasburgo e specialista della storia del video), Barbara London (curatrice al MoMa), David Ross (direttore del Whitney Museum di New York), Christine Van Assche, Hans Peter Schwarz (direttore del museo ZKM di Karlsruhe), Nicolas Bourriaud, Friedrich Kittler e Dan Cameron, critico e curatore: una simile ricchezza di opinioni non può che meritare un'analisi specifica.

Il testo di David Ross emerge come una denuncia e una provocazione: *Video: the Success of its Failure* (Video: il successo del suo fallimento) (78), nonostante le video installazioni fossero ormai presenti ovunque, questa è la sua tesi, il loro successo coincide con un fallimento generale; alla fine di un lungo corpo a corpo, il museo, incapace di accogliere un'arte davvero smaterializzata come quella elettronica, aveva sì accettato e riconosciuto le video installazioni come 'arte' ma da preservare, conservare, mostrare come fossero comuni sculture. Si trattava in realtà di una mistificazione, di un fallimento, il video non era veramente riuscito a cambiare il museo, viceversa un nuovo medium ora minacciava la sua autorità istituzionale, il World Wide Web, unico vero luogo di interazione possibile tra artista e pubblico. Dunque, si chiede David Ross, alla luce di simili cambiamenti, qual è il luogo del video?

Dan Cameron prosegue le riflessioni di David Ross e scrive per il catalogo un testo dedicato ai cambiamenti dell'arte video tra gli anni Ottanta e Novanta, intitolato *Seduit et abandonné – L'art vidéo à l'age de l'information* (Sedotto e abbandonato – l'arte video nell'era dell'informazione). Dan Cameron osserva che in Europa e negli Stati Uniti il termine stesso video ha perso di rilevanza, una generazione di nuovi artisti (Philippe Parreno, Douglas Gordon, Mona Hatoun, Rirkrit Tiravanija, Patricj Corillon) passa piuttosto da un medium all'altro, mentre altri ancora si indirizzano verso il cinema di finzione. Non si tratta tuttavia di un'anomalia quanto lo stadio più avanzato di una nuova tendenza per la quale la capacità di influenzare il pensiero visivo si è trasferita alla forma d'arte più democratica che ci sia, il cinema, tanto da portare Dan Cameron ad un'ipotesi ardita: «Potremmo ipotizzare una nuova funzione per il mondo dell'arte contemporanea, una specie di campus formativo per futuri film maker, ai quali le gallerie potranno garantire una migliore formazione di quella offerta dalle scuole di cinema e gli stage di MTV»[79]. Allo stesso tempo il video e la video installazione sono tutt'altro che finiti, continuano ad interessare tanto gli artisti (Sadie Benning, Diane Thater, Georgina Starr, José Antonio Hernández-Diez) quanto i cineasti come Chantal Akerman che, ricorda Dan Cameron, nel 1995 aveva ripensato il suo film documentario *D'Est* girato in Russia in una video installazione esposta al San Francisco Museum of Modern Art[80]. Il caso della Chantal Akerman non resterà isolato, Chris Marker era già tornato alla video installazione nel 1995 (*Silent Movie*), mentre il regista armeno-canadese Atom Egoyan vi si cimenterà nel 1997, rappresentando il padiglione armeno della Biennale di Venezia, le video installazioni, come ha dichiarato recentemente in un'intervista, rappresentano una reale opportunità per coinvolgere lo spettatore oltre le sue tradizionali abitudini cinematografiche[81].

Da un lato quindi gli artisti integrano nelle proprie video installazioni immagini estratte dalla storia del cinema, dall'altro alcuni cineasti ripensano i propri film riadattandoli alla forma delle video installazioni. Così facendo il cinema (forte di una legittimazione teorica di cui abbiamo dato conto) consolida la sua presenza negli spazi dell'arte contemporanea mentre il video sembra disperdersi nella frammentazione dei formati (video proiezioni, video installazioni, video pubblicitari, video d'artista, video animazioni), pressato dalle nuove tecnologie emergenti (realtà virtuale, Web e digitale), svanito nella galassia dei formati audiovisivi. La stessa parola 'video' si eclissa progressivamente dai titoli delle mostre e persino un festival storico quale la *Semaine International del la video* (attivo dal 1985), sceglie nel 1999 di abbandonarla per cambiare il suo nome in *Biennale des images en mouvements*. Si tratta di una mutazione senz'altro sintomatica di un lessico videografico ritenuto non più idoneo per dar conto della varietà dei linguaggi esistenti, 'Immagini in movimento' (*Moving Image*, *Images en mouvements*) è questo il termine prescelto per meglio interpretare i cambiamenti in atto nella famiglia audiovisuale. Così riporta la prefazione pubblicata nel catalogo della prima *Biennale des images en mouvements*: «Se è vero oggi che la creazione audiovisiva non si limita più ad una tecnica in particolare, le distanze tra cinema e video, campi un tempo molto distinti, si sono fatte via più esigue. Abbiamo pertanto ritenuto che il termine 'immagini in movimento' potesse meglio evocare la situazione attuale. Queste immagini, che non smettono mai di evolversi nelle tecniche e nei formati, si declinano oggi in forme multiple, vasti domini che si espandono tanto diffusamente quanto i generi e le pratiche a loro volta si contaminano e si diversificano tra loro. É questa evoluzione che la Biennale vuole seguire ed interrogare»[82].

La scomparsa di un lessico a favore di un altro è il primo sintomo di un trauma da interpretare. «Qual è il 'momento' culturale al quale ricondurre i media di riproduzione delle immagini in movimento? Chi è il soggetto dell'esperienza e chi l'oggetto della proiezione negli spazi delle installazioni multimediali?» e infine una questione che suona più speculativa: «È il video (come Internet) il medium di un'estetica globale?». Queste sono alcune delle domande alle quali si propone di rispondere

Video Cultures, multimediale installationender 90er Jahre, mostra organizzata nel 1999 dal Museum für Neue Kunst/ZKM di Karslruhe[83]. La ricostruzione che viene offerta del panorama videografico dell'ultimo decennio è piuttosto ampia e ben documentata, il termine '*video culture*', rispetto a quello di '*video art*', meglio si adatterebbe ad un'epoca in cui tutte le forme visive, circolanti nel contemporaneo, sono generalmente diventate '*visual culture*'. In un processo di sdefinizione, il video ha perso i legami con la propria storia e il proprio supporto per disperdersi nelle forme audiovisive del contemporaneo.

1.8. *Cinema, Cinema!*

André Gaudreault e Philippe Marion hanno osservato come dall'avvento del sonoro in poi, la storia del cinema sia stata un continuo susseguirsi di momenti di rimessa in questione radicale della propria identità in quanto medium; ad ogni avvento di una nuova tecnologia qualcuno ne ha proclamato la morte[84]. È stato così con l'avvento dell'elettronica, quando la diffusione dei film in televisione e la crescita del mercato del VHS provocarono una pesante crisi di produzione e di distribuzione in sala. In ragione di quella stagione così fortemente turbolenta, soprattutto in area francese, a partire dalla fine degli anni Ottanta nei testi di Jacques Rancière, Jacques Aumont, Pascal Bonitzer e Raymond Bellour si riscontra una netta propensione ad abbandonare le analisi filmiche per volgersi ad altro, alle contaminazioni tra cinema e filosofia, tra cinema e arti visive, ovvero, come scriverà Dominique Païni, «alle sue relazioni incestuose con video e pittura»[85]. Negli ultimi articoli di Serge Daney (dal 1981 al 1991) o nei libri di Jean-Pierre Oudard e Jacques Aumont (*L'œil interminable: cinéma et peinture,* 1989)[86], così come in alcune mostre quali *Cinema: Peinture: Cinema* (1989)[87], si avverte forte il desiderio di riportare il cinema al fianco delle altre arti, come per proteggerlo da chi ne minacciava la messa a morte. Jean-Luc Godard si era già posto la questione in *Hard and Soft* nel 1986, «forse è l'ultima epoca del cinema» si chiedeva, e con questo stesso spirito si dedicherà alle sue *Histoire(s) du Cinema,* video monumento in quattro capitoli alla(e) storia(e) del cinema, tenendolo impegnato per dieci anni dal 1988 al 1998.

Con l'avvento delle tecnologie digitali e la moltiplicazione dei supporti e dei formati, le preoccupazioni non accennano a diminuire, il cinema non è più l'occhio privilegiato sulla modernità[88], ha perso tutta la sua centralità all'interno della famiglia audiovisuale, invasa da una proliferazione di nuovi tipi di immagini generate e distribuite dai dispositivi digitali e dalle reti informatiche. Scrive Antoine de Baecuq nel 1996: «Il cinema d'ora in poi sarà un vegliardo al cui capezzale non smetteremo di chinarci e al contempo un ragazzo che prendendo coscienza della propria fragilità, scoprirà nuove forze. Il tempo della melanconia è passato... siamo entrati nell'era delle mutazioni...delle possibilità...siano queste di natura economica tecnologica, estetica, cinefila, percettiva, simbolica... La relazione tra spettatore e immagine è stata sconvolta. Il cinema ha perduto il suo statuto di arte di massa e soprattutto la sua posizione centrale in riferimento ad una proliferazione elettronica di nuovi tipi di immagini»[89].

Dunque, che fare? Verso dove orientarsi? Il suo passato? Le sue origini? Quale futuro immaginare? In coincidenza del centenario domande simili affiorarono ovunque in ordine sparso, tra registi, critici, storici e appassionati. Il colloquio internazionale *Le cinéma vers son deuxième siècle* è significativo delle incertezze del momento. Organizzato a Parigi nel 1995, sotto la direzione di Jean-Michel Frodon, Marc Nicolas e Serge Toubiana, i temi affrontati nelle varie tavole rotonde esprimono preoccupazioni tutt'oggi aperte come 'Il cinema, la fine di uno spettacolo collettivo?' o 'Perché, per chi filmare ancora oggi?'. La televisione, afferma nel suo intervento Jean-Michel Frodon, si è ormai definitivamente imposta come medium di massa, raccoglie intorno alla sua offerta milioni di spettatori e se la sala buia non è più, quantitativamente, il luogo principale dove viene consumato quel che ancora chiamiamo cinema, che cosa accadrà? Come cambieranno le modalità di fruizione? «Quel che si spezza, una volta che il film esce dalla sala, non è il mistero del cinema ma quella distanza stabilita tra lo spettatore e lo spettacolo, tra ciò che il film era e non era»[90].

All'interno di questo generale quadro di ansie e preoccupazioni, e di delocalizzazioni al di fuori dei luoghi e supporti tradizionali, ecco che il museo appare come uno dei rifugi possibili dove poter sopravvivere. Museo e cinema condividono tratti in comune, ha osservato la studiosa italiana ma canadese d'adozione Viva Paci: «conservano e immortalano la perdita inflitta dal passaggio inesorabile del tempo e rispondono entrambi fin dalla loro nascita ad una doppia vocazione: lo spettacolo e l'educazione»[91]. Una serie di mostre (*L'art et le 7e art*, *Spellbound; Art and Film in Britain; Hall of* Mirror)[92] tra il 1995 e il 1996 ricostruiranno i legami da sempre esistiti tra il cinema e le altre arti, come a volerne storicamente legittimare la sua presenza all'interno dei musei. Nel museo il cinema trova riparo, preservando intatta una certa idea di cinema e di cinefilia[93].

È in questo processo di assimilazione che in occasione della retrospettiva di Stan Douglas al Centre Pompidou nel 1994, lo storico dell'arte francese Jean Christophe Royoux formula la celebre espressione di «*cinéma élargi d'exposition*» o «*cinema of exhibition*». «Quando ho cominciato a lavorare con il video pensavo alla televisione – dichiara in un'intervista Stan Douglas – piuttosto che alla storia della video arte, mi relazionavo di più con il mondo delle produzioni televisive, mi interessavo al loro modo di produrre contenuti»[94]. Stan Douglas è cresciuto con la televisione (è nato nel 1960), i suoi primi passi li muove nella musica, è un giovane DJ di Vancouver quando inizia la sua carriera e il suo approccio al video non può che differenziarsi dalle generazioni precedenti. Appare evidente nei suoi *Television Spots* e *Monodramas* (1987-1991), video brevi da 30/60 secondi (mandati in onda nel 1987 dal canale televisivo canadese *British Columbia*), nei quali anonime situazioni metropolitane (un guardiano di un parcheggio notturno, un gruppo di amici a passeggio...) vengono riprese con una sontuosa tecnica cine-pubblicitaria (camera car, carrelli, dolly...). Stan Douglas si sposta poi nel 1992 in un set per le riprese di *Hors-Champs*. Si tratta di un concerto di free jazz (interpretato da George E. Lewis, Douglas Ewart, Kent Carter e Oliver Johnson) ripreso con due videocamere in simultanea. In mostra al Pompidou *Hors-Champs* (fuori campo) è parte di un'installazione il cui elemento principale è uno schermo sospeso in maniera leggermente obliqua al centro di una sala. Ogni lato dello schermo propone una versione differente della performance musicale: da un lato, una versione lineare, montata alla maniera di un concerto televisivo ripreso secondo lo stile-*verité* dei documentari televisivi francesi degli anni Sessanta, dall'altro lato la ripresa originale, senza tagli. Quest'ultima mostra tutto quel che l'altra esclude, ovvero il suo fuori campo, gli aggiustamenti di inquadratura, i fuori scena, gli imprevisti dell'esecuzione. Lo schermo doppio spazializza le possibilità del montaggio, due versioni della stessa performance che portano lo spettatore a costruirsi di *Hors-Champs* un molteplice punto di vista.

Nonostante questo sia un aspetto da sempre consustanziale alla storia delle video installazioni, Jean Christophe Royoux viceversa nella sua lettura dell'opera vi ritrova il cinema: «Se il cinema ha reso muto il teatro, servendosi del montaggio per dislocare la parola all'interno del rapporto tra suono e immagine, le arti plastiche hanno gettato i principi montaggio in uno spazio scenico dove lo spettatore diventa attore [...] 'Hors-Champ' rilancia l'esperienza del cinema e del teatro in una formula estesa di cinema esposto, come abbozzando una nuova figura di narrazione»[95].

Dopo aver curato nel 1995 la mostra *Perfect Speed: Six British Artists*[96], dedicata ad artisti che utilizzano preesistenti strutture narrative cinematografiche, Jean Christophe Royoux in un altro suo testo intitolato *Remaking Cinema* del 1999 preciserà oltre il concetto di *Cinéma d'exposition*: «un fenomeno che nell'ultimo decennio è esploso sia nel cinema che nelle arti contemporanee»[97]. Tra gli esempi cita i remake di Pierre Huyghe, i ralenti di Douglas Gordon, i video di Christopher Draeger senza al contempo ricordare nessuno degli artisti che in video, anni prima, avevano già fatto del cinema materia di rilettura e riciclaggio. Persino le *Histoire(s) du cinema* di Jean-Luc Godard, se vogliamo la storia del cinema riletta dal video (o dal videografico), si trasforma per Jean Christophe Royoux in un *cinéma d'exposition*: «Possiamo chiamarlo cinema delle mostre ('cinema of exhibition'), un loop senza inizio ne fine, una struttura in cui l'esperienza della temporalità non può essere scissa da una sua interpretazione soggettiva, dimostrando pertanto la possibilità di un relazione tempo altra rispetto a quella incarnata dalla sequenzialità lineare del cinema»[98].

Loop, tempo reale della diretta, *mixage*, montaggio non sequenziale, benché queste fossero caratteristiche da sempre familiari anche al linguaggio elettronico e videografico, il fatto che Jean Christophe Royoux le riconduca esclusivamente al cinema, o meglio ad un *cinéma d'exposition*, dimostra come la rimozione della storia del video fosse divenuta, perlomeno in area francese, prassi consueta. Il testo *Remaking cinema* sempre di Jean Christophe Royoux viene pubblicato nel catalogo della mostra *Cinéma Cinéma, Contemporary Art and the Cinematic Experience* (1999), dedicata alle opere di Eija-Liisa Ahtila, Fiona Banner, Mark Lewis, Sharon Lockart e a tutti quegli artisti affascinati dalle forme e dalle storie del cinema. «Attratti dal potere del cinema – riporta l'introduzione alla mostra – questi artisti ne analizzano le componenti per poi incorporarne l'essenzialità nelle proprie opere; alcuni ne studiano la grammatica, il modo in cui un film è costruito, l'uso della camera, il montaggio, le luci, l'inquadratura, il casting, la sceneggiatura, la scenografia, altri si servono del cinema preesistente per manipolarne il senso»[99]. Non è questo che l'inizio di una tendenza espositiva che soprattutto nel decennio successivo vedrà esponenzialmente crescere le mostre orientate verso questa direzione (*Action on Tourne*, 2000; *Future Cinema*, 2003; *The Cinema Effect: Illusion, Reality and the Moving Image*, 2006; *Kino wenoch*, 2008), così come molte pubblicazioni[100], convegni e articoli apparsi su prestigiose riviste quali «Omnibus», «Trafic», «Parachute», «Cinema &Cie», «Screen». È proprio sulle pagine di «Trafic» che nel 2000, poco dopo la conclusione della Biennale d'Arte di Venezia del 1999, curata da Harald Szeemann, che Raymond Bellour pubblica uno dei suoi articoli più citati e tradotti sull'argomento: *D'un autre cinéma* (Di un altro cinema)[101]. Raymond Bellour ritiene sia ormai giunto il momento di catalogare tutte quelle installazioni nelle quali ciò che un tempo si credeva fosse, o fosse stato il cinema, ora si trovava ridistribuito, trasformato, reinstallato e mimato secondo varie modalità. Queste installazioni a parere di Raymond Bellour in *primis* ereditavano dal cinema la sua vocazione al racconto e al documento: «Inglobano così il cinema, pur differenziandosene, in una storia che esse stesse travalicano. Storia di installazioni, che si intreccia con la storia dell'invenzione della camera oscura e della proiezione, che incontra la fantasmagoria in diorama, attraverso una serie di dispositive lungo il XIX secolo. Cosicché il cinema può essere visto, retrospettivamente e senza dubbio in maniera superficiale, come un'installazione che è riuscita a captare da sola, per mezzo secolo, l'energia specifica dell'immagine in movimento»[102].

Nonostante sia qui lampante il riferimento di Raymond Bellour alle idee di Dominque Païni e di Jean Christophe Royoux, l'analogia tra cinema e video installazioni non è assoluta, queste opere non sono del cinema un supplemento ma un ventaglio indefinibile di «un altro cinema». Tra i vari artisti le cui installazioni Raymond Bellour si propone di analizzare e classificare (Tony Oursler, Pipilloti Rist, Douglas Gordon, Doug Aitken, etc.) l'opera di Eija-Liisa Ahtila funge da modello. L'interesse di quest'artista finlandese è nel non fare differenza fra video installazione e film, museo, televisione o cinema. Il suo *Today* è al contempo un cortometraggio e un'installazione video suddivisa in tre episodi, è destinato ad essere diffuso in televisione, nei cinema e nei festival cinematografici, come altrettanto nelle gallerie e nei musei. I cataloghi di Eija-Liisa Ahtila riportano partecipazioni a festival di cinema e di video, mostre collettive e personali; nei titoli di coda delle sue opere scorrono attori, tecnici e la formula: '*written and directed by*' (scritto e diretto da). Dunque, se il dispositivo cambia ad ogni occasione, si chiede Raymond Bellour, come poterne coglierne l'identità? Meglio rinunciarvi e limitarsi ad una descrizione e classificazione dei modelli possibili: «Visitare una mostra di Ahtila significa sottoporsi ad una serie di spostamenti sottili che fanno dubitare colui che guarda della propria identità, tanto 'l'altro cinema' si prende per cinema ma allo stesso tempo se ne stacca come per una malleabilità di principio, una porosità senza fine dell'esperienza»[103].

Le opere di Eija-Liisa Ahtila provano una variabilità senza fine di dispositivi, modi di produzione, proiezione, diffusione e di ricezione delle immagini che riguarda oggi da vicino i linguaggi audiovisivi. Il cinema fra tutti è stato forse il più esposto ad una vulnerabilità di cui ancora stenta a farsi carico. All'interno di un processo di 'rimediazione' o ricontestualizzazione all'interno degli spazi espositivi, una qualche idea di cinema (o altro cinema) poteva ancora sopravvivere. Poco importa se così facendo veniva rimosso un territorio (tra multiformati, schermi, proiezioni e installazioni) da sempre condiviso con le storie del video. Forse non aveva neanche più un senso chiamarlo 'video', come dichiara David Ross in una lungimirante intervista dal 1993, presto o tardi il cinema lo avrebbe assorbito al suo interno, così come avrebbe fatto con tutte le nuove tecniche e tecnologie disponibili[104].

Concludendo questo nostro primo *excursus* sulle mutazioni del linguaggio videografico nel corso degli anni Novanta, il *Cremaster Cycle* di Matthew Barney può essere visto come un'origine e un epilogo. Prodotto da una delle più influenti gallerie di New York (la Barbara Gladstone Gallery), il budget stanziato è senza precedenti nella storia del video, tra il primo e il quinto episodio (1995-2003) passa da quarantamila a tre milioni di dollari. Fino al 2010 l'unico episodio ad essere distribuito in dvd è quello di *Cremaster 3*, il resto dell'opera è proiettato per lo più solo in festival e gallerie[105].

Il ciclo di *Cremaster* è prima di tutto un oggetto d'arte, i master originali sono custoditi in cinque cofanetti d'oro al Guggenheim Museum. Il museo-tempio del modernismo ne custodisce 'il corpo' o il segreto e il gallerista/produttore ne vieta la riproduzione, preservandone il valore di mercato. *Cremaster,* ha scritto Antonio Fasolo: «funziona come un marchio di fabbrica, che mette in circolo il nome dell'autore e del prodotto, in modo ossessivo, operando un'azione distruttiva nei confronti del sistema dell'arte, perché non sostiene l'opera ma la sua riconoscibilità pubblicitaria»[106]. Come un turista si accalca per un tour negli studios di Hollywood, così nel 2003 (nel corso della mostra *Matthew Barney The Cremaster Cycle*) agli spettatori è infine concessa la possibilità di vedere esposte le 'sacre reliquie' (concetto sul quale gioca lo stesso Matthew Barney): oggetti, scenografie e costumi dell'ultimo set di *Cremaster 3*, ovvero il Guggenheim stesso.

Cremaster appare in sintesi come un prodotto da museo che si 'concede' alla fruizione cinematografica, sta nel mezzo tra video e cinema, tra segnale elettronico e digitale[107], lì dove gli apparati e i confini disciplinari sono stati scavalcati e l'ibridazione ha prodotto nuove forme da vagliare e comprendere. In che relazione si poneva *Cremaster* con la storia del video che lo aveva preceduto? Scarsa, il suo referente estetico, visivo e produttivo era piuttosto il cinematografico: attori, costumi, comparse, ballerine, coreografie, scenografie, troupe, movimenti di macchina, *dolly*, *steadycam*, tutto questo non aveva nulla a che vedere con le caratteristiche produttive del video. L'estetica videografica era ormai messa in secondo piano, dal cinema non si poteva più prescindere e il museo, esponendo il set di *Cremaster*, ne celebrava le reliquie e certificava il mito.

1. Svetlana A., *Poetics and politics of representation*, convegno promosso nel 1988 dall'International Center della Mithsonian Institution di Washington, trad. it. in Ribaldi C. (a cura di), *Il nuovo museo*, Il Saggiatore, Milano 2005.

2. Van Assche C., *Approche esthétique et muséologie des nouveaux media, 3e Biennale d'Art Contemporain de Lyon, Installation, Cinéma, Vidéo, Informatique*, ed. Rèunion des Musées Nationaux/Biennale d'Art Contemporain, catalogo mostra, Parigi 1995, p. 449.

3. *Passages de l'image*, Centre Georges Pompidou, Parigi 19 settembre 1990 – 13 gennaio 1991, catalogo mostra, p. 6.

4. Bellour R., *La doppia elica*, in Valentini V. (a cura di), *Le storie del video*, Bulzoni, Roma 2003, p. 210 (ed. orig. *La double hélice*, in *Passages de l'image,* catalogo mostra, op. cit., pp. 37-56).

5. Prendiamo ad esempio l'ottavo album di Björk, *Biophilia* del 2011, contemporaneamente un sito web, un'applicazione per tablet e smartphone, un programma educativo, un documentario *When Björk Met Attenborough*, una serie di concerti live e un film sul concerto *Biophilia Live: the Film.*

6. Chevrier J. F. – David C., *Actualité de l'image*, in *Passages de l'image*, op. cit., p. 32.

7. «Multimédiatique l'image est d'ailleurs au jourd'hui par nature 'multi'. On le sent notamment dans les arts dits plastiques, où

la peinture proprement dite se marginalise et où fleurissent les plasticiens atypiques, *e. g.* Cindy Sherman. L'image est partout, la chai est introuvable... On passe aujourd'hui curieusement d'un sens à l'autre très facilement, comme si on franchissait une ligne invisible...». Bonitzer P., *L'image invisible*, Ivi, p. 11.

8. Bellour R., *La doppia elica*, in *Le storie del video,* op. cit., p. 203.

9. Bellour R., *Fra le immagini. Fotografia, cinema, video*, Mondadori Bruno, Milano 2007, p. 9 (ed. orig. *L'Entre-image*, Différence, Paris 2002).

10. Molti i cineasti che nel corso dell'ultimo decennio avranno l'opportunità di allestire almeno una mostra personale o un'installazione, tra i tanti Raúl Ruiz, Peter Greenaway, Atom Egoyan, Harun Farocki, Chantal Akerman, Hartmut Bitomsky, Jean-Luc Godard, Agnès Varda, David Lynch, Tsai Ming-liang.

11. London B., introduzione al catalogo della mostra, *Video Spaces: Eight Installations*, The Museum of Modern Art, New York 1995.

12. Scrive Bill Viola: «*Slowly Turning Narrative* is concerned with the enclosing nature of the self-image and potentially infinite (and therefore unattainable) states of being, all revolving around the still centre of the self. The room, and everyone in it, becomes in effect a continually shifting projection screen, encompassing images and reflections, all locked into the regular cadences of the chanting voice and the constant rotation of the screen. The entire space becomes an interior for the revelations of a constantly turning mind absorbed with itself. The confluences and conflicts of image, content, emotion, and intent perpetually change as the screen slowly turns», Ivi, p. 27.

13. Riportata da Paci V. in *Il cinema di Chris Marker. Come un vivaio ai pescatori di passato dell'avvenire*, Alberto Perdisa editore, Bologna 2005, p. 24.

14. *Being Time: The Emergence of Video Projection*, Albright-Knox Art Gallery, Buffalo, NY, 21 settembre – 1 dicembre 1996, catalogo mostra, p. 31.

15. Bellour R., Conversazione registrata dall'autore, Parigi, 21 maggio 2014.

16. Vedi: Huhtamo E., *Elements of Screenology: Toward an Archaeology of the Screen*, Japan Society of Image Arts and Sciences, Tokyo 2004; Friedberg A., *The Virtual Window: From Alberti to Microsoft*, MIT Press, Cambridge 2006; Bruno G., *Pubbliche intimità. Architettura e arti visive*, Bruno Mondadori, Milano 2009 e Ead., *Surface: Matters of Aesthetics, Materiality and Media*, University of Chicago Press, 2014; Mondloch K., *Screens. Viewing media installation art,* Minneapolis, University of Minnesota Press, London 2010; Trodd T. (a cura di), *Screen/ Space. The projected image in contemporary art*, Manchester University Press, 2011 e Ead.,*The Screen experience*, tema della rivista «Screen», v. 50, n. 1, Oxford University Press, primavera 2009; Pantenburg V. – Koch G., Rothöler S. (a cura di) *Screen Dinamics: Mapping the Borders of Cinema*, Synema/Filmmuseum, Vienna 2012. Sull'argomento sono state organizzate inoltre varie mostre, tra le quali: *The Projected image*, Museum of Modern Art, San Francisco, 1991; *Into the Light. The Projected image in American Art 1964-1977,* a Illes C. (a cura di), Whitney Museum of American Art, New York, 2001; *Beyond Cinema: The Art of Projection. Films, Videos and Installations from 1963 to 2005*, Jäger J. – Knapstein G. – Hüsch A. (a cura di), Hamburger Bahnhof, Museum für Gegenwart/Rieckhallen, Berlino, 2006-2007.

17. Beauvais Y., *Dare-d'art*, in *3e Biennale d'Art Contemporain de Lyon, Installation, Cinéma, Vidéo, Informatique*, Catalogo mostra, op. cit., pp. 56-49.

18. Tra i vari esempi citati da Yann Beauvais il *Multi-Visual Projection System* di Charles Eames del 1959, i progetti *Lanterna Magika* e *Polyékran* di Josev Svodoba e Alfred Radock (1958) e il *Kinoautomat*, il primo film interattivo della storia del cinema realizzato da Radúz Çinçera nel 1967.

19. Le Fresnoy, Studio National des art contemporains, sito ufficiale, (http://www.lefresnoy.net/fr ultimo accesso giu. 2018).

20. Païni D. (a cura di), *Projectiones, les transportes de l'image*, Le Fresnoy, Studio National des arts contemporains, Hazan/ Le Fresnoy/ A. FA. A, Parigi novembre 1997 – gennaio 1998.

21. Dopo *We turn on the Flack,* prima installazione realizzata nel 1996 per l'Irish Museum of Modern Art, Atom Egoyan espone qui l'installazione *Early Development* (1997).

22. De Haas P., *Entre projectile et projet. Aspects de la projection dans les années vingt*, in *Projectiones, les transportes de l'image,* op. cit.,pp. 95-126.

23. Beauvais Y., *Mouvement de la passion*, Ivi, pp. 149-162.

24. Vedi il numero *Avant-Garde Film in England and Europe*, in *Studio International*, «Journal of Modern Art», novembre – dicembre 1975.

25. Duguet A. M., *Dispositivi*, 1988, (trad. it. in *Le storie del video,* op. cit. p. 267).

26. Lischi S., *Video: da processo a prodotto*, in Ead. – Albertini R. (a cura di), *Metamorfosi della visione. Saggi di pensiero elettronico*, Ets editrice, Pisa 1988, p. 22.

27. Ross C., *Issues in the New Cinematic Aesthetic in Video*, in Büchler P. – Leighton T. (a cura di), *Saving the image, art after film*, Centre for Contemporary Art, Glasgow 2003, p. 131.

28. Ibid.

29. «I fall media can be argued to be an extension of our physical and psychic selves, electronic media create the mostall-embracing effect, a kind of total field awareness, or simultaneity» Christine Ross citando Marshall McLuhan nel suo *Understanding Media: The Extensions of Man* (New York 1964, p. 273), Ivi, p. 133.

30. Marks L. U., *Video haptics and erotics*, «Screen», v. 39, n. 4, inverno 1998, p. 332.

31. «[...] Because of their high resolution, versatility and electronic signal. This makes us believe that videos are the more appropriate vehicle to allow this corporal vision required by exposed cinema», Federici F., *Looking at the surface, touching the depth crossing perceptions*, in Id. – Saba C. (a cura di), *Cinéma: immersivité, surface, exposition*, Campanotto editore, Passian di Prato, 2013, p. 15.

32. Païni D., *Faut-il en finir avec la projection,* in *Projectiones, les transportes de l'image,* catalogo mostra op. cit., p. 176.

33. Ibid.

34. Ibid.

35. Païni D. tornerà su questi argomenti nei suoi due libri *Le temps exposé. Le cinéma de la salle au musée*, Cahiers du cinéma, Parigi 2002; e in *Le cinéma un art plastique*, édition Yellow, Parigi 2013.

36. Vedi Amaducci A., *Le mutazioni del video monocanale*, in Valentini V. – Saba C. G. (a cura di), *Medium senza medium. Amnesia e cannibalizzazione: il video dopo gli anni Novanta*, Bulzoni editore, Roma 2015, pp. 179-210.

37. Il *New York State Council on the Arts* (NYSCA) subisce riduzioni pari a 5.9 milioni di dollari.

38. Bellour R., *Fra le immagini*, op. cit., p. 60.

39. Valentini V., *Le piccole storie del video*, in Ead. (a cura di), *Video d'autore 1986-1995*, Gangemi Editore, Roma 1995, p. 9.

40. Sono inglesi e provengono dall'ala militante della controinformazione degli anni Settanta. Nome di battaglia *Gorilla tapes*. Gavin Hodge, Jon Dovey e Tim Morrison sono tra i fondatori, i loro bersagli preferiti sono Ronald Reagan e Margareth Thatcher. Dice Tim Morrison: «La tv rovescia valanghe di notizie sullo spettatore che le recepisce in modo passivo, illudendosi di aver partecipato all' evento. I mass media, per mantenere il controllo del consenso, presentano quello che mostrano come ' la verità' [...] Il nostro scopo è smascherare le bugie che si celano dietro il linguaggio delle immagini. Usiamo materiale di repertorio e lo mescoliamo con i nostri filmati. Lavoriamo con figure familiari e, introducendo elementi di spiazzamento come l'ironia, cerchiamo di far nascere il dubbio nella testa della gente», in Valentini V., *Intervista virtuale con Jon Dovey, Gavin Hodge, Tim Morrison*, in *Video d'Autore. Luoghi, forme, tendenze dell'immagine elettronica negli anni Novanta*, Taormina 1994, 24 – 26 giugno, Catalogo Rassegna Internazionale del video d'autore, pp. 4-22 (https://videodautore.sciami.com/1994-video-dautore/ ultimo accesso gen. 2020).

41. «Do we want to move into the mainstream areas of broadcasting? Perhaps some, or much, of our work is better confined to a small audience group?», Dovey J., *Video on tv – paying the rent*, in «Indipendent Media», n. 94, dicembre 1989.

42. Prodotto dalla Killer Film, stessa società che nel 1995 produce *Kids*, primo film alla regia del fotografo Larry Clark.

43. Valentini V., *Video d'Autore 1986-1995*, op. cit., p. 8.

44. Citazione riportata da Parfait F. in *Vidéo: un art contemporain*, op. cit., p. 299.

45. Bourriaud N., *Postproduction. Come l'arte riprogramma il mondo*, Postmedia Books, Milano 2006, p.13, (ed. orig. *Post production. La culture comme scénario: comment l'art reprogramme le monde contemporain*, Les presses du réel, 2002).

46. *The Projected image in contemporary art*, tavola rotonda con Malcolm Turvey, Hal Foster, Chrissie Iles, George Baker, Matthew Buckingham e Anthony McCall, «October», vol.104, primavera 2003, p. 73.

47. Bourriaud N., *Postproduction*, op. cit., p. 43.

48. Danto A., *L'art contemporain et la cloture de l'histoire* (1997), riportato da Bellour R. in *La Querelle des dispositifs. Cinéma-installations, expositions,*P. O. L. Trafic, Paris 2012, p. 80.

49. «Un massacro cinematografico dei film hollywoodiani rimontati pensando al Dada», vedi Subrizi C., *Baruchello e Grifi Verifica incerta. L'arte oltre i confini del cinema*, Derive Approdi, Roma 2004.

50. Si trattava di materiale di scarto estrapolato dal girato di *Deserto rosso* (1964) di Michelangelo Antonioni.

51. Sull'argomento vedi Bertozzi M., *Recycled cinema. Immagini perdute, visioni ritrovate*, Marsilio, Venezia 2013; Blüminger C., *Cinéma de seconde main: esthétique dur emploidans l'art du film et des nouveaux médias*, KLINCKSIECK, 2014; oltre alla mostra *Monter, sampler l'échantillonnage généralisé*, Beauvais Y. – Bouhours J. M., Centre Georges Pompidou, 2000.

52. Vedi la sezione di approfondimento che Amaducci A. dedica al videoregistratore quale strumento di creazione video, in *Il video. L'immagine elettronica creativa*, Lindau, Torino 1997, pp. 35-43.

53. Vedi Walsh J., *Scratch and the Surface: Contemporary British Video*, «After image», n.6, gennaio 1986; Valentini V., *Un'intervista virtuale con Jon Dovey, Gavin Hodge, Tim Morrison* in *Video d'autore. Luoghi forme tendenze dell'immagine elettronica*, Gangemi editore, Roma 1995, pp. 4-20; Fargier J. P., *Le zappeur camembert*, Ivi, pp. 61-63; Lischi S., *Ecologia dei media*, in *Visioni elettroniche, l'oltre del cinema e l'arte del video*, Marsilio editori, Venezia 2001, pp. 96-100.

54. Dubois P. – Melon M. E. – Dubois C., *Cinema e video: compenetrazioni*, in Lischi S., *Cine ma video*, Edizioni ETS, Pisa 1996, pp. 81-142), p. 131 ed. orig., *Cinéma et vidéo: interpénétrations*, «Communications», n. 48, 1988, p. 267-321.

55. Ivi, p. 134.

56. Hamos, Kantu, Pazmandy, Wolkenstein, Funke Stern sono artisti che fanno parte di quella che poi verrà definita la «scuola di Berlino», accomunati dal gusto di smontare e rimontare in chiave parodistica, meccanica e crudele i codici cinematografici e televisivi.

57. «We can say that I was traveling back in time, collaborating with the past. I needed material that was immediately recognizable, and Ėjzenštejn was perfect. The Odessa Steps sequence is a rare scene, short, symbolic. It is a geometric situation, people are running, soldiers are shooting. There is drama, a beginning and an end. Steps is an example of how technology changes, it is a film about technology. I had seven film cameras, four video cameras, and an infinite numbers of cables and wires. The most interesting thing was seeing these images during filming. Thus, using this and other technologies, I was a part of the past despite the fact that the images were connected to the present», dichiarazione di Zbigniew Rybczynski, contenuta nel video di Melcher P. H., Petri S., Paoletti G., *Zbigniew Rybczynski: appunti per un cinema elettronico,* 1999.

58. Fargier J. P., *Gli Inseparabili*, trad. it. in *Le Storie del video*, op. cit., p. 93.

59. Obrist H. U., *Interviste*, volume I, Edizioni Charta, Milano 2003, p. 332.

60. Bourriaud N., *Postproduction*, op. cit., p. 85.

61. Gervereau L., *Un art sans histoire*, in *Face à l'histoire 1933-1996*, Centre Georges Pompidou, Parigi 19 dicembre 1996 – 7 aprile 1997, catalogo

mostra, p. 43 (trad. it. Scivoletto L.).

62. Foster H., *Round Table: The Projected image in contemporary art*, op. cit., p. 73.

63. *Documenta X, politics – poetics*, 21 giugno – 29 settembre 1997, Kassel, catalogo mostra, Hatje Cantz Publishers, Ostfildern, 1997.

64. Ivi, p. 230.

65. «Maybe we can be more specific about what nostalgia people are feeling at this moment? For this is also a recurrent structure in contemporary art's 'return' to film. There is the one you're putting your finger on, which is very evident in Gordon's projects – an incredible nostalgia for the last moment of the auteur. But there's also a plethora of work that reconnects to the transition between silent and sound cinema as a moment that one wants somehow to resurrect», Baker G., *Round Table: The Projected Image in Contemporary Art*, op. cit., p. 86.

66. «We are nostalgic for the ruins of modernity because they still seem to hold a promise that has vanished from our own age: the promise of an alternative future», Huyssen A., *Nostalgia for ruins*, «Grey Room», n. 21, primavera 2006, pp. 6-21.

67. Secondo la definizione di Parfait F., in *Video: un art contemporain*, op. cit., p. 155.

68. Moisdon-Trembley S., *L'image avec sa perte*, in «Cinémathèque», n. 10, autunno 1996, pp. 96-103.

69. Col termine 'pre-cinema' si intendono tutti quegli esperimenti e intrattenimenti legati alla proiezione di immagini ed al movimento illusorio databili dall'antichità fino alla prima proiezione pubblica di cinematografo, organizzata dai fratelli Lumière il 28 dicembre 1895.

70. Mannoni L., *Le grand art de la lumière et de l'ombre, archéologie du cinéma,*1995, (trad. it. *La grande arte dalla luce all'ombra. Archeologia del cinema*, Lindau, Torino 2007).

71. Cfr. Ceram C. W., *Eine Archäologie des Kinos*, 1963 (trad. it., *Archeologia del cinema*, Arnoldo Mondadori Editore, Milano 1965); Deslandes J., *Histoire comparée du cinema - De la cinématique au Cinématographe 1826-1896,* Casterman, Paris 1966.

72. Vedi Huhtamo E. – Parikka J. (a cura di), *Media Archeology. Approaches, Applications, and Implications*, University of California Press, 2011.

73. Elsaesser T., *Early Cinema. From Linear History to Mass Media Archeology*, in *Early Cinema. Space Frame Narrative*, BFI, Londra 1990, pp. 1-8.

74. Huhtamo E., *An Archeological Approach in Media Art*, in Moser M. A. – MacLeod D. (a cura di), *Immersed in technology: art and virtual environments,* Banff Centre for the Arts, Cambridge, MIT Press 1996, pp. 233-268.

75. «Zoëtropes, kinetoscopes, phonographs, pinball machine, fortunetelling machines, periscopes and guns, household appliances, vintage television sets, even obsolete computer displays and videogames – the whole repertoire of old tech, rapidly increasing due to continuous technological change, seems to have invaded the art gallery», Ivi, p. 232.

76. Ibid.

77. Elsaesser T., *L'archeologia dei media come poetica dell'obsolescenza*, in Fidotta G. – Mariani A., *Archeologia dei media. Temporalità, materia, tecnologia*, Meltemi editore, Sesto San Giovanni, 2018, p. 84.

78. Ross D., *Video: the Success of its Failure*, in *3e Biennale d'Art Contemporain de Lyon,* catalogo mostra, op. cit., pp. 433-443.

79. Cameron D., *Seduit et abandonné – L'art vidéo à l'age de l'information*, in *3e Biennale d'Art Contemporain de Lyon*, catalogo mostra, op. cit, p. 483.

80. L'idea originaria era nata nel 1989 quando Kathy Halbreich, curatore del Museum of Fine Art e Susan Dowling, producer per la WGBH Television, proposero a Chantal Akerman di realizzare un'installazione multimediale sul tema della comunità europea. Il progetto poi passò al Walker Art Center di Minneapolis, nel quale erano arrivati i curatori Bruce Jenkins e Catherine David, da poco reduce dell'esperienza di *Passages de l'Image*. Non restava che trovare i finanziamenti e girare il film dal quale poi l'installazione sarebbe stata ricavata. Nel 1992 Chatal Akerman riuscì a partire con una piccola troupe, nacque così *D'Est* (1993) che riscosse successo tra festival internazionali e pubblico

televisivo in Europa. Nell'installazione il film era scomposto in ventiquattro monitor televisivi, facendone emergere il processo di costruzione e il linguaggio. Vedi *Borderingon Fiction: Chantal Akerman's D'Est*, San Francisco Museum of Modern Art, 18 gennaio – 30 aprile 1995.

81. Egoyan A. in conversazione con Markus D., «Saatchi Online Magazine», 2007.

82. Prefazione al catalogo della *8e Biennale de l'image en mouvement*, diretta da André Iten, 5 novembre – 12 dicembre 1999.

83. Frohne U. (a cura di.), *Video Cultures, multimediale installationender 90er Jahre,* Museum fürNeueKunst, ZKM, Karlsruhe, 1999.

84. Gaudreault A., Marion P., *La fin du cinéma?Unmédia en crise à l'èredunumérique*, Armand Colin, Paris 2013.

85. Païni D., *Des images pour regarder le monde*, «Art press», n.13, 1993, p. 176.

86. Aumont J., *L'œil interminable: cinéma et peinture*, Librairie Séguier, Paris 1989.

87. *Cinéma: Peinture: Cinéma*, Centre de la vieille charité, 15 ottobre 1989 – 14 gennaio 1990.

88. Vedi Casetti F., *L'occhio del Novecento. Cinema, esperienza, modernità*, Bompiani, Milano 2005.

89. Baecque A. – Jousse T., *Le retour du cinema*, Hachette Livre, Paris 1996, p. 9.

90. Frodon J. M., introduzione alla tavola rotonda, *Un spectacle de masse*, in *Le cinémavers son deuxième siècle*, Colloque international, Odéon-Thèâtre de l'Europe, Paris 20 e 21 marzo 1995, p. 126.

91. Paci V., *La machine à voir. Á propos de cinéma, attraction, exhibition*, Presses Universitaires du Septentrion, 2012, p.225. Sui rapporti tra cinema e museo vedi Griffiths A., *Shivers Down Your Spine: Cinema, Museums, and the Immersive View,* Columbia University Press, New York 2008; Le MaîtreB. – Verraes J., *Cinémamuséum. Le musée d'après le cinéma*, PU Vincennes, 2013.

92. *L'art et le 7e art. Collection de la Cinémathèque française,*Païni D. (a cura di), Muséedes Beaux-Arts de Tourcoing, 30 settembre 1995 – 8 gennaio 1996; *Spellbound: Art and Film in Britain*, Christie I. – Dodd P. (a cura di), British Film Institute e Hayward Gallery, Londra, febbraio 1996; *Hall of Mirrors, Art and Film since 1945,* Brougher K. (a cura di), Museum of Contemporary Art, Los Angeles 17 marzo 1996 – 29 luglio 1996.

93. Sulla presunta fine della cinefilia vedi Sontag S., *The Decay of Cinema*, «New York Times», 25 febbraio 1996.

94. Stan Douglas in conversazione con Diana Thater, in *Stan Douglas*, London e New York, Phaidon 1998, p. 12.

95. Royoux J. C., *The Expanded Cinema of Exhibitions*, in *Stan Douglas*, Centre Pompidou, Paris 1994, catalogo mostra, p. 62.

96. *Perfect Speed, six british artist,* Macdonald Stewart Art Center, Ontario e University of South Florida Contemporary Art Museum, Tampa, 1996/1996, su questo catalogo Jean Christophe Royoux pubblica il testo, *Quelques remarques à partir du travail de six jeunes artistes britanniques*, pp. 14-33.

97. Royoux J. C., *Remaking cinema*, in *Cinéma cinéma, contemporary art and the cinematic experience*, Stedelijk Van Abbemuseum, Nai Publishers, Eindhoven 1999, catalogo mostra, p. 21.

98. Ivi, p. 26.

99. Ivi, p. 5.

100. Vedi su questo argomento Leighton T. – Büchler P. (a cura di), *Saving the image. Art after film,* Centre for contemporary art, Glasgow, 2003; Sperlinger M. – Köln I. White (a cura di), *Kinomuseum. Towards an Artist's Cinema*, verlag der Buchhandlung, 2008; Vancheri Luc, *Cinémas contemporains, du film à l'installation*, aléas, 2009; Balsom E., *Exhibiting Cinema in Contemporary Art*, Amsterdam University press, 2013; Federici F., *Cinema esposto. Arte contemporanea, museo, immagini in movimento*, Forum 2017.

101. Bellour R., *D'un autre cinema*, «Trafic», estate 2000, pp. 5-21, [trad. it., *Di un altro cinema*, in Valentini V. (a cura di), *Le storie del video, op. cit.*, pp. 298-318.

102. Ivi, p. 301.

103. Ivi, p. 310.

104. Ross D., *Quando viaggiare con il video era un'avventura e un cimento*, intervista con Mantegna G., in *Le storie del video*, op. cit., p. 36.

105. Una modalità che Matthew Barney adotterà anche per *Drawing Restraint 9*, lungometraggio presentato ufficialmente nel 2005 alla LXI Mostra Cinematografica di Venezia

106. Fasolo A., *Matthew Barney, Cremaster Cycle*, Bulzoni editore, Roma 2009, p. 21.

107. Il *Cremaster Cycle* è stato girato su vari formati, dal Betacam SP all'HD, segnando in qualche modo il passaggio dall'elettronica al digitale.

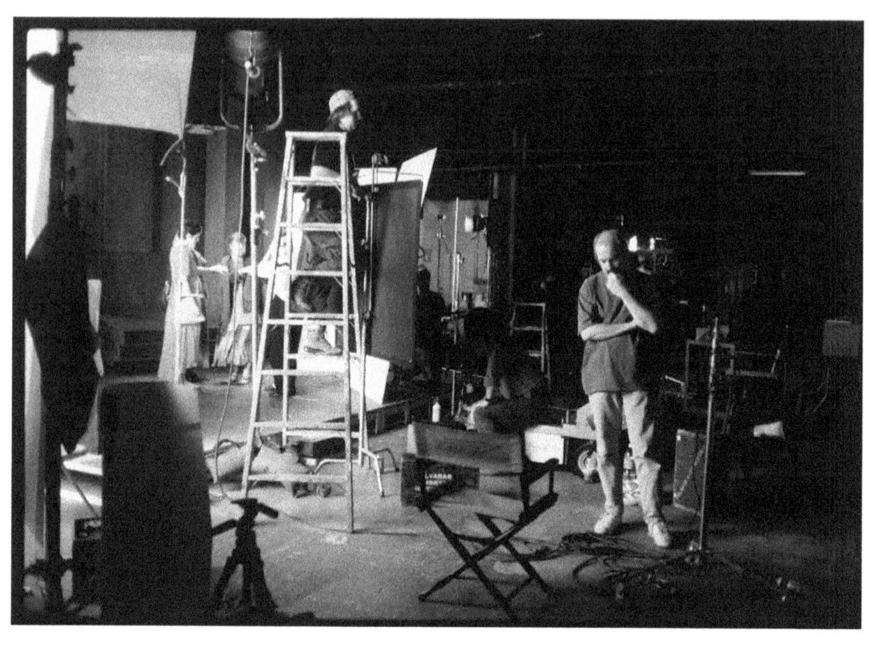

Bill Viola sul set di *The Greeting*, 1995
Foto Kira Perov

2. Immagini in movimento: tendenze sviluppi e amnesie tra cinema e video

Premessa

Una lettura in filigrana ci ha permesso fin qui di ricostruire le mutazioni di cui il video, inteso come linguaggio ibrido, è stato oggetto nel corso degli anni Novanta, il decennio che ne segna la ricodifica in digitale. Un processo alle intenzioni, modulato da un campione di mostre significative, ci ha aiutato a ricostruire del video la crisi, il trauma, la lenta spogliazione di cui è stato oggetto; mentre la sua storia e la sua portata si disperdevano nella proliferazione degli emergenti nuovi formati digitali.

Nel mito greco si racconta che Gea e Urano informarono Kronos che una volta cresciuto uno dei suoi figli lo avrebbe spodestato. Non volendo Kronos per nessun motivo cedere il proprio potere, e non potendo ucciderli in quanto divinità immortali, appena nati egli li divorava. Guardando alla celebre raffigurazione che di questo mito trasse Francisco Goya nel ciclo delle *Pitture nere* dipinte sulle pareti della sua abitazione tra il 1819 e il 1823, la sensazione che se ne ricava è piuttosto spaventosa e cruenta. L'immagine ci aiuta tuttavia a comprendere per associazione cosa sia capitato al video, alla sua storia, al suo irrinunciabile apporto alla storia delle immagini in movimento. Tra l'analogico e il digitale, dopo appena cinquant'anni di storia, la forza dirompente del video apparve come divorata d'un colpo (ma non digerita) dal padre putativo di tutte le immagini in movimento, quel cinema così ansioso agli albori del digitale di ristabilire il suo primato culturale su tutta la varietà delle immagini in circolazione. Se il paragone può sembrare azzardato, gli si conceda almeno il beneficio dell'impudenza. Quel che è indubbio è che nell'ultimo decennio si è assistito al consolidamento di un movimento teorico ed espositivo 'cinemacentrico', il quale, tentando di preservare l'essenza, la natura, il mito e l'eredità culturale del cinema, ha ricondotto a sé, marginalizzandone le singole specificità, molte di quelle forme visive non strettamente apparentabili con la forma cinema.

A partire dalla fine degli anni Ottanta, e soprattutto con l'avvento del digitale, il cinema – o un certo tipo di discorso sul cinema – si è come 'riterritorializzato' nel senso deleuziano del termine al di fuori del proprio storico dispositivo d'appartenenza, la sala, per fuoriuscire all'interno dei luoghi e nei sintagmi delle arti visive. Come un convento accoglie il fuggiasco in cerca di un rifugio, così il museo, le gallerie, le mostre hanno accolto il cinema e la cinefilia proteggendoli dalla tempesta in atto. Non tutto il cinema ovviamente, non quello commerciale che ha continuato la sua ascesa tradizionale tra *star system* e produzioni milionarie, quanto piuttosto un cinema da 'galleria' (*gallery film*), apprezzato da una critica trasversale (proveniente dagli ambiti del cinema e delle arti visive) e in parte anche sostenuto produttivamente da musei, gallerie e specifiche fondazioni private. Un andamento che si è consolidato parallelamente alla progressiva convergenza dei *Film Studies* nella vasta area dei *Visual Studies*. Architettura, psicoanalisi, sociologia, estetica, nei *Visual Studies* i saperi si incrociano, provocando uno spostamento dalla storia dell'arte alla cultura visiva e ai media, «dalle analisi formali dell'opera verso le genealogie del soggetto, verso lo spettatore che diventa il principale oggetto d'analisi»[1], così scrive Valentina Valentini esprimendo al riguardo il suo scetticismo, i *Visual Studies* «hanno svolto un ruolo preminente, facendosi carico di traghettare cinema, arti visive e mass media, immagini fisse e in movimento, in una zona critica di scambi e straripamenti che hanno finito per offuscare i tratti distintivi delle singole discipline»[2].

Al di là delle questioni di metodo, è evidente il fatto che la fortuna dei *Visual Studies* si spiega se associata all'interno di una generale deflagrazione dei saperi apportata dagli sconfinamenti intermediali del digitale, sintomo più ampio o forse risposta ad uno scompiglio che ha riguardato, e riguarda ancora da vicino, tutti i media tradizionali (cinema, fotografia, televisione, radio). In ragione dell'obsolescenza del principio modernista secondo cui ogni medium possiede in sé una sua unità tecnico-linguistica, com'è stato più volte rimarcato, con il digitale ciascun linguaggio non si identifica più esclusivamente con il proprio supporto di appartenenza ma piuttosto lo eccede e così facendo muta di continuo le proprie caratteristiche. Ne consegue che all'interno degli studi di cinema, media e arti visive, ci si è visti costretti a rimettere in discussione ogni singolo campo semantico, non essendo più possibile isolarsi in un proprio mondo di appartenenza e sapere specializzato. Se non tanto per gli artisti, da sempre abituati a spostarsi con libertà da un contesto all'altro, di certo tra gli ambienti accademici e istituzionali tale mutamento ha aperto spazi di confronto prima inimmaginabili. Come ogni crisi porta in sé la promessa di una rigenerazione, da questa ridefinizione dei confini mediali non si potrà che ricavare un beneficio, come ad esempio rivalutando 'le arti della visione'[3] non più come un territorio parcellizzato in saperi e discipline ma come un coro di singole polifonie.

Questo secondo capitolo non si inoltra nella vasta e autorevole letteratura prodotta dai più recenti studi mediali sull'argomento, viceversa continua il suo cammino nell'ultimo decennio del digitale accompagnando le sorti del video attraverso un campione di opere e mostre significative. Il tutto ci aiuterà a verificare l'attendibilità e la varietà delle principiali teorie interpretative emerse in concomitanza. Forse riusciremo, altrimenti falliremo, nell'impresa di liberare il video dalla propria gabbia, così come Zeus, ultimo dei figli di Kronos, tenuto nascosto dalla madre Rea, una volta cresciuto riuscì a sconfiggere il padre, costringendolo a rigettare i fratelli maggiori.

2.1. *Video e cinema alla Biennale di Venezia*

Se la mostra *Passages de l'images* si era posta l'obiettivo di interpretare le mutazioni e le interferenze tra i diversi linguaggi audiovisivi, anticipando di fatto il 'trauma' apportato dalle tecnologie del codice numerico, la 49e *Biennale d'arte contemporanea* di Venezia, curata nel 2001 da Harald Szeemann, è senza dubbio altrettanto paradigmatica di quanto accadrà e si discuterà nel corso della crescita esponenziale delle tecnologie del digitale. Fin dal titolo della mostra *Plateau der Menschheit, Platea dell'umanità, Plateau of Humankind, Plateau de l'Humanité*, il curatore non nasconde le responsabilità di cui si sente gravato e si domanda: «Qual è l'obbiettivo di una grande mostra? A chi si rivolge la sua proposta? Qual è la sua utilità? Sono le arti visive il suo unico referente o deve saper accogliere le istanze che provengono da tutte le altre arti, performative, musicali, cinematografiche, letterarie? Qual è il suo campo semantico?»[4]. Da grandi appuntamenti espositivi come *Documenta*, *Manifesta*, *Kassel* e la *Biennale di Venezia* ci si attende sempre che sappiano cogliere l'essenza del contemporaneo; tuttavia questa non è impresa facile se ricade in una «società liquida» (secondo la definizione di Zygmunt Bauman, 2000), dove confini geografici e riferimenti culturali si mescolano in un tutt'uno globale. Se amplificassimo il quesito di Harald Szeemann potremmo altresì domandarci: è poi davvero possibile interpretare il nostro tempo? Adottare un punto di vista (uno) che sia in grado di dar conto delle infinite sfumature di una società globalizzata? Harald Szeemann nella sua Biennale aggira il nodo gordiano e opta per un non-territorio o una non scelta: la sua mostra sarà una 'piattaforma' («*Platform*»), uno specchio di quel che accade, non un suo irreggimento, più che produrre 'forme', come riportava il titolo di un'altra sua celebre mostra del 1969 (*When Attitudes Becomes Forms*), le pratiche artistiche contemporanee producono «forme di esistenza» e la «platea» («*Plateau*») è il luogo ideale dove esibirle. Nonostante ogni arte possieda le sue leggi, i suoi presupposti, il suo proprio modo di utilizzare lo spazio e il tempo, la dissoluzione dei confini, scrive il curatore svizzero è «*the trand towards global artwork*» (la tendenza dell'arte globale), la sua Biennale è aperta a tutti gli altri linguaggi e in particolare lo è nei confronti del cinema e della poesia.

In una mostra commissionata nel 1995 per il centenario del cinema, intitolata '*100 Jahre Kino*' (*Illusion ‹-› Emotion ‹-› Reality. The seventh art in search of the six others*) [100 anni di cinema (Illusione ‹-› *Emozione ‹-› Realtà. La settima arte in cerca delle altre sei*)] Harald Szeemann si era già occupato parzialmente di rinsaldare i legami interni tra il cinema e le altre arti[5]. Per la *Biennale di Venezia* si spinge oltre, chiedendo ad alcuni cineasti di realizzare una video installazione inedita da esporre all'interno degli spazi dell'Arsenale di Venezia, da poco restaurati. Contrariamente alla sala buia di un cinema, una mostra impone ad un film maker di ripensare il proprio rapporto con lo spazio/tempo, attivando inedite strategie drammaturgiche. Questa la ragione per la quale la regista belga Chantal Akerman, il regista Atom Egoyan (insieme al pittore Julião Sarmento), gli artisti e film maker italiani Yervant Gianikian e Angela Ricci Lucchi, Marin Karmitz e Abbas Kiarostami, accolgono di buon grado l'invito a partecipare. Harald Szeemann è convinto che tra questi cineasti e gli artisti invitati (Tiong Ang, Fiona Tan, Georgina Starr, Bill Viola, Stan Douglas, tra i tanti), notoriamente più vicini al video e alle video installazioni, si attiverà un proficuo dialogo.

Al netto di simili speranze, emergono due questioni profondamente correlate: che cosa attrae i cineasti verso uno spazio, un tempo e un dispositivo a loro estraneo come quello videoinstallativo-espositivo? Che cosa viceversa spinge gli artisti del video – come vedremo – ad integrare nelle proprie opere modalità produttive, narrative ed estetiche tradizionalmente più vicine al medium cinematografico piuttosto che ai codici del linguaggio videografico? Guardare significatamene alle opere esposte alla Biennale di Venezia, e al modo in cui verranno dalla critica recepite, ci aiuterà parzialmente a rispondere a simili quesiti, ricollegandoci con quanto già trattato nel capitolo precedente a proposito degli anni Novanta.

2.2. *Fuori dal cinema, dentro l'Arsenale*

Chantal Akerman, non al suo debutto negli spazi espositivi, per la Biennale coglie l'opportunità per smontare e riassemblare in un'installazione video uno dei suoi lungometraggi più celebri del 1975, *Jeanne Dielman, 23 quoi du Commerce, 1080 Bruxelles* (rispettivamente nome, cognome e indirizzo di residenza della protagonista). Il film originale racconta tre giorni nella vita di una donna meticolosa e madre di famiglia (interpretata da Delphine Seyring), la quale insospettabilmente si prostituisce all'interno del suo appartamento. Le giornate di Jeanne scorrono monotone e ripetitive: lava i piatti, prepara il pranzo per il figlio, riassetta la casa, riceve i suoi clienti e poi li congeda. La macchina da presa inquadra le azioni con un freddo campo medio o lunghi piani fissi, osserva senza concedere alcunché, né un dettaglio né un movimento. Il montaggio è ridotto al minimo, nessun *voice over*, nessuna musica, solo i suoni dell'appartamento oppure altre volte il silenzio, un silenzio che conduce al cuore dell'esistenza, come scrisse nel 1975 Beryl sul quotidiano francese *Liberation*: «Un silenzio in cui tutto è detto, proprio perché niente ha più bisogno di essere pronunciato»[6]. Mentre la vita di *Jeanne Dielman* si concede al nostro sguardo, un senso d'inadeguatezza affiora, il tempo delle sue azioni, tempo diegetico, è talmente fedele che quasi coincide con il tempo extradiegetico dello spettatore. I tre giorni della vita di Jeanne, dal martedì al giovedì, aderiscono così tanto alla realtà da sembrare iperreali, sospesi nel vuoto come certi quadri di Edward Hopper. La vita di Jeanne è statica, monotona, non c'è nulla da vedere, non certo secondo i codici hollywoodiani, mentre viceversa tutto lo è, 'esposto' senza tagli, censure o sceneggiature. La scelta della Chantal Akerman, allora ventiquattrenne, è talmente radicale che ci costringe a rivedere le nostre abitudini e aspettative, qui non c'è spettacolo, il tempo di ciascuna azione rasenta i limiti dell'insostenibile. Dirà Chantal Akerman ricordando quell'esperienza: «Per molto tempo non riuscivo a rapportarmi con Jeanne Dielman. È un tipo di film che avrebbe senso alla fine della propria carriera e io lo realizzai a ventiquattro anni. È un film sullo spazio e sul tempo e sul come organizzare la propria vita per occupare ogni singolo momento e non lasciarsi tediare dall'ansia e dal pensiero della morte»[7]. *Jeanne Dielman, 23 quoi du Commerce, 1080 Bruxelles* è un paradosso che smaschera le finzioni e i codici con i quali il cinema rielabora la realtà, è un readymade che porta il cinema al di fuori di se stesso, lo de-territorializza in uno spazio/tempo altro da sé, il tempo della diretta, il tempo che appartiene al video e alla televisione.

Quando nel 2002 per un articolo apparso su «Art Press», Dominque Païni chiede a Chantal Akerman di descrivergli quale fosse la differenza tra realizzare un film e una video installazione, lei risponde che in quest'ultima trovava una sorta di liberazione, non soltanto dal punto di vista formale rispetto alla cornice del cinema ma soprattutto le permetteva di aggirare certi limiti produttivi: «Forse non è propriamente cinema, ma è il tipo di situazione in cui sento di poter esistere. Non subisco altro stress se non il piacere di realizzare qualcosa che amo. Quando giri un film a volte ti senti come un morto vivente: ti uccide il desiderio di lavorarci. Se mai diventassi una famosa artista video forse dovrei rapportarmi alle leggi del mercato; per il momento mi sento come quando producevo i miei primi film: le installazioni mi restituiscono quell'innocenza»[8]. Nella video installazione (*Woman Sitting After a Killing – Donna siede dopo un omicidio*) esposta alla Biennale di Harald Szeemann, Chantal Ackerman riprende gli ultimi dieci minuti di *Jeann Dielman* per diffonderli su sette monitor televisivi, ciascuno con un piccolo ritardo di riproduzione. Si tratta della scena conclusiva del film, dopo tre ore e dieci minuti dall'inizio, Jeanne ha appena ucciso l'uomo per il quale si era prostituita, ora siede ad un tavolo e di fronte a sé tiene i soldi della prestazione. Jeanne ci guarda ed è come se fossimo lì con lei, nessuna via di fuga, ogni minima espressione del suo volto si carica di senso, in sei minuti, tanto dura questa inquadratura, sul suo volto si consuma uno strazio.

Il regista di origini armene, ma canadese d'adozione, Atom Egoyan, anche lui non nuovo agli spazi espositivi, insieme all'artista Julião Sarmento realizza per la Biennale una video installazione intitolata *Close*. Un corridoio stretto e lungo conduce uno alla volta gli spettatori sul fondo di una sala, dove, su uno schermo di grandi dimensioni, accompagnate da una voce narrante, vengono retro proiettate delle gigantografie in movimento: un piede, una mano di una donna, la sua lingua. Non c'è feticismo, né voyeurismo, la posizione dello schermo è talmente ravvicinata da non permettere allo spettatore di mettere correttamente a fuoco i contorni dell'immagine. Dirà Atom Egoyan a proposito di questa sua opera: «L'installazione è una meditazione sulla proiezione. Il gesto di ricevere una proiezione diventa atto fisico e grafico che coinvolge lo spettatore spingendolo a collocarsi nello spazio»[9].

Nello stretto corridoio di *Close* riecheggiano rimandi alla storia del video, ricordi di quell'angusto passaggio compreso tra i due corpi nudi di Marina Abramović e Ulay attraverso il quale ciascun spettatore doveva passare (*Impoderabilia*, video performance alla Galleria Comunale d'Arte Moderna di Bologna nel 1977), oppure a quella prossimità estrema tra immagine proiettata e corpo dello spettatore indagata da Bill Viola nella già citata installazione *Passage* del 1987, ricordata dallo stesso Atom Egoyan in un'intervista del 2002: «Conosci il lavoro di Bill Viola? C'è un suo lavoro abbastanza noto, dove ci sono dei video rallentati di una festa di compleanno di bambini. Non so se hai visto questa installazione, è fantastica. A volte, per meditare veramente su queste immagini, lo spazio di una galleria sta diventando per me interessante quanto lo schermo cinematografico»[10].

L'invito ad uscire dalla sala del cinema e dal suo dispositivo per entrare in uno luogo altro, quello delle gallerie, del museo e misurarsi grazie alle installazioni con uno spazio/tempo di fruizione completamente diverso, è accolta da registi come Chantal Akerman e Atom Egoyan come una liberazione, finalmente la giusta occasione per approfondire quel che il cinema sembrava loro negare. Più che di un «altro cinema», parafrasando la nota espressione di Raymond Bellour, in queste installazioni video sembra piuttosto annidarsi il desiderio di oltrepassare il cinema, svincolandosi dal dispositivo della sala, per misurarsi con altre tecnologie, video compreso, allo scopo di sperimentare con le immagini relazioni altre.

Al tempo dell'elettronica, lo storico dei media Roman Gubern osservava come l'inflazione dell'iconosfera nella società moderna tendesse a rimpiazzare la nostra esperienza della realtà[11]. Questa forma di distacco dall'esperienza diretta sembrerebbe accentuarsi con il digitale. Non appartenendo più alla cultura degli oggetti ma a quella dei logaritmi, l'immagine digitale si smaterializza nel codice, non riproduce ma simula il reale, una simulazione fondata su regole matematiche che offre ogni volta del reale una ricreazione artificiale e una ricodifica numerica. È in ragione di una simile smaterializzazione che potremmo forse interpretare il desiderio di tanti cineasti di cimentarsi con le forme videoinstallative, come per recuperare un contatto tangibile, fisico, diretto con l'esperienza della visione, privata dell'artificio e riconsegnata alle sole facoltà percettive dello spettatore. Una video installazione presuppone un tipo di esperienza che coinvolge non solo gli occhi, lo sguardo, l'udito, ma il soggetto in un continuo movimento nello spazio. L'esperienza dello spettatore non è mai immediata, necessita di un tempo per stratificarsi e sedimentarsi. Le installazioni video sono quindi il luogo privilegiato dove recuperare la facoltà di compiere un'esperienza e forse, proprio per la loro capacità di mescolare diversi livelli percettivi, sono in grado di rimediare alla scomparsa della specificità tecnico-linguistica dei media.

Ad avvalorare quest'ipotesi sta il fatto che all'interno del cinema sperimentale stesso, nel corso degli anni Duemila, si diffonde tra i film maker la stessa curiosità di cimentarsi con gli spazi espositivi e le forme installative e videoinstallative. Aumenteranno sempre più le opportunità di riprodurre i propri film all'interno dei musei d'arte contemporanea e questo accadrà sia con mostre retrospettive (quella di Kennet Anger al P.S.1 di New York nel 2009 e quella di Hollis Frampton al Pompidou, 2014), sia con mostre personali (Peggy Ahwesh, Martin Arnold, Jonas Mekas) dove i cineasti verranno chiamati a ideare gli allestimenti. Oltre al desiderio di uscire dalla sala e dai circuiti dei festival di cinema sperimentale, si cela una ragione economica raramente affrontata dalla critica. Ne dà conto il film maker tedesco Matthias Müller in un'intervista del 2005 riportata da Erika Balsom nell'approfondita ricerca che ha pubblicato su questa tema, dal titolo *Exhibiting Cinema in Contemporary Art* (2013): «L'interesse del mondo dell'arte per le immagini in movimento non è solo interpretabile come una liberazione dalle limitanti condizioni ricettive del cinema. Ogni situazione e ogni opera presenta questioni specifiche... Quando un'opera filmica è trasformata in oggetto, e un'opera d'arte tirata in edizione limitata, la trasformazione – come sostiene anche Peter Weibel – sembra piuttosto rispondere a quel desiderio borghese di possesso che sottende alle leggi del mercato dell'arte. Dopo vent'anni di cinema sperimentale, posso affermare che all'interno di questo circuito non ho più alcuna possibilità di sopravvivenza economica, pertanto non ho alternative a scegliere come referenti le gallerie, le quali mi chiedono di poter vendere i miei film in copie numerate»[12].

Se la questione è ancora aperta, appare tuttavia evidente come il confine tra cinema sperimentale, cinema d'artista e video arte, confluito nei contesti delle arti visive, negli ultimi due decenni si sia fatto opaco. *Film maker* è in generale chiamato l'artista che lavora con le immagini in movimento sia in una chiave più videografica che in una cinematografica, ovvero come se apparentemente non vi fossero più distinzioni epistemologiche tra un linguaggio e l'altro. Tale convergenza se da un lato può affascinare per le modalità in cui influenzerebbe reciprocamente linguaggi e campi di sapere, dall'altro rischia approssimazioni e generalizzazioni che potrebbero semplificare la lettura e l'interpretazione della complessa storia delle relazioni tra cinema e video. Se il campo è unificato, il punto di vista si complica, pertanto per interrogarlo occorre dotarsi di strumenti comuni, una storicizzazione vigile e una metodologia critica efficace.

2.3. *Video tendenze alla Biennale*

Guardiamo ora al video. In continuità con quanto accaduto nel corso degli anni Novanta, sempre la Biennale di Venezia del 2001 segna un ulteriore passo in avanti nel mutamento del linguaggio videografico, in particolar modo nelle sue dinamiche produttive. Gli artisti prendono a prestito stilemi compositivi e narrativi provenienti da altre fonti iconografiche, dal documentario, dal cinema di finzione, dalla pittura, optando per un taglio più oggettivo, neutro, meno personale (contravvenendo a quell'ideale della *camerà-stylo* che aveva contraddistinto molte delle prime creazioni in video), più premeditato, a volte pianificato in un set con un elenco inquadrature e un direttore della fotografia al quale affidare il controllo dell'inquadratura. L'immagine finale perderà istintività/immediatezza per assomigliare sempre più all'esito calcolato di un progetto, verificato in fase di ripresa, finalizzato al montaggio e proiettato ad alta definizione sulle pareti o sugli schermi delle gallerie.

Per il video delle origini comporre un'opera comportava intraprendere un viaggio di conoscenza ed esplorazione del proprio sé in relazione al mondo circostante, un'esperienza soggettiva allo stesso tempo reale e mentale in cui autore e spettatore ne uscivano entrambi trasformati: «Il video delle origini – scriveva Valentina Valentini nel 2004 – aborriva la finzione, il set, le sceneggiature, l'attore, la recitazione, la scenografia, tutto l'apparato di convenzioni della messa in scena cinematografica, al posto loro presentava situazioni esemplari, gesti al limite, come le performance di body art di Vito Acconci, Abramovic-Ulaj, Peter Campus e tanti altri artisti per i quali la conoscenza passa attraverso il corpo, la sfera sensoriale e percettiva. Comporre un'opera per Bill Viola comportava, infatti, iniziare un viaggio di conoscenza ed esplorazione di sé nel mondo, un viaggio reale e mentale insieme in cui l'autore e lo spettatore venivano entrambi trasformati (come in un rito)»[13].

Un simile scarto continua a radicalizzarsi, contestualmente al sopraggiungere delle nuove tecnologie ad alta risoluzione di proiezione digitale che uniformano il formato/schermo del video a quello del cinema. Tra le studiose più attente alla storia del video, Christine Ross sottolinea questo aspetto in un breve saggio del 2003 intitolato per l'appunto *Issues in the New Cinematic Aesthetic in Video* (Tendenze nella nuova estetica cinematografica del video)[14]. La video proiezione su larga scala, sostiene la studiosa canadese, libera l'immagine video dalle restrizioni spaziali del monitor e la monumentalizza in un «*movie-sized image*» non più rapportabile ad uno specifico dispositivo di trasmissione ma estendibile a tutto lo spazio architettonico: «questo sfasamento distacca l'immagine del video dalle sue associazioni con il linguaggio narrativo, democratico, quotidiano, documentaristico/drammatico della televisione»[15]. Nell'inclusività spaziale di questo tipo di video installazioni che Christine Ross chiama '*new cinemeatic video installation*', convergono forme ibride che discendono tanto dal video, quanto dal cinema e dalla televisione così come da tutte quelle nuove tecnologie digitali che hanno trasformato il nostro spazio sociale e culturale in un «tutt'uno collegato, interconnesso, cibernetico campo di forze»[16]. In ragione di un simile disorientamento, Christine Ross si spiega il perché molti artisti, a partire dagli anni Novanta, abbiano fatto del cinema hollywodiano materiale di riuso e citazione (Douglas Gordon, Sadie Benning, Stan Douglas), vi si sono rifugiati, placando le proprie ansie, rassicurati dalla collaudata e familiare obsolescenza del medium. Si chiede infine Christine Ross da un punto di vista strettamente fenomenologico: com'è cambiata con la proiezione la relazione tra l'immagine video e lo spazio? Alla piccola immagine vibrante trasmessa su un monitor a tubo catodico – un monitor/oggetto con un suo specifico volume plastico – si è progressivamente sostituita la proiezione di una grande immagine bidimensionale, la quale, non avendo necessariamente alcun legame con la sua fonte d'origine (il proiettore spesso è oscurato alla vista), costruisce uno spazio illusorio e immersivo, e, in questo senso, «filmico»: un' immagine bidimensionale che pone l'osservatore (*the viewer*) in un dialogo più diretto con lo spazio architettonico.

Il video di Bill Viola esposto sempre alla Biennale di Venezia del 2001, *The Quintet of Astonished,* esemplifica questi ragionamenti. Dopo *The Passing* (1991) – opera che coincide a livello personale con la perdita della madre – l'artista californiano voleva introdurre drastici cambiamenti nel processo di costruzione e produzione delle proprie opere: non sarà più lui l'oggetto della telecamera né tantomeno il suo occhio. In conversazione con Virginia Rutledge per la rivista «ART in America» (nel marzo del 1998) Bill Viola ricorderà questo momento: «La ragione per la quale io apparivo in quelle prime opere era perché non credevo di essere capace di chiedere a qualcun altro di rappresentare ciò che immaginavo dovesse accadere di fronte alla telecamera; inoltre mi interessava anche che l'artificio potesse entrare nell'opera»[17]. Con *The Passing* (1991) Bill Viola si rende conto di volersi distaccare definitivamente dalla registrazione per concentrarsi il più possibile sulla visione: «Prima il mio approccio era di far coincidere l'atto fisico del trovarmi di fronte alla telecamera con l'atto della visione dietro di essa; un punto di vista che naturalmente coincideva con quello del pubblico. Ora il mio approccio ha subito uno slittamento, calandosi all'interno dell'esperienza dell'opera. Spostare il mio punto di vista dal di dentro della performance al di fuori della telecamera, questo ha spalancato per me nuovi modi di pensare il soggetto e l'oggetto»[18].

L'attenzione di Bill Viola si sposta dall'esterno all'interno di un set, collabora con attori e performer, scenografi, direttori della fotografia, operatori di macchina, truccatori, costumisti e coloristi. Sarà il video *The Greeting* (1995) a segnare questa nuova stagione, qui Bill Viola per la prima volta collabora con le attrici Angela Black, Suzanne Peters, Bonnue Snyder e per la prima volta si trova con l'emozione e le ansie di un debuttante ad affrontare problematiche a lui totalmente sconosciute[19]. Una complessità produttiva dovuta anche a ragioni prettamente tecniche, *The Greeting* infatti viene girato interamente in pellicola 35mm e poi riversato su nastro video. Per rendere il movimento delle tre attrici il più fluido possibile, i trenta frame al secondo del video non sarebbero stati sufficienti per garantire un'alta definizione dell'immagine, perciò filmare con una cinepresa in pellicola capace di registrare alla velocità di trecento frame al secondo, era l'unica soluzione possibile. Questo cambiamento, per la complessità tecnica che comportava, commenta Bill Viola nell'intervista per la rivista «ART in America» del 1998, lo costrinse ad ingaggiare una troupe e a «diventare regista»: «Questa esperienza ti aiuta a capire quante altre visioni possono esser realizzate con il nuovo materiale generando spirali all'infinito»[20].

Se sul piano produttivo *The Greeting* ricorre ad una conformazione tipicamente cinematografica (una troupe di tecnici, gli attori, lo studio, le luci artificiali, la pellicola), dal punto di vista del linguaggio resta saldamente ancorato ai principi che contraddistinguono l'estetica videografica: negazione del montaggio, piano fisso, dilatazione temporale, relazione non lineare tra suono e immagine. *The Greeting* appartiene a quel rapporto di reciproche influenze tra pittura e video che nelle opere di Bill Viola si era sempre manifestato dai tempi di *The City of Man* (1989), installazione video concepita come il trittico di una pala d'altare del Trecento. Con *The Greeting* il modello è il quadro della visitazione del Pontormo, nella cui pittura rinascimentale, osserva Valentina Valentini: «Bill Viola ritrova un modo contemporaneo, 'cinematografico', di raccontare per inquadrature, rispondendo anche all'istanza di trovare un luogo proprio all'arte video, all'interno di una storia e di una disciplina, tra la pittura e il cinema»[21].

Nel 1998 Bill Viola era stato accolto dal *Getty Research Institute* di Los Angeles come *guest scholar*, insieme ad un gruppo di storici dell'arte e studenti, vi aveva trascorso un anno dedicato allo studio della raffigurazione delle passioni nella pittura medievale e rinascimentale, con l'obiettivo di riuscire a raffigurare in un video il punto più estremo di un'emozione. Gli stimoli che raccoglie sono tra i più svariati: legge *The Art of Devotion in the Late Middle Ages in Europe, 1300-1500*; studia i disegni di Darwin sulla fisiognomica; un libro di Victor Stoichita sulla pittura spagnola. Contestualmente al suo soggiorno al Getty Museum, Bill Viola viene invitato dalla National Gallery di Londra per partecipare ad una mostra – intitolata *Encounters* – basata sul riallestimento di una parte della collezione permanente del museo. Bill Viola conosce e apprezza in particolare il dipinto *Christ Mocked* di Hieronymous Bosch e così annota sul suo taccuino: «*Quintet of the Astonished*: bizzarro ma spazialmente accurato gruppo di figure; taglio orizzontale; pellicola ad alta velocità; luce tenue; costumi diversi per personaggi; il dipinto di Bosch alla National Gallery di Londra; una superficie di emozioni e relazioni individuali, dal riso al pianto, scorrono in uno spazio compresso, in alta risoluzione, iperreale. Le emozioni vanno e vengono gradualmente, difficile dire dove origini l'una e finisca l'altra. Le relazioni tra le figure diventano fluide e transitorie»[22].

Non è che una bozza di quello che poco dopo diventerà l'opera intitolata *The Quintet of the Asthonished*, il primo dei *Portraits* (*Ritratti*) della nota serie *The Passions*. Questa volta, Weba Garretson – l'attrice già comparsa in *The Greeting* – accompagnerà Bill Viola nella fase preliminare per aiutarlo ad acquisire maggiore confidenza con la direzione degli attori. Al termine di un casting durato tre giorni, Bill Viola seleziona nove attori, poi diventati cinque e a ciascuno affida un'emozione da esprimere; dopo un lungo periodo di prove, non senza difficoltà, si definiscono i caratteri espressivi di ciascun attore e il video è pronto per essere girato, ancora una volta in pellicola 35mm[23]. *The Quintet of Astonished* debutta ufficialmente nel 2002, retroproiettato su uno schermo a dimensione umana e l'impatto è quello di un affresco in movimento: i colori sono nitidi, l'immagine quasi statica, la mimica degli attori rallentata si trasforma caricandosi di senso, così come ogni istante scorre via come in un tempo sospeso.

Sempre esposta alla Biennale di Venezia di Harald Szeemann, e ancora più marcatamente vicina allo stile e alle dinamiche produttive del cinema – in particolare al genere del thriller di cui offre una decostruzione ontologica dei motivi e dei *cliché* – è la video installazione *Le Detroit* dell'artista canadese Stan Douglas. Si tratta di un film in bianco e nero girato in 35mm, proiettato in video su uno schermo doppio: da un lato l'immagine positiva della pellicola, dall'altro quella negativa. La protagonista, Eleanore, siede dentro una Chevrolet Caprice ferma con il motore accesso in un grande parcheggio. Eleanore scende dalla macchina armata di una torcia elettrica e si dirige verso un'abitazione abbandonata poco distante. Sembra come voler tornare sulla scena di un crimine, entra dalla porta principale e sul pavimento ricoperto di polvere nota un'impronta lasciata dalla scarpa di un uomo; non si ferma e continua la sua esplorazione. Eleanore entra in stanze vuote, trova in un angolo vestiti abbandonati, una vecchia televisione, avanzi di cibo, si muove come se conoscesse molto bene quella casa. Ad un tratto, uno stacco di montaggio ci mostra la luce interna della Chevrolet parcheggiata spegnersi inaspettatamente mentre la portiera si chiude con un fragore. Eleanore ha un sussulto, lancia uno sguardo dalla finestra e si precipita verso l'uscita e con lei rivediamo, in un montaggio a *rebour*, tutte le stanze e gli oggetti che ha incontrato; infine rimonta in macchina e il film ricomincia esattamente dove era iniziato. In *Le Detroit* convivono spunti letterari (il romanzo di Shirley Jackson *The Haunting of Hill House* dal quale trae l'ambientazione sospesa tra il thriller e l'horror, e *The Legends of le Détroit*, documentazione storica di Marie Hamlin del 1884) e riferimenti cinematografici e se nei suoi video precedenti (*Monodramas*, 1987-1991 e *Hors Champ*, 1992) Stan Douglas aveva in modo analitico riflettuto sulle modalità con le quali la televisione costruiva i propri contenuti (nello specifico la pubblicità e il concerto live), in *Le Detroit* ragionava strutturalmente sulle formule narrative proprie del thriller cinematografico.

Dall'analisi di queste due opere significative, potremmo dedurre che mentre in *The Quintet of Astonished* di Bill Viola il video si serve delle tecniche di messa in scena del cinema, in *Le Detroits* di Stan Douglas fa uso dei suoi *cliché*: in entrambi i casi conserva la sua indipendenza, ovvero mantiene una linea narrativa dilatata nella prima opera e circolare nella seconda, adottando del cinema solo gli strumenti più opportuni al perseguimento dello scopo, che è quello di sperimentare una narratività prettamente videografica. Come giustamente ha ricordato ancora Valentina Valentini in un saggio esemplificativo come *Le forme del narrare nel video*, la produzione video ha avuto come propria tradizione e statuto l'essere contro il sistema estetico-produttivo di cinema e tv, quindi in primo luogo contro la fiction, pertanto non si è mai presentata «regolata da formati o codificata in generi che definiscono personaggi, luoghi, intrecci e contesti ambientali»[24]. Per Jean-Paul Fargier il video non ha nulla che l'apparenti al cinema: «Il suo carattere risiede proprio nella multiformità dei formati, nella molteplicità e sovrapposizione dei piani spazio-temporali, nel suo essere difforme rispetto alla linearità narrativa del cinema classico, anche perché la natura del video è di essere una immagine di secondo grado: non un guardare il mondo come il cinema, ma un riguardarlo già in immagine»[25].

(Ri)guardare (nel senso di guardare più volte) il cinema con gli occhi del video, vuol dire valutare al contempo tutte le svariate e possibili attitudini, parodistiche, riflessive, analitiche, fenomenologiche, strutturaliste, citazionistiche, di cui la storia del video è prodiga di esempi. Una complessità questa di cui si dovrà tener conto soprattutto nella storia a venire, evitando scorciatoie critiche o semplificazioni teoriche.

2.4. *Tours et retours de l'art vidéo*

Inaugurata nel 2003 al Musée d'art moderne et contemporain di Strasbourg, la mostra *Vidéo Topiques – tours et retours de l'art vidéo* assolve al non facile compito d'interrogarsi criticamente su che cosa il video fosse diventato rispetto alle sue origini e verso dove e che cosa si stesse indirizzando. Nella prefazione al catalogo, così scrivono il direttore del museo, Fabrice Hergott e uno dei curatori della mostra, Emmanuel Guigon: «In un simile momento di trasformazioni tecnologiche, dove le pratiche artistiche del video si sono oltremodo spettacolarmente sviluppate, ci è parso opportuno fare un punto su un simile percorso. Ci siamo imposti di accantonare, forse definitivamente, il termine 'arte video' inteso nella sua definizione più oggettiva e materiale. Ci è sembrato altresì essenziale sottolineare i legami che si sono instaurati tra le opere degli anni Sessanta e Settanta e quelle odierne, con lo scopo di costituire una storia, forse accelerata e soggettiva, che raramente in se stessa è stata presa in considerazione»[26].

L'interattività richiamata dalle video installazioni, la dissimulazione dello schermo, il superamento della cornice, la messa in crisi delle convenzioni narrative, sono questi alcuni dei *topoi* del video argomentati nella mostra, figure di un lessico nato dalle costole del mezzo televisivo, con un occhio rivolto al cinema sperimentale e un altro a tutte le arti dello spazio e del tempo (danza, musica, teatro, pittura, scultura). Ricostruendo tra passato e presente i motivi ricorrenti del linguaggio videografico, la speranza di *Vidéo Topiques,* accostando artisti più noti (Antoni Muntadas, Gary Hill, Bill Viola, Peter Campus, Diane Thater, Joël Bartoloméo, Les Levine, John Baldessari, Joan Jonas, Vito Acconci, etc.) ad altri poco più che quarantenni (Chantal Michel, Wim Delvoye, Jessica Bronson, Roderick Buchanan, etc.), è quella di diradare quel senso di vaga indeterminatezza che sembrava aver avvolto la storia e l'identità del video e «introdurre una prospettiva, dei riferimenti storici, formali e significanti utili alla percezione di questa realtà artistica»[27].

Per Patrick Javault, critico e co-curatore della mostra, la maggior parte dei video esposti generalmente nei musei d'arte contemporanea poco hanno a che vedere con l'arte e molto invece con il video come strumento di comunicazione. *Vidéo Topiques* si prefigge viceversa di tornare al video delle origini e questo per due motivi basilari: primo, per scongiurare il rischio che quella prima stagione potesse cadere nell'oblio, dal momento in cui la nuova generazione di artisti sembrava più attratta dal cinema di Andy Warhol e Jean-Luc Godard che dai videotape di Nam June Paik; secondo, perché quell'utopia delle origini, quello sconfinato desiderio di sperimentare una nuova lingua, forse ancora non aveva smesso di proiettare una sua luce. Come chi non si rassegna a veder estinto il proprio *genus*, così *Vidéo Topiques* si aggirava in un presente mediaticamente confuso e stratificato per dialetticamente reperire e riattivare senza nostalgia le tracce di quel che era stato. Sulle pagine del catalogo, Patrick Javault esemplifica il suo metodo d'indagine, entrando nel merito dei criteri di selezione delle opere. Se ad esempio pratiche di appropriazione e rimontaggio dell'immaginario televisivo erano da sempre state familiari alle storie del video, *Vidéo Topiques*, in cerca di differenze e ripetizioni, individuava un filo di continuità con il presente, esponendo l'opera dell'artista scozzese Roderick Buchanan *Peloton* (1999), un video monocanale nel quale l'artista aveva rimontato le immagini aeree di un *Tour de France* per evidenziarne il potenziale visivo avanguardista. Un altro *topos* videografico 'la critica alle convenzioni cinematografiche', Patrick Javault lo ritrova nell'opera di Jessica Bronson, *Bliss* (1997), un'installazione video composta da sei video monocanale ognuno raffigurante un diverso paesaggio innevato. In uno dei video, intitolato *Mediterranean Subtitles for Snowy Landscape*, si vede una nevicata salire invece che scendere dal cielo, mentre dei sottotitoli spiegano le tecniche di finzione adottate da Hollywood per produrre effetti di neve artificiale. Il video rivela e scompone le finzioni cinematografiche.

Patrick Javault s'interroga poi sulle video installazioni: «Che forma hanno assunto? – si domanda – Quali sono le loro caratteristiche?», prende a modello l'installazione in mostra dell'artista multimediale Bruce Yonemoto, *Hanabi Fireworks* (1999), dove su tre schermi scorrono ad alta risoluzione, e con un suono nitido in presa diretta, le immagini di uno spettacolo di fuochi d'artificio, ricreando o simulando le condizioni percettive di un'esperienza altamente immersiva. Sono dunque queste, si chiede Patrick Javault, le caratteristiche delle installazioni video nell'era dell'alta definizione? Perfezione dell'immagine, del suono, schermo multiplo, sensorialità aumentata? Nel momento in cui il video sembra aver raggiunto la sua definizione migliore, una sorta di compimento tecnico, ovvero la sua 'grande forma', quella dell'installazione multicanale, in realtà, osserva con sagacia Patrick Javault, un misto di perdita e sconfitta lo logora nel profondo, in quanto non è riuscito ancora a conquistare un suo pubblico: «una via di mezzo tra un flâneur e un telespettatore che si aggira tra le sale di un museo»[28].

Georges Heck (direttore all'epoca dello spazio di ricerca, di creazione e diffusione video di Strasburgo *Vidéo les Beaux Jours*) nel suo breve testo per il catalogo della mostra *Vidéo Topiques – La vidéo - entre médium et art* (Il video tra medium e arte) – si avventura nella «temeraria e appassionante» (*sic*) impresa di descrivere e commentare le opere accomunate dall'utilizzo di immagini elettroniche e digitali. L'analisi di Georges Heck ancora una volta dimostra il perché la storia del video non debba essere rimossa dal dibattito corrente sulla diffusione delle immagini in movimento, in particolar modo dopo l'avvento del digitale. Georges Heck non nasconde le criticità di partenza: «Se l'arte video è esistita, l'aspetto che sembra oggi incontrovertibile è che non esisterà più in quanto tale. Verrà a poco a poco assimilata dai dispositivi che sono da sempre esistiti. Fino al cinema di cui si annuncia silenziosamente come il successore»[29]. Ciò nonostante, seppur estinto come genere in sé, si tratterà di capire che cosa del video continui ad esistere, magari sotto altre forme, riassorbito da altri media: «Ci poniamo pertanto la questione di sapere se, al di là di una rivoluzione tecnica, il video andrà subendo un cambiamento estetico altrettanto radicale (sia nelle modalità di creazione che di distribuzione). Altrettanto come scultura, cinema, performance e installazione, il video è un medium che si inabissa nelle forme preesistenti»[30].

Forse, si augura Georges Heck, per la sua capacità camaleontiche il video si preserverà nei multiformati della cultura digitale; se è vero come sosteneva Dany Bloch (responsabile video al *Musée d'Art moderne de la Ville de Paris*) che l'arte video ha rappresentato «la riconquista dell'immaginazione per tutti»[31], allora quel potenziale continuerà ad informare il presente. «La question vidéo»[32] (così come definita nel 1988 da Anne-Marie Duguet e Raymond Bellour in un numero speciale della rivista francese «Communication» intitolato *La vidéo*) era e resterà secondo Georges Heck una questione aperta. Troppo spesso il video era rimasto schiacciato da una logica delle opposizioni che lo aveva di volta in volta definito per quel che non era (non cinema, non pittura, non scultura). Tuttavia, a parere di Georges Heck, sarà proprio l'epoca digitale, che modifica ogni giorno il nostro rapporto con le immagini e che fa dell'indeterminatezza dei formati la propria vocazione (tanto che Victor Burgin la definì ai suoi albori, nel 1991 «*frightening and liberating*» – terrificante e liberatoria) a riaprire la 'questione video'. Gli artisti saranno di nuovo chiamati ad interpretare con coscienza critica quel flusso indistinto di immagini che quotidianamente li investe. Se la vita tecnologica dell'uomo moderno, citando Paul Virilio e Jean Baudrillard, lo consegna sempre più ad una vita disconnessa dalla realtà – virtuale, intimante indifferente a se stessa, plasmata su immaginari prefabbricati e normalizzanti – sarà agli artisti che secondo Georges Heck spetterà il compito essenziale di risvegliarci dallo stato ipnotico nel quale sembriamo piombati. Citando una frase estrapolata da *La problématique de la vidéo dans le monde contemporain* (La problematica del video nel mondo contemporaneo) – testo del 1981 di René Berger (professore onorario dell'Università di Losanna) – Georges Heck ricorda in conclusione quanto ancora la missione del video non si fosse esaurita: «Per quanto esigua, l'occasione del video potrà essere, nel momento in cui i mass media ci circonderanno completamente, di diventare il luogo di un nuovo *cogito électronique*»[33], oppure, potremmo dire noi, aggiornando i termini: *cogito numérique*.

Abbiamo osservato fin qui come l'intenzione di *Vidéo Topiques* fosse quella di riattivare una memoria intorno al video con lo scopo di rimetterne in moto le riflessioni e ridestarne il potenziale; da questa ricostruzione non poteva essere escluso *L'ètat-video: une forme qui pense* (La stagione del video: una forma che pensa), un saggio che Philippe Dubois pubblica per la prima volta nel catalogo di questa mostra. Philippe Dubois concorda con la posizione di Georges Heck sostenendo che la «questione video» debba essere ricondotta al più generale disorientamento delle forme visive apportato dal digitale. L'eclissi del video tuttavia per Philippe Dubois ha origini ben lontane e risale almeno agli anni Ottanta e Novanta, ovvero quando, subendo un forte ridimensionamento culturale, si pensò esaurita la sua spinta. Dopo aver tentato per anni di dargli un corpo e un'identità, ecco che il video si diluiva inesorabilmente nella storia delle tecnologie o meglio nell'indeterminatezza generale delle immagini e delle forme. Se il più delle volte il video era stato visto come momento di passaggio (minore) tra due stagioni (maggiori) dell'immagine (tra l'immagine cinema e l'immagine numerica, informatica, proliferante e senza corpo), allora forse – questa la proposta di Philippe Dubois – sarebbe stato meglio ripensarlo non come un oggetto in sé riconoscibile ma come una stagione, come un modo di pensare («*Un puissance de pensée*» *sic*), una stagione-immagine che pensa (o ripensa) tutte le altre immagini in movimento. Verso la conclusione del saggio, Philippe Dubois non può infine esimersi dall'intervenire nel dibattito corrente in Francia (da noi affrontato largamente nel primo capitolo) emerso intorno al *cinéma d'exposition* (cinema esposto), osservando: «Se storicamente si guarda al video come una riflessione sulla televisione, c'è una nuova tendenza più recente che guarda al video come una riflessione sul cinema. È una delle caratteristiche degli ultimi anni; il video è diventato lo strumento (non soltanto tecnico ma anche teorico) di esposizione del cinema nei musei e nelle gallerie d'arte contemporanea»[34].

Si può esporre il cinema come si espone un'immagine d'arte, nello spazio di un museo, davanti a dei visitatori che passano fugaci? E se un'opera d'arte è un oggetto determinato dalle sue caratteristiche fisiche, un'immagine in movimento, proiettata, effimera, riprodotta in serie, che cos'è? Perché – si domanda Philippe Dubois – operare questa delocalizzazione/ricollocazione del cinema? «Chi ci guadagna? E cosa? L'arte contemporanea che si appropria di un territorio 'autorevole' come il cinema? Oppure il cinema, che si apre a nuovi orizzonti? E infine chi ci perde? E cosa?»[35]. Se simili domande erano emerse intorno al cinema, forse, potremmo ipotizzare, ciò era in parte accaduto grazie all'apporto video, il cui compito era stato quello di rompere i pregiudizi, portando gli spazi museali ad aprirsi alle immagini in movimento. Il dibattito sul *cinéma d'exposition*, secondo Philippe Dubois, correva viceversa il rischio di fuoriuscire dal campo dell'arte video, marginalizzandone la storia.

Come vedremo solo un anno più tardi Philippe Dubois ritratterà in parte queste sue considerazioni[36], per il momento resta ancora un convinto sostenitore delle proprie idee videografiche, notando ad esempio come molti degli artisti genericamente citati dai teorici del 'cinema esposto' (come Douglas Gordon, Stan Douglas, Sam Taylor Wood, Doug Aitken, Pierre Huyghe, Pierre Bismuth, Steve MacQueen, Mark Lewis, Philippe Parreno, Janet Cardiff, Rainer Oldendorfmm, Wim Geleynse), benché avessero lavorato in stretto rapporto con il cinema o meglio sulla relazione tra immagine e cinema, lo avevano sempre fatto servendosi del filtro, o lo sguardo, del video. Più o meno alla stessa maniera, Jean-Luc Godard stesso per realizzare il suo monumentale pensiero della storia del cinema *Histoire(s) du cinéma* si era servito non solo degli strumenti del video (*mixage*, *recadrage*, etc..) ma del suo 'occhio', della sua 'forma pensiero', una *forma mentis*, un'attitudine che gli consentì di ripensare il cinema come immagine, archivio e dispositivo, riformulandolo e rimodellandolo *par et en video* (per e in video). Il video, ammesso che lo si voglia riconoscere, pur sempre resterà questo modo di pensare l'immagine e il suo dispositivo di riproduzione, non importa quale immagine e non importa quale dispositivo.

2.5. *Video come medium, arte e cultura*

Abbiamo più volte accennato all'incertezza che travolge i media tradizionali all'alba dell'avvento del digitale, un'incertezza che non risparmia ovviamente neppure gli artisti e teorici del video, i quali, per tutti gli anni Settanta e Ottanta (fino diremo alla metà degli anni Novanta) si erano prodigati nel definire le caratteristiche linguistiche ed estetiche del neonato dispositivo elettronico, nutrendo la speranza che potesse affermarsi come una forma d'arte compiuta. Con l'avvento del digitale questo progetto verrà meno, al suo posto emergeranno tre principali tendenze interpretative.

La prima, più vicina ai *Cultural and Media Studies*, trova nei paesi anglosassoni ampie convergenze, si propone di separare il video dalla così detta video arte, riconducendolo all'interno delle sue più ampie declinazioni sociali, culturali, estetiche e politiche. Sean Cubbit (oggi Professor of Film and Television alla Goldsmiths University di Londra) si fa promotore di questa via già nel 1993 con il suo *Videography: Video Media as Art and Culture* nel quale, impiegando il termine *Video Media,* evidenzia la pluralità delle relazioni, fonti, e discorsi tracciati dalla complessità dell'«*Electronic sound/image*». Scrive Sean Cubbit: «*Videography* è il tentativo di indagare le condizioni per le quali è possibile parlare, scrivere a insegnare i media elettronici. Si rivolge al mondo del video e dei computer media così come sono oggi utilizzati. Una parte del libro intende dar conto delle varie tesi emerse nel mondo dell'arte, nei Media e *Cultural Studies*, per interpretare le pratiche del video sulla scena contemporanea; il resto analizza una serie di opere comprese tra il video amatoriale e la computer graphic»[37].

Il libro di Sean Cubbit è ritenuto alla base di un altro importante testo pubblicato poco dopo, nel 1995, *Resolutions. Contemporary Video Practices* (Risoluzioni. Pratiche contemporanee del video), a cura di Michael Renov e Erikka Suderburg. Il volume raccoglie saggi eterogenei scritti da artisti, produttori televisivi indipendenti, accademici, critici, riuniti con lo scopo di dare testimonianza di tutti quei possibili approcci e contesti nei quali il video si stava rapidamente diffondendo come «medium». Declinato in vari formati (*video petition, interplanetary camer, robotic probe, surveillance eye*), scrive Erikka Suderburg, il video si era spinto ben oltre quelle potenzialità emerse con gli artisti pionieri dell'elettronica, pertanto, l'analisi critica doveva necessariamente ampliarsi oltre il campo dell'arte[38]. Persino le storiche opposizioni come quelle tra video e cinema non avevano per Erikka Suderburg più molta ragione di esistere, recenti progressi tecnologici, come i software di montaggio non lineare, le videocamere a basso costo di alta qualità e le pratiche web partecipative e collaborative, avrebbero presto costretto a riconfigurare tutte le più generiche definizioni dei «*time-based media*»[39]. Interpretare il cambiamento del video non poteva esimersi dalla conoscenza dello stato di avanzamento delle tecnologie e da un'auspicata disponibilità a voler aggiornare di volta in volta il proprio lessico di riferimento: «È tempo di rinnovare il lessico, rinnovare e moltiplicare le parole utili a descrivere la nostra cultura mediale»[40]. Applicare questo ragionamento al video, secondo Erikka Suderburg, comportava spingersi ben al di fuori dei suoi confini artistici, analizzando tutte quelle svariate forme che aveva assunto nel global network della comunicazione (dalla video installazione a YouTube per intenderci)[41].

Un simile approccio, apprezzabile se non altro per la volontà di mettere in discussione la logica dei saperi specializzati, presenta tuttavia delle criticità. Parafrasando una celebre immagine di cui Erwin Panofsky si serviva per descrivere i diversi metodi di studio della storia dell'arte: se lo osservassimo dall'alto di un satellite nel suo arcipelago di isole e isolotti, il video apparirebbe come un disegno complesso ma coerente, ma se poi ci avvicinassimo, muovendoci al suo interno, scopriremmo che ogni isola è in realtà separata da ampi bracci di mare ed è abitata da una comunità che a mala pena conosce la cultura, la lingua e persino l'esistenza del proprio vicino[42]. Il modello opposto non è altrettanto dei più auspicabili: un massiccio altopiano di sapere specializzato che sovrasta un deserto di informazione generale. Tra questi due poli è preso irrimediabilmente il presente del digitale.

2.6. *Mouvement des images: movimenti improbabili*

Il secondo approccio all'indeterminatezza dei media emerge soprattutto in area francese. L'assunto è il medesimo: la crisi dei saperi specializzati e la deflagrazione dei confini mediali hanno imposto un tale ripensamento dei consueti paradigmi teorici da far trapelare l'idea di includere tutte le immagini tecnicamente riproducibili, video compreso, in un ampio concetto di *images en mouvement* (immagini in movimento), in grado di rappresentare la complessità e diversità dei formati possibili[43]. Il metodo potrebbe di per sé apparire suggestivo, se non fosse che una mostra curata da Philippe Dubois nel 2003 per il Centros Cultural Banco do Brasil, dal titolo *Mouvements Improbables – L'Effet cinéma dans l'art contemporain* (Movimenti improbabili – l'effetto cinema nell'arte contemporanea), mostra fin dal titolo i rischi e la parzialità di questo approccio critico.

La mostra vorrebbe confrontarsi da un lato con le immagini di cui non si è certi (cinema e/o video, immagine materiale e/o immateriale, fissa e/o mobile, reale e/o virtuale, attuale e/o passata, ripresa e/o inventata), immagini instabili, afflitte da un dubbio, un'incertezza; dall'altro, interrogare l'esperienza stessa del guardare, più precisamente l'atto del vedere, troppo spesso ritenuto una certezza. Se «l'incertezza del visibile è diventata la nuova stazione delle cose», scrive Philippe Dubois, non si offrono nient'altro che «immagini traballanti per una visione traballante, questa è la duplice questione che attanaglia il contemporaneo»[44]. Che cosa definisce un'immagine come tale? Se l'arte contemporanea è attraversata da forme ibride, impure, in cui si mescolano funzioni e finalità, prosegue Philippe Dubois, «un'immagine non potrà più essere contemplata come un'immagine in sé ma come una complessità che produce nuove domande». Che cos'è allora un'immagine? Le immagini circolano, migrano e si riproducono di continuo, questo è ciò che le caratterizza e le accomuna, dunque qual è il luogo delle immagini? Ne esiste uno? Come occupano lo spazio e il tempo? Se simili quesiti per il curatore della mostra devono restare volutamente aperti, le installazioni, o tutto quello che comunemente così chiamiamo, sono la forma che meglio esprime il nostro smarrimento, perché da sempre non sono altro che il tentativo di «drammatizzare la questione del luogo, del dove dell'immagine»[45].

Ad una mostra spetta pur sempre il compito di proporre un punto di vista sul 'disordine del mondo' e Philippe Dubois offre il suo, un concetto in grado di unificare la varietà dei linguaggi visivi: «Potevamo prendere in esame la questione della riproducibilità, o quella della materialità/immaterialità, tutti punti di vista che hanno permesso di (ri)pensare in profondo la trasformazione del nostro rapporto con le immagini nell'ultimo secolo. Ma è la questione del movimento, più di altre, quella che mette in mostra il principio di esposizione di questa nuova stagione dell'immagine»[46]. Non si tratta di un criterio assoluto, non ha pretese di stabilità, l'ipotesi di basarsi sul movimento delle immagini per Philippe Dubois non è che un gioco di probabilità/improbabilità: «Il nostro interesse è per tutto ciò che concerne l'indeterminazione del movimento. La mostra interroga le frontiere percettive della figurazione del movimento nelle e per le immagini in movimento»[47]. Lo spettatore guardando le opere esposte (principalmente video installazioni) dubita, si pone questioni di ordine percettivo: c'è o non c'è movimento? Sono momenti di esitazione che Philippe Dubois chiama «movimenti improbabili». Se guardare alla proliferazione delle immagini e dei formati tramite il filtro del movimento, tenendo conto delle differenze e delle macro-storie di appartenenza (video, televisione, cinema, etc...), potrebbe effettivamente aiutarci a superare i disorientamenti dello sguardo, il problema tuttavia sussiste nel momento in cui riaffiora il debito (o il credito) che tale concetto culturalmente e storicamente paga nei confronti del cinema.

Come ha ben notato l'artista americano Peter Campus nel 1999: «È ora di pensare solo alle immagini in movimento. Il guaio è il predominio del cinema nella nostra cultura»[48], al quale ribatte John Hanhardt che lo intervista: «Ci sono anche paradigmi storico artistici molto ristretti: ci sono storici dell'arte che non trattano le immagini in movimento e storici del cinema che non si interessano alle video installazioni. Abbiamo bisogno di dare allo studio dei nuovi media una forte base teorica di analisi e interpretazione»[49]. Allargare gli studi alle immagini in movimento tutte, senza al contempo trascurare differenze, ripetizioni e specificità di ogni singolo artista e opera, è impresa non semplice ma assolutamente prioritaria se non si vogliono perpetuare forzate interpretazioni della storia, dimenticanze o ancor peggio rimozioni. Philippe Dubois in relazione alla questione del movimento sembra tuttavia più propenso a voler attribuire al cinema un ruolo di assoluta preminenza, una sorta di chiave di volta, così scrive: «Si può dire che esista un'epoca delle immagini fisse e un'epoca delle immagini in movimento. Da un lato, tutto ciò che viene prima del cinema, e dall'altro, tutto ciò che viene dopo...Se la questione del movimento è un operatore centrale del nostro rapporto con le immagini è perché il cinema ha giocato un ruolo preminente, storico ed estetico»[50].

L'affermazione è alquanto drastica e omette d'un colpo il contributo apportato dalla televisione e da tutti i sistemi di registrazione e diffusione portatile delle immagini; cinema e televisione non sono un corpo così facilmente divisibile[51]. Al video Philippe Dubois riconosce il merito di aver coltivato un campo di ricerca intermedio, agevolando l'ingresso delle immagini in movimento nel mondo delle arti e aiutando di fatto a traghettare il cinema verso le arti plastiche: «Nel cinema sperimentale, nei film d'artista, erano state già aperte delle piste in questo senso. Il video ha giocato un ruolo fondamentale di passaggio. Tra cinema, televisione e arti plastiche, ha fatto da navetta»[52]. Se si ripensa ad un saggio come *Video e scrittura elettronica. La questione estetica* del 1999[53], nel quale Philippe Dubois aveva così bene evinto le caratteristiche linguistiche del linguaggio videografico, sorprende come ora si limitasse a giudicarlo null'altro che un momento di passaggio. Accentrandosi così nettamente sul cinema Philippe Dubois dimentica forse la natura ibrida e complessa di tutte le immagini in movimento, tanto da sostenere che persino con la videoproiezione sui muri dei musei e delle gallerie o su grandi schermi sospesi, il video non aveva guadagnato per sé una nuova dimensione percettiva, bensì aveva «sdoganato le relazioni tra cinema e arte contemporanea»[54]. Un'affermazione ardita che rischia d'un colpo di rimuovere, per semplificazione, tutti quegli artisti che avevano da sempre sperimentato le tecniche ed estetiche della video proiezione, in modi del tutto non conformi al dispositivo di proiezione cinematografica. Dal nastro video, alla video installazione, dal monitor al videoproiettore, Philippe Dubois riconosce al video il merito di aver introdotto l'immagine in movimento nel campo dell'arte, ma ad approfittarne sembrava essere stato soprattutto il cinema: «Il cinema come linguaggio, come potenza, COME DISPOSITIVO. Se non è cinema (ma giustamente il PROBLEMA è tutto qui: è ancora del cinema? E che cosa è esattamente cinema?) almeno si potrà dire che si tratta di un 'EFFETTO CINEMA' dentro l'arte contemporanea»[55]. Ammesso che tutto questo si sia effettivamente svolto secondo quanto proposto da Philippe Dubois, dovremmo almeno interrogarci su chi tra i due linguaggi, video o cinema, ne abbia tratto il maggior vantaggio.

2.7. *Moving Image - Moving Picture*

La terza tendenza emerge più prettamente nei contesti statunitensi e anglosassoni dove il concetto di '*Moving Image*' (associabile per analogia a quello francese di '*Images en mouvement*') risente meno delle influenze culturali del cinema, dimostrandosi un parametro più attendibile, meritando pertanto uno spazio di approfondimento. La mostra che qui ci viene in aiuto è *Moving Picture*, inaugurata nel 2002 al Solomon R. Guggenheim Museum di New York, curata da Lisa Dennison e Nancy Spector[56]. *Moving Picture* espone 150 opere di 55 artisti tutti accomunati dall'uso ricorrente dei «*reproducible mediums*» (media riproducibili)[57]. Se lo spirito fondativo del Gugghenheim era stato quello di un museo di tutte le arti moderne e contemporanee, in particolare quelle tecnicamente riproducibili, *Moving Picture* persegue tale obiettivo: l'intenzione dei curatori è risalire il corso della storia per interpretare il vasto interesse che gli artisti contemporanei rivolgono indistintamente ai media delle *Moving Images*.

Al catalogo della mostra contribuisce un lettore d'eccezione della storia del video, John Hanhardt, nel 1974 Film e Video curator del Whitney Museum of American Art. Il suo testo, intitolato *Picturing movement. Past and present* (Rappresentando il movimento. Passato e presente) ci consente, relativamente al concetto di 'immagini in movimento', di comprendere le sostanziali differenze interpretative che separano l'area di studi francese da quella statunitense. Prima di tutto la questione del movimento non è nel cinema bensì nella fotografia che si origina, ovvero da quella sua capacità di arrestare il movimento nello spazio di un attimo, la fotografia è per John Hanhardt ontologicamente presa all'interno del movimento, compresa tra lo spazio-tempo che la precede e che la segue, il cinema ne ha esteso il potenziale narrativo, mettendola in movimento con 24 fotogrammi al secondo. Il video, la televisione, i nuovi sistemi interattivi, internet, hanno apportato nuove «narrazioni» (*sic*) in grado di stimolare l'immaginazione degli spettatori. Tutta la modernità e postmodernità, ritiene John Hanhardt, è all'interno della questione del movimento che è implicata: il nostro modo di concepire o interpretare una qualsiasi fonte visiva, sia fissa o in movimento, astratta o figurativa, è indissolubilmente legato alla storia delle *Moving Image*. Il crescente interesse che artisti, critica, pubblico e spazi espositivi dedicano alle «moving-image installation» non sorprende affatto John Hanhardt, innovazioni tecnologiche come software di editing digitale, dvd, video proiettori, grandi monitor, schermi LCD e al plasma hanno contribuito notevolmente a questo successo, tuttavia, allo stesso tempo, qualcosa si è perso, almeno negli Stati Uniti, tra il 1980 e il 1990: l'assetto organizzativo sul quale si era basata gran parte della comunità di video artisti della precedente generazione (festival e canali distributivi indipendenti, fondi pubblici e privati)[58]. Ciò nonostante, ipotizzando un filo di continuità tra passato e presente, John Hanhardt riattiva una memoria su quel primo momento storico in cui artisti del video e cineasti sperimentali procedevano su interessi convergenti.

John Hanhardt individua una serie di tematiche comuni a video e cinema sperimentale. La prima, *The Still and the Slowed* (Il fermo immagine e il ralenti), racchiude opere che rielaborano l'immagine fotografica attraverso i mezzi del cinema e del video. Il film *Wavelenght* di Michael Snow (1966-1967) è un chiaro esempio, così come lo è *Nostalgia* (1971) di Hollis Frampton, film sperimentale nel quale una serie di fotografie in bianco e nero bruciano lentamente commentate dalla voce di Michael Snow. Insieme al cinema strutturalista, l'avvento del video alla fine degli anni Sessanta aveva per John Hanhardt spinto le immagini in movimento verso nuovi territori: «Vicino al film per gli stessi parametri imprescindibili di spazio e di tempo, il video possiede specifiche capacità formali e tecnologiche. Mentre il video delle origini era indebitato al cinema sperimentale come quello di Snow e Frampton, rapidamente affermò le proprie differenze rispetto agli altri media»[59]. È il caso del video monocanale *Three Transitions* (1973) di Peter Campus dove, come in uno specchio servendosi della tecnica del *chrome-key*, l'artista contemplava il proprio autoritratto bruciare tra le fiamme fino a scomparire del tutto, un procedimento per John Hanhardt non così dissimile da quello espresso da *Nostalgia* di Hollis Framton, in entrambe si riservava all'immagine fissa «un trattamento fantasmatico»[60].

Un'altra opera ricordata da John Hanhardt è il bellissimo e poco citato videotape di John Baldessarri *Ed Henderson Reconstructs Movie Scenarios* del 1973 (Ed Henderson ricostruisce gli scenari di un film). Dopo aver selezionato una serie di fotografie estrapolate da alcuni anonimi film in bianco e nero, si sente la voce di John Baldessarri chiedere al musicista Ed Henderson di adattarvi sul momento alcune preesistenti colonne sonore. Ed Henderson si lascia ispirare dal genere cinematografico evocato dalle immagini, ma John Baldessari lo interrompe, interviene con suggerimenti e modifiche, al cambio di musica l'immagine acquista tutto un altro significato. Esplorando la relazione tra ciò che si sente e ciò che si vede, John Baldessari si appropria dei *clichè* hollywodiani per virarli in una serie di surreali mini-film. Potremmo oggi definire *Ed Henderson Reconstructs Movie Scenarios* come un'operetta comica *sound footage*[61].

John Hanhardt non rilegge la storia delle immagini in movimento attraverso il solo filtro dell'immaginario cinematografico, non vuole individuare un punto di vista unitario, viceversa, supportato da un'oggettiva rilettura della storia, riporta finalmente la riflessione all'interno di un più ampio confronto tra le arti. Così accade che persino un'opera come *24 Hour Psycho* di Douglas Gordon, tra le più citate dai teorici del *cinéma d'exposition*, viene da John Hanhardt confrontata con un diretto progenitore del 1970: *One-Eye Dicks*. un film di quattordici minuti composto da una fotografia ogni mezzo secondo, scattata incidentalmente da una camera di sorveglianza nel corso di una rapina in banca. Ogni fotografia resta sullo schermo per il tempo di un secondo, quanto basta per restituire il senso di un fermo immagine, a parte questo, la sequenza originale resta invariata. Il filmato era stato originariamente impiegato in un processo come prova d'accusa, William Burback, allora curatore interno del Dipartimento di Fotografia del MoMa di New York, ne era venuto in possesso e lo aveva provocatoriamente rallentato per affermare che la fotografia avrebbe dovuto superare le convenzioni estetiche e compositive nelle quali la critica la rinchiudeva[62]. Il confronto tra queste due opere, proposto da John Hanhardt, mette in una nuova luce la video installazione di Douglas Gordon *24 Hour Psycho*, separandola dai ragionamenti strettamente attinenti al dispositivo cinematografico, ne rimette così in circolo le riflessioni concettuali.

Tra cinema e video, tra pellicola e segnale elettronico, John Hanhardt si auspica un recupero di quello spirito neo-avanguardistico d'incontro tra le arti di cui era stato diretto testimone. La funzione dello storico dell'arte, così come emerge dal suo ragionamento, ricorda colui che in sociologia è detto un mediatore culturale, ovvero un agente bilingue che in una conversazione tra due comunità monolingue ha il compito di facilitarne la comprensione. Ammettiamo perciò di essere nel mezzo di due poli opposti, tra un polo positivo ed uno negativo, tra cinema e video, John Hanhardt non ignora il fatto che i due mai si incontreranno, tuttavia rovescia il problema e riconosce come un potenziale la tensione generata dal mancato contatto.

Per comprendere più a fondo questa prospettiva, citeremo un'ultima opera che John Hanhardt inserisce all'interno di una tipologia che tra passato e presente ricorre nella storia delle immagini in movimento, ovvero quella dei *Frames and Mirrors* (Inquadrature e specchi)[63], si tratta di *Outer and Inner Space*, un breve film in bianco e nero girato in 16mm che Andy Warhol realizza nell'estate del 1965. Una giovane ragazza a figura intera, Edie Sedgwick, è seduta a dialogare con Andy Warhol fuori campo, i due parlano di un video che hanno girato poco prima, un ritratto di Edie Sedgwick in primissimo piano che viene contemporaneamente trasmesso su un televisore alle sue spalle[64]. Edie Sedgwick è piuttosto disorientata, non è abituata a quella simultaneità. Date le differenti velocità di registrazione tra pellicola (1/24) e video (1/30), l'immagine televisiva vibra di continuo, rivelando tutte le sue differenze tecniche, è un'immagine instabile. Scrive a tale riguardo William Kaizen in *Live on Tape: Video, Liveness and the Immediate* (1998): «Come Warhol realizza un ritratto di Sedgwick, così altrettanto ne realizza uno del video quale medium, riflettendo sul nuovo modo in cui la diretta televisiva irrompe nel filmico»[65]. Edie Sedgwick è infastidita dalla sua immagine in video, non si gira mai a guardarla, ascolta la sua voce preregistrata e gli sembrano solo, afferma, «un mucchio di stronzate... trovo la voce profondamente disturbante». Quel che non riesce ad accettare è che il suo passato più recente, la sua immagine da poco preregistrata in video, conviva nel presente. Poi lentamente lo scetticismo tramuta in curiosità e Edie Sedgwick si abbandona al gioco, così le due immagini, «una impressa nella pellicola del film e una presentemente connessa diffusa dal monitor televisivo»[66] iniziano a dialogare. In *Outer and Inner Space,* video e film, uno di fronte all'altro, si specchiano nelle loro reciproche differenze, da questo confronto-scontro si origina l'esperienza di uno scarto (tecnico, estetico, percettivo). Alla fine del film, Edie Sedgwick riferendosi al video alle sue spalle chiosa: «È come essere colpiti alla nuca» (*It's like being struck in the back of the head*) e poi stramazza a terra fingendosi morta. Il video è stato questo, «*the back of the head*», il contro campo delle immagini in movimento, del cinema il suo rovescio: trascurarne gli effetti e le conseguenze sarebbe come nascondere a se stessi il lato oscuro della propria coscienza.

Usciamo per un attimo dalle mostre per collegarci di proposito ad un testo significativo, *Art and the Moving Image* (curato da Tanya Leighton nel 2008 insieme con il centro di ricerca Afterall del Saint

Martins College Art and Design di Londra). Il testo introduttivo della curatrice del volume funge da premessa storica, dimostrando un solido approccio metodologico nell'organizzazione dei contenuti. Dagli inizi degli anni Sessanta le *moving image* (immagini in movimento), sia di origine cinematografica, televisiva o videografica, sono per la Tanya Leighton sempre state al centro degli interessi degli artisti nel superamento delle specificità dei supporti tradizionali. Dal momento in cui la video installazione, incarnando maggiormente questo desiderio, è stata tra le forme quella che più ha riscosso un successo, Tanya Leighton si pone delle domande di centrale importanza: «Come mai nelle arti contemporanee si registra una simile esplosione di immagini in movimento? Come le immagini proiettate si collocano in un museo e all'interno del discorso sulla modernità? Come hanno influenzato l'esperienza percettiva dello spettatore?»[67]. Ripubblicando saggi storici – come quello celebre di Rosalind Krauss, *Video: The Aesthetics of Narcissism*, o quello di Raymond Bellour *D'un autre cinéma* (1999) – e ospitandone di nuovi, *Art and the Moving Image* esamina le esperienze del video e del film, dell'*Expanded cinema* e del post-cinema, differenziando le pratiche, le storie, le istituzioni, le strutture economiche e i linguaggi critici che ne hanno segnato lo sviluppo, con lo scopo di attivare un confronto che possa aiutare a comprendere come la percezione e la relazione con le immagini in movimento sia mutata in questi ultimi decenni. La consapevolezza della curatrice del volume è quella di trovarsi di fronte ad un repertorio frammentato che con il digitale rischia ancora di più di disperdersi, confondendo e sovrapponendo differenti supporti e statuti dell'immagine in movimento, come accade con la video proiezione digitale: «Con le immagini proiettate che sfuggono ad ogni controllo, come possiamo comprendere la complessa arte delle immagini in movimento? Rispondere a simili domande non è facile se non prendiamo in considerazione opera per opera, modalità e tecniche diverse; senza poi dimenticare quello sfasamento che oggi si produce nel momento i cui i media si trasformano in visioni multiple, variabili a seconda dei contesti»[68].

Quando Tanya Leighton spiega il perché la scelta sia andata proprio sulla parola '*Moving Image*' afferma che nonostante ogni terminologia sia sempre parziale, questa era la migliore possibile per rispecchiare la diversità dei linguaggi audiovisivi. La parola '*cinematic*' avrebbe comportato maggiori criticità, in quanto, scrive: «avrebbe proposto solo un tipo di relazione con l'arte delle immagini in movimento mentre questo libro ne discute molte altre, alcune delle quali con il cinema hanno scarse o nulle relazioni»[69].

Art and the Moving Image si divide in tre differenti sezioni. La prima *Histories and Revisions* (Storie e revisioni), ricostruisce storicamente la prima fase di interscambi tra i media, avvenuta tra gli anni Sessanta e Settanta: il movimento Fluxus, il cinema strutturalista e sperimentale, le prime video installazioni multimediali e immersive. La seconda sezione *The Agonistic Relationship Between Video and Television* (La relazione agonistica tra video e televisione) concerne l'apporto specifico del video e il suo rapporto con gli spazi espositivi: i centri di produzione e di distribuzione, i collettivi video e il loro contributo politico e culturale, le evoluzioni tecnologiche e una fenomenologia del linguaggio video. Infine, la terza parte – *From Cinema to Post-Cinema* (dal cinema al post-cinema) – affronta una lettura delle forme ibride del contemporaneo, interrogandosi sull'obsolescenza e il futuro della pellicola e del video alla luce dei mutamenti tecnologici del digitale[70]. A predominare in *Art and the Moving Image* è in definitiva una lettura più filologicamente e storicamente ancorata all'evoluzione dei linguaggi visivi, risentendo della formazione storico-artistica di molti degli studiosi coinvolti. L'obiettivo di Tanya Leighton è proprio quello di aggiornare le discipline della storia dell'arte al dibattito e allo studio delle intersezioni assodate tra arte, video, film e televisione, interrogandosi su come il concetto di *Moving Image* ne sia uscito inevitabilmente alterato[71]. Riportando la questione delle relazioni tra cinema, video e arti visive ad un confronto allargato che nelle opere e nei testi ritrova un filo con la storia, l'apporto della storia dell'arte al dibattito sulle immagini in movimento è di vitale importanza al fine di scongiurare il radicalizzarsi di letture critiche territorializzanti. Non per forza lo scopo sarà di garantire uniformità ad una storia frammentaria o appianare le divergenze di vedute, quel che i curatori di *Art and the Moving Image* si augurano, e noi con loro, è di incoraggiare un confronto che dovrà pur convergere verso una nuova proposta: «incoraggiare un'arena discorsiva, necessariamente segnata dal conflitto, che ispiri il dibattito verso nuovi e stimolanti orizzonti»[72]. Il confronto è il primo passo per una convergenza di vedute.

2.8. *Broken Screen*

Negli ultimi paragrafi abbiamo privilegiato l'analisi delle teorie e tralasciato lo studio delle opere, ora torniamo agli artisti per evidenziare alcuni tratti comuni in questo secondo decennio del digitale; ci muoveremo tra supporti e formati eterogenei, considerando le immagini in movimento come una famiglia audiovisiva unita ma non omogenea. Tale prospettiva ci consente di allineare gli strumenti della critica alla varietà delle pratiche artistiche correnti. Con il nuovo millennio gli artisti si muovono all'interno del repertorio delle immagini in movimento, passando da un linguaggio all'altro senza distinzione, escludendo un proprio medium di appartenenza. Per comprendere un simile scenario è quanto mai necessario attuare una revisione radicale di tutti quei criteri che sono sempre serviti a catalogare le differenze e le caratteristiche di ciascun medium. Forti dell'esperienza acquisita, non resterà che superare i propri smarrimenti e calarsi come uno speleologo al fondo delle pratiche artistiche, o meglio, abbandonare il terreno solido delle proprie certezze.

Il nostro oggetto di studio non è il formato 'mostra', bensì una raccolta di interviste, *Broken Screen: 26 Conversations With Doug Aitken Expanding the Image, Breaking the Narrative* (Schermi rotti, 26 conversazioni con Doug Aitken. Espandendo l'immagine, rompendo la narrazione), un libro che l'artista californiano Doug Aitken cura nel 2006, un prezioso documento che su molte delle questioni fin qui trattate, al pari di una mostra, ci consente di esaminare le opinioni degli artisti. L'idea, racconta Doug Aitken, trae origine da una scritta letta un giorno per caso in un bagno pubblico: *It's like a hurricane, a hurricane. I'll see you at the end of the bar, though I don't know who are you. Ther's so much confusion here.*

It's like a hurricane (È come un uragano, un uragano. Ti vedo in fondo al bar, non so chi tu sia. C'è troppa confusione qui. È come un uragano). *Broken Screen* nasce da una domanda: restare al centro di quell'uragano della vita moderna oppure avventurarsi nelle sue turbolenze, «Abbiamo forse scelta? – si chiede Aitken – Forse al momento semplicemente stiamo valutando le soluzioni disponibili»[73].

Tutti gli artisti che intervengono nel libro (da Eija-Liisa Ahtila a Robert Altman, John Badessarri, Chris Burden, Bruce Conner, Stan Douglas, Mike Figgis, Werner Herzog, Gary Hill, Carsten Nicolai, Pipilotti Rist, Ugo Rondinone, Robert Wilson, etc.) provengono da contesti e linguaggi disparati, cinema, fotografia, sound art, pittura, architettura, teatro, ma tutti, direttamente o indirettamente affrontano nelle proprie opere questioni legate alla disgregazione dei punti di vista: «sovrapposizione di livelli narrativi, percezione frammentata o immagini sconnese»[74]. Riunire tante voci in un'unica piattaforma di scambio valorizzerà il confronto, stimolando il dibattito, Doug Aitken ne è convinto: «Credo sia diffusa l'idea che ogni medium sia come circondato da un vuoto intorno a sé. Non è che un'illusione. Ed Ruscha ha studiato pubblicità; Richard Prince ha lavorato per Time-life; Bruce Conner prima del film lavorava con gli *assemblage*; Rem Koolhaas scriveva sceneggiature prima di diventare architetto... É molto interessante quando assisti a simili cross-pollinations (*sic*)»[75].

Broken Screen non offre risposte quanto opinioni, contraddizioni, repulsioni, nonostante si definisca un «manifesto di tante voci da campi diversi», non ha alcun principio o obiettivo chiaro da esplicitare, si limita a raccogliere quel che circola («Il polline è nell'aria e si muove verso molte nuove aree»), le opinioni più disparate raccolte qui per il desiderio di un confronto. Il percorso del film maker inglese Mike Figgis è esemplare della diffusa trasversalità con la quale gli artisti si spostano da un contesto all'altro, studia musica, poi aderisce al gruppo performer londinese dei *The People Show,* poi quasi casualmente passa al cinema e si cimenta con il successo del *mainstream* hollywodiano (firmando la regia di film come *Leaving Las Vegas*, 1995) e poi con il cinema indipendente (*Miss Julie* e *The loss of sexual innocence,* 1999), fino ad arrivare al suo celebre film *Timecode* (2000), una frammentazione in quattro parti dello schermo cinematografico per raccontare in simultanea quattro storie ciascuna ripresa con un singolo piano sequenza di novanta minuti. Autore di documentari televisivi, libri (*Digital Filmmaking* e *Hollywood Conversations*), fotografo, regista d'opera, la varietà della carriera artistica di Mike Figgis disorienta qualsiasi approccio teorico settoriale, ogni lavoro influenza il precedente e il successivo, ciascuno porta con sé una memoria di quel che l'ha preceduto, come se dal fondo dell'uno emergesse l'altro.

Non meno significativo al riguardo il percorso dell'artista svizzero Ugo Rondinone il quale per disorientare ogni classificazione, ma lungi dal seguire uno scopo formale, nella sua ricerca attinge ad un vocabolario molteplice tra video, suono, scultura: «Lavorare con differenti forme e materiali è decisamente liberatorio. Ciascun medium ha la sua energia specifica e questo è un punto di partenza... Mi dà soddisfazione lavorare su diversi fronti formali, tuttavia non vorrei fare della varietà il mio tratto specifico»[76]. Tra tutte le forme, la video installazione è quella che Ugo Rondinone predilige, in quanto la più idonea ad accogliere un'esperienza anarchica dello sguardo: «In una video installazione puoi entrare per qualche secondo, percepire l'intera immagine e poi uscirne quando vuoi. Puoi posizionarti in modi diversi nello spazio. È come una danza, coinvolge tutti i tuoi sensi piuttosto che la sola percezione intellettuale di un'immagine in movimento»[77].

Rispetto alle criticità espresse dal dibattito teorico, il punto di vista degli artisti sembra essere molto più pacificato rispetto all'idea di muoversi liberamente nel panorama diversificato delle immagini in movimento, prendendo dalla fotografia una volta, dal cinema, dal video, dal documentario l'altra, gli elementi utili al proprio discorso. Doug Aitken la chiama una *polymedia platform*. Lo evidenzia Matthew Barney quando riferendosi al processo di lavorazione di *Cremaster Cycle* (1994-2002) confessa di essersi avvalso scena per scena di uno *storyboard* ma di averlo concepito come se stesse pensando alla simultaneità di un'installazione video multicanale[78]. Il video resta per Matthew Barney il suo riferimento primario, la matrice sulla quale poi plasmare di volta in volta tutti gli altri linguaggi, la scultura, la performance, il cinema. L'artista finlandese Eija-Liisa Ahtila in *Broken Screen* offre qualche elemento in più sul proprio metodo di lavoro, confessando di sentirsi tanto una film maker quanto un'artista, «Penso che il mio approccio alle immagini in movimento sia più quello di un'artista. L'importante è esprimermi attraverso questo mezzo»[79]. Nelle sue opere convivono elementi che rimandano al video saggio, al cinema sperimentale, alla televisione, all'uso della voce narrante, al racconto biografico; a prescindere dal linguaggio utilizzato il suo intento primario resta pur sempre quello di scardinare le convenzioni narrative[80]. Per ogni nuovo video Eija-Liisa Ahtila scrive un soggetto e una sceneggiatura, si serve di attori professionisti di una troupe di tecnici e in post-produzione di un montatore, ciò nonostante nelle sue opere (*House*, 2002, *The Hour of Prayer*, 2005) convivono elementi che di volta in volta rimandano al cinema, allo sguardo diretto del documentario oppure alle forme a-narrative del video. Di tutti i linguaggi che incontra Eija-Liisa Ahtila ne preserva una traccia, senza al contempo farne un uso esclusivo: «Non credo esista una definizione a priori di film e video, solo differenti approcci visivi [...] Per me è semplicemente affascinate sperimentare storie e immagini in movimento»[81].

Osservare i fenomeni senza vincoli, rifiutando le convenzioni narrative dell'ordine logico e cronologico dei fatti è l'attitudine al racconto (benché lineare o non lineare sempre di racconto o di narrazione si tratta) che *Broken Screen* contribuisce a dibattere, dimostrando come un simile sguardo possa essere applicato tanto agli artisti più vicini al video che ai film maker del post-cinema. Tale vicinanza è stata in passato spesso ignorata e meriterebbe una rivalutazione. La questione della finzione e della narrazione è stata spesso preclusa tanto al video, marcato di 'a-narratività', quanto al cinema sperimentale 'anti-narrativo', tuttavia, come giustamente ha osservato Michael Klier in tutte le immagini, persino in quelle più astratte, si annida sempre una piccola storia, una narrazione malgrado tutto, una proprietà insita nell'immagine di cui sia il video che il cinema, l'uno verso gli estremi della finizione, l'altro verso il centro (come suggerito da Raymond Bellour), hanno sperimentato le possibilità. Se come sostiene Anne-Marie Duguet:

«anche quando crediamo di aver totalmente eluso il narrativo, questo risorge, si impone malgrado tutto, spesso in un'inezia, in un minuscolo momento inatteso»[82], la narrazione non dipende solo dalle intenzioni dell'autore ma è inscritta a priori nei processi di lettura, scaturisce dalla relazione tra spettatore e opera. Se infine per drammaturgia intendiamo «il modo in cui degli elementi eterogenei finiscono per produrre degli effetti di senso»[83], potremmo affermare che sempre e comunque questa è presente nell'organizzazione di un'immagine, qualunque essa sia; il video pertanto non è a-narrativo, o anti-narrativo, ma per la pluralità dei livelli sensoriali attivati, per la moltiplicazione degli schermi e delle fonti di proiezione, per l'estensione dei punti di vista, per la fissità di una sola immagine che si carica del movimento di infinite associazioni possibili, è del narrativo la sua potenza.

Attraverso il confronto tra artisti e medium differenti, incentrati intorno alla frammentazione dello sguardo, del racconto, dell'esperienza visiva, *Broken Screen* in definitiva ci ha permesso di ricondurre la questione della narrazione al centro del discorso sulle immagini in movimento, separandola dal cinema, riportandola al cuore della sua essenza, per poi estenderla ai vari linguaggi. Tale tentativo dimostra il vantaggio di guardare alle immagini in movimento all'interno delle loro relazioni e differenze interne, senza pregiudizi e prevaricazioni.

2.9. *Medium senza medium*

Secondo il celebre neologismo coniato da Jay David Bolter e Richard Grusin, con l'espressione *Remediation*[84] (rimediazione) si intendono quelle continue operazioni di commento, riproduzione e sostituzione che intercorrono tra un medium e l'altro. Nella tecno sfera del digitale i nuovi mezzi di comunicazione si modellano a partire dalle caratteristiche e dalle finalità ereditate dai precedenti media, i quali a loro volta sono costretti a ripensare il proprio statuto alla luce delle innovazioni con le quali continuamente entrano in contatto. Se tra le arti visive, performative e cinematografiche fenomeni di ibridazioni e interscambi sono stati frequenti nel periodo delle avanguardie storiche, così come in quello delle neoavanguardie degli anni Sessanta e Settanta, è con il digitale che acquisiscono una diversa e maggiore predominanza. Per Jay David Bolter e Richard Grusin si apre un orizzonte tecnologico totalmente inedito nel quale i mezzi di comunicazione preesistenti non potranno che adattarsi ad una continua e rapida metamorfosi. Da un punto di vista più estetico nell'epoca della remediazione le singole specificità dei linguaggi mediali tendono a disperdersi nella pluralità dei mondi audiovisivi. «È il riflesso della convergenza che marca la nostra epoca», scrive Francesco Casetti riferendosi alla *Convergence Culture* teorizzata nel 2008 da Henry Jenkins[85]. Per Francesco Casetti i vecchi apparati si dissolvono a favore di piattaforme multifunzionali capaci di integrare in un solo dispositivo funzioni diversificate. L'offerta del cinema (tradizionalmente ancorata alla diffusione in sala e in televisione) si dissolve in una gamma di prodotti multipiattaforma (la sala, il computer, il dvd con le scene inedite da collezionare, le clip da vedere in anteprima sul proprio cellulare), talmente vasta che tener fermo il recinto del cinema e il profilo del film «può sembrare un'impresa disperata»[86]. Cosa permette ad un medium di preservare le sue caratteristiche di base, le proprie peculiarità? Ebbene, se il cinema sopravvive in quanto medium, osserva Francesco Casetti, è perché esiste un qualcosa che permane al di là della molteplicità dei suoi supporti, «un qualcosa che eccede alle mutazioni tecnologiche», ovvero, «un'esperienza filmica»: è «l'esperienza cinematografica» a sopravvivere al di là della diversificazione dei supporti[87].

Reintegrando il concetto di esperienza, proprio della sfera estetica, Francesco Casetti afferma l'esistenza di una «specifica esperienza filmica» che al di fuori della sala cinematografica si «rilocherebbe» verso nuovi ambienti e nuovi dispositivi di fruizione. Esiste una «rilocazione innovativa» (computer portatili, smartphone, sistemi *home theater*) e una «rilocazione conservativa» (ambienti e dispositivi che ripropongono l'esperienza tradizionale della sala)[88]. Nella quotidiana proliferazione delle immagini digitali, l'esperienza filmica non è altro che una delle tante esperienze mediali offerte dal mercato, e forse, proprio per questo, aggiunge Francesco Casetti, il ritorno alla fruizione in sala, «un ritorno alla madrepatria», ci riconsegnerebbe quell'unicità dell'esperienza filmica che credevamo smarrita: «In una sala, infatti, il film continua ad apparire come un evento con cui mi trovo a dovermi misurare...lì, più che altrove, il cinema conserva una salienza, costringe a dei passi per incontrarlo – uscire di casa, prenotare un biglietto, mescolarmi ad una folla – elementi che danno valore à ciò che si sta facendo»[89].

A giudicare dai numerosi studi emersi negli ultimi anni, il cinema sembra, tra i media tradizionali, il più turbato dalle convergenze (Henry Jenkins) e rimediazioni (Jay David Bolter e Richard Grusin) del digitale, questo perché, come scrive Erika Balsom, la proliferazione dei supporti e dispositivi dell'immagine disperde la nozione stessa di cinema «tra vari spazi concettuali e materiali»[90]. Con il sopraggiungere di una cultura mobile, digitalizzata, audiovisiva, il cinema *risente* (nel senso di "sentire nuovamente", come già gli era accaduto dopo l'avvento del sonoro, dell'elettronica e del VHS) il rischio di una sua obsolescenza tecnica ed estetica. Eternamente in conflitto tra l'essere *entertainment film* o forma d'arte, pressato dalla velocità dei video games, dalla diffusione capillare delle piattaforme internet e dalla televisione *on demand*, il cinema ancora una volta è costretto a ripensare il proprio statuto. Ma la questione è ben più estesa: se i media non si identificano più con un supporto e con una tecnologia di riferimento, proiettati verso corpi altrui, in che cosa si trasformano? Cosa da loro un'identità tale da poter sopravvivere alla decadenza del loro stesso dispositivo di riferimento? Se il cinema sopravvive, questa è ad esempio l'idea di Francesco Casetti, è perché possiede un'identità plurima; se fosse legato solo alla sua macchina sarebbe finito da tempo, ma è vincolato da una forma di esperienza messa a punto da un dispositivo di riferimento e poi alimentata, sul piano delle forme e del piano simbolico, da un intreccio e contagio di altri linguaggi. L'esperienza cinema sopravvive ai cambiamenti del proprio dispositivo, conservando una specificità 'esperienziale' e rimediando alla scomparsa delle proprie peculiarità tecnico linguistiche e modalità di fruizione.

Estendendo il nostro campo d'indagine oltre il cinema, ci accorgiamo di quanto le questioni affrontate da Francesco Casetti siano apparentabili con un dibattito teorico e culturale che affonda le sue radici ben oltre l'epoca digitale, ovvero, come ben sintetizzato da Cosetta Saba, nella questione tutta novecentesca della «dissoluzioneriformulazione» dello statuto di specificità mediale delle singole arti e della «messa in forma» che questa perdita di specificità assume: «La pratica artistica novecentesca portava un'interrogazione sulla modalità correlazionale tra materia e forma e tra supporto e linguaggio – nei termini di una esplicitazione non tanto ontologica quanto metodologica – e al contempo spostava il fuoco discorsivo da questioni definizionali inerenti il medium (in chiave essenzialista o concettuale) all'analisi del rapporto che si genera tra il mezzo espressivo e l'opera»[91]. Un simile processo decostruttivo comporta un nuovo modo di pensare il medium al di là della singola fisicità dei supporti d'appartenenza, causando «l'obsolescenza» dell'idea stessa di medium. Più precisamente, continua Cosetta Saba, è nell'intersezione tra arte (*happening*, *environment*, *performance*), cinema (film astratto, film strutturalista, *found footage* film) e video (non solo monocanale, ma anche nelle forme *expanded cinema* e *mixed media*, nonché nelle estensioni installative) che alle soglie della crisi del pensiero modernista si era introdotto un processo di trasformazione del concetto di medium a fronte di una sua disposizione tecnico-espressiva e comunicativa»[92].

In questa prospettiva il digitale ci appare come l'ultimo stadio di un processo di disgregazione dell'immagine in atto da tempo: «Questa – ha scritto Françoise Parfait – è certo la conseguenza di uno sfasamento e una migrazione delle immagini dal loro supporto di origine verso delle altre multiple interfacce, spazi, corpi e materiali. L'immagine s'intrufola ovunque possa produrre una sensazione, al rischio di fuoriuscire da se se stessa»[93]. L'epoca che Rosalind Krauss definiva nel 1999 *post-mediale*, arrivava a compimento di un percorso di cui il video era stato un testimone privilegiato. Nonostante i tentativi di definizione teorica – sottolinea Krauss – il punto della questione è che tanto la televisione quanto il video «assomigliano a un Idra multi testa, esistendo in infinite forme, spazi e temporalità per le quali nessuna terminologia sembra poter racchiudere il tutto in un'unità formale»[94]. Ciò comporta per la studiosa una radicale eterogeneità che impedisce di concettualizzare il video in quanto medium specifico; sebbene avesse un suo apparato tecnico di riferimento (l'immagine elettronica), il video si sperdeva in un «caos discorsivo»: «un complesso di attività eterogenee che non possono essere teorizzate come coerenti o convincenti come se avessero un'essenza comune o un nucleo unificante»[95]. Per questa sua stessa evanescente identità, l'avvento del video non solo della pellicola (film) era la «dichiarazione di obsolescenza»[96], ma proclamando la fine di tutte le specificità mediali, anticipava la condizione della postmedialità[97]. Detto altrimenti, la mancata concettualizzazione modernista del video in quanto medium, deterritorializzante per natura, ha fatto dell'identità plurima il suo segno di distinzione, ratificando la fine della specificità mediale riconducibile ad un singolo supporto o dispositivo di appartenenza.

Nel 1981 Anne-Marie Duguet, nel suo libro *Vidéo, la mémoire au poing*, osservava come all'emergere di un nuovo medium subentri sempre una riflessione teorica finalizzata a descriverne le unicità, gli aspetti peculiari, l'originalità, con lo scopo di attribuirgli un posto all'interno della famiglia mediale. Era capitato nell'era della riproduzione meccanica con la fotografia, poi con il cinema e per ultimo con il video. Tuttavia, questo sforzo puritano di classificare e definire specificità e supporti si rivelava infruttuoso e sterile, e, cosa più grave, si distaccava dalla realtà dei processi artistici: «Nella realtà delle pratiche, gli scambi, passaggi, prestiti sono costanti. Alcuni cineasti girano in video per beneficiare degli effetti immediati ed economici del mezzo e altri per la possibilità di girare in diretta [...] La maggior parte degli artisti video ha intrapreso anche esperienze cinematografiche»[98].

Qualsiasi tentativo di voler definire una e una sola storia del video non può che essere votato al fallimento, il video si è servito di codici di rappresentazione provenienti dalla pittura, dal teatro, dalla performance, dal cinema e dalla televisione, codici narrativi ereditati dalla letteratura, codici antinarrativi ereditati dall'astrattismo: «[...] La produzione di opere video – scrive Valentina Valentini – ha rappresentato ciò che l'arte astratta ai primi del Novecento è stata per l'arte figurativa o la musica atonale e concreta rispetto a quella sinfonica e armonica»[99].

Nato per un *desir de télevision* (Jean-Paul Fargier), il video si è presto svincolato dal suo supporto d'origine (il monitor) invadendo gli spazi dell'arte, del teatro, facendosi proiezione, multischermo, contaminandosi con la performance, la scultura, la danza. Il dispositivo elettronico aveva defigurato il mondo e lo aveva fatto nel tentativo di interpretarne la molteplicità e il mistero delle forme[100]. Il video ha occupato e continua tutt'oggi ad occupare una posizione difficile, instabile, ambigua, essere allo stesso tempo oggetto e processo, immagine e opera, mezzo di comunicazione mobile e immobile, privato e pubblico, tra pittura, come sintetizzato da Philippe Dubois: «[...] Questa è la sua natura paradossale, fondamentalmente esitante, double-face. Bisogna abituarcisi. Conviene anche, credo, considerare questa ambivalenza di principio non come una debolezza, un handicap, ma come la forza stessa del video. La forza del debole»[101].

Il termine video designa la tecnologia elettronica dalla quale è nato ma sconfina verso altre tecnologie, verso tutte le *nouvelles images* a venire «di cui il video è una componente»[102]. L'immagine video si è sempre aggirata negli interstizi dei linguaggi visivi, *tra* l'immagine e l'assenza di immagine, *tra* l'analogico e il digitale, *tra* il cinema e l'altro dal cinema, *tra* l'oggetto e il processo, *tra* visibile e invisibile, *tra* la diretta e la differita, *tra* l'immagine mobile e quella fissa, *tra* la veglia e il sonno, e questa sua stessa attitudine *incerta*, distratta, trasversale, è quel ciò che gli ha concesso di spingersi ovunque[103].

Se fluidità e indistinzione sono i tratti distintivi dell'immagine videografica, dispositivo fluttuante fra 'sfera artistica e sfera mediatica', la sua vitalità è lungi dall'essersi esaurita, piuttosto diremmo 'smarrita' nella molteplicità dell'offerta digitale. Alla luce delle riflessioni sulla condizione postmediale, la questione video appare investita di tutt'altra luce, se il video da sempre si è declinato in stilemi multiformi e caledoiscopici, non riconducibili ad un solo dispositivo e ad una sola macchina, può essere considerato della condizione postmediale il suo precursore, o ancora meglio, la sua più autentica espressione, la sua *nouvelle image*?[104].

Questa resta l'ipotesi da verificare: se è nel digitale che il video raggiunge il suo apogeo, dove accade? Nella composizione-manipolazione dell'immagine numerica? Nell'ibridazione dei formati e dei codici narrativi? Nella proliferazione delle immagini al di là dei supporti d'origine? Per il video potrebbe chiudersi ed aprirsi un nuovo scenario, tutto da interpretare, nel quale l'ipotesi di fondo, citando ancora Cosetta Saba, «è che le questioni che il video pone, attraverso le pratiche artistiche, abbiano avuto ed abbiano ancora la capacità di desedimentare l'autorità dei discorsi di definizione classificatoria delle arti, anche, anzi soprattutto, in relazione alla propria ossimorica 'molteplice singolarità'»[105]. Potremmo altresì domandarci: se destino comune a tutte le immagini nell'epoca digitale è di abbandonare il legame con il proprio supporto d'origine, dove è più confinata l'esperienza del cinema? In una sala buia, su un dvd, in uno streaming? Qual è il luogo delle immagini? Ne esiste forse uno? E nel video in particolare – così massivamente presente su tutti formati e dispositivi della comunicazione massmediale tanto da farne il mezzo privilegiato per certificare, archiviare, denunciare e comunicare il proprio vissuto – dove rintracciare quei fili interrotti che lo legano a tutto ciò che gli artisti hanno prodotto *per*, *con* e *in* video? Le opere video non hanno forse tentato ogni volta di rispondere, ad ognuna di queste domande? E in un'ultima istanza, non ha il segnale elettronico (grazie alla sua estrema portabilità e mobilità da un contesto all'altro, da un universo semantico all'altro) sostituito la questione del "che cosa", con quella del "dove"? Dice Bill Viola, in un'intervista rilasciata nel 1993 a Christine Ross: «Mi resi conto dopo un po' che il vero luogo delle immagini non è né un monitor né uno schermo, perché quando qui transita lo fa solo per un istante. L'immagine è nel tuo corpo, nei tuoi pensieri, quando cammini, quando te ne ricordi due settimane dopo, quando ti svegli una mattina e rivedi l'immagine di un film, di un video o di una poesia, è in questo splendido spazio senza cornici difficilmente rappresentabile che abita. Quanto hai un'immagine in mente dove è quell'immagine?»[106].

Quel che ci preme ancora una volta sottolineare è quanto il segnale elettronico, tramite la televisione prima e il video poi, abbia apportato una deflagrazione all'interno della storia delle immagini in movimento, uno spaesamento di cui il digitale è l'ultimo stadio. Nel rapido processo di smaterializzazione dell'immagine numerica, al di là dei supporti e dispositivi, il dove e il quando un'immagine appaia e si sedimenti nella nostra coscienza e memoria è più che mai questione rilevante. Tale è il cambio paradigmatico apportato dall'elettronica e realizzato dal digitale, si tratta di interpretarne le conseguenze e definirne le conformazioni. Se l'immagine non ha più un luogo assegnato, se transita da un formato all'altro, come orientarsi? Dove cercarla? E ancora, l'immagine video forse non è da sempre inscritta in questo processo di smaterializzazione? La sua indole non è sempre stata quella di oltrepassare i limiti oggettivi di uno spazio dato e quelli soggettivi di un campo disciplinare? Se così è, rintracciare le forme videografiche che in continuità o rottura con la loro storia riemergono nel presente del digitale, ci aiuterà a misurarne la vitalità, piuttosto che la scomparsa. Non essendo più oggi le opposizioni che strutturano il nostro rapporto con le immagini, piuttosto i punti di convergenza, le interferenze, le trasversalità (è un epoca anti San Tommaso ha scritto Philippe Dubois dove non si può più credere a ciò che si vede)[107], il video allora è stato il *passeur* (passante) attraverso il quale tutto questo si è realizzato ed è per questa stessa ragione che sarà ancora più necessario non escluderlo dal dibattito corrente sulle forme e i formati mediali.

Tenendo conto della complessità della storia delle immagini in movimento, si tratterà di analizzare come le reciproche interferenze tra le arti e i dispositivi tecnologici abbiano trasformato le specifiche pratiche artistiche, i modi di produzione e i formati delle opere, rifiutando semplificazioni revisionistiche o scorciatoie critiche e scongiurando rimozioni ed amnesie. Rinnovare una memoria su quanto tentato ed espresso dalle pratiche video potrà contribuire attivamente alla complessa lettura del tempo presente, rintracciare le forme in cui il linguaggio videografico vive e rivive, rinnovando la sua vitalità, è quanto ci resta da fare.

1. Valentini V., *Il post-video*, in Saba C. G – Ead. (a cura di), *Medium senza medium. Amnesia e cannibalizzazione: il video dopo gli anni Novanta*, Bulzoni Editore, Roma 2015, p. 43.

2. Ivi. Per un primo approfondimento sul concetto di *Visual Studies* o di *Visual Culture* vedi Somaini A., *The concept of visual culture and the historicity of the eye*, in Autelitano A. (a cura di), *The Cinematic Experience, film, contemporary art,* Campanotto editore, Pasian di Prato 2010, pp. 32-49.

3. Rimando qui al senso di unità con il quale le intendeva lo storico, teorico e critico dell'arte italiano Ragghianti C. L. nella sua opera in tre volumi *Arti della visione, I Cinema; II Spettacolo teatrale; III Il linguaggio artistico*, 1974-1979, tutte edite da Einaudi.

4. Szeemann H., *The timeless, grand narration of human existence in its time*, 49e Esposizione internazionale d'arte, *La Biennale di Venezia*, 2001, catalogo mostra, p. 4.

5. *100 Jahre Kino, Illusion-Emotion-Realität,* Szeemann H. (a cura di), Kunsthaus Zürich, 10 novembre 1995 – 25 febbraio 1996.

6. Akerman C., articolo citato in *La Biennale di Venezia 1975,* sezione "Cinema e Spettacolo televisivo, proposte di nuovi film", Edizione de La Biennale di Venezia, 1975, p. 57.

7. 49e Esposizione internazionale d'arte, *La Biennale di Venezia*, 2001, catalogo mostra, op. cit., p. 177.

8. Sky Rehberg V. – Roelstraete D. (a cura di), *Chantal Akerman, too far, to close*, catalogo mostra, MHKA, 9 febbraio – 27 maggio 2012, Anversa, p. 52.

9. Egoyan A., *La Biennale di Venezia*, 2001, catalogo mostra, op. cit., p. 126.

10. Egoyan A., Conversazione con Markus D., 2007 Saatchi Magazine online.

11. Aristarco G. e T. (a cura di), *Il nuovo mondo dell'immagine elettronica*, edizioni Dedalo, Bari 1985, p.85.

12. Balsom E., *Exhibiting Cinema in Contemporary Art*, Amsterdam University Press, 2013, p. 22. «The art world's increased interest in the moving picture cannot be seen as merely a liberation from the cinema and its limited receptive conditions. Rather, each situation presents each work with specific challenges...When, through the laws of the art market, a moving picture is transformed into an object – a work of art issued in a limited edition – the transformation can seem an expression of bourgeois possessiveness, as Peter Weibel puts it. After twenty years of making 'experimental films', though, I know there will never be enough profit to secure my existence. Thus, there is no alternative but a gallery, which demands that works be sold as limited editions».

13. Valentini V., *Le forme del narrare in video*, «Close-up», n. 17, pp. 91-103, 2004.

14. Ross C., *Issues in the New Cinematic Aesthetic in Video, Saving the image, art after film*, Center for Contemporary Arts CCA, 2003, pp.129-141.

15. «This physical shifts has, in turn, detached the video image from its associations with the 'democratic', everyday, documentary/dramatic narrative language of television», Ivi, p.131.

16. Ibid.

17. Rutledge V., *Art at the End of the Optical Age*, «Art in America», n. 86, v. 3, marzo 1998, pp. 70-77.

18. Valentini V. (a cura di), *Zero Visibility, of the reverse order*, Catalogo mostra, Maska, Ljubljana 2003, pp. 95-96.

19. «We gave each of the characters names and wrote up a background sketch on each one, along with a background treatment of the action. I couldn't believe I was doing this, since my focus was on much broader issues. Suddenly, there was this story there, and everyone felt comfortable except me», Viola B., *Bill Viola: The Passions*, J. Paul Getty Museum, 24 gennaio 2003 – 27 aprile 2004, catalogo mostra, Getty pubblications, Los Angeles 2003, p. 31.

20. Valentini V., *Zero Visibility*, op. cit., p. 96.

21. Valentini V.,*'L'imago': luce mescolata a tenebre*, in Perov K. (a cura di), *Bill Viola: Visioni Interiori*, Roma, Palazzo delle Esposizioni, 21 ottobre 2008 – 6 gennaio 2009, Giunti, Roma 2008, p. 141.

22. Viola B., *Bill Viola: The Passions*, op. cit., p. 33.

23. «As a first-time directing assignment, that was a really difficult thing to do...they never heard each other's instructions and the piece was not about them acknowledging each other's emotions. I had to work with them privately... then assemble them all and use abstract cues for the performance, which were mainly about timing», Ivi, p. 34.

24. Valentini V., *Le forme del narrare in video*, op. cit.

25. Fargier J. P., *Gli Inseparabili*, in Id., *Le Storie del video*, op. cit., pp. 93-100.

26. Javault P. (a cura di), *Vidéo Topiques – tours et retours de l'art vidéo*, Musée d'art moderne et contemporain de Strasbourg, 19 ottobre – 2 febbraio 2002, catalogo mostra, p. 8.

27. Ivi, p. 9.

28. Javault P., *La vidéo en son temps*, op. cit., Ivi., p. 15.

29. «Si l'art vidéo a bien existé, la chose qui semble aujourd'hui être un fait admis, c'est qu'il n'existerait plus en tan que tel. Il serait peu à peu fondu dans les supports qui ont de tout temps existé. Jusqu'au cinéma dont il s'annonce sans bruit comme le successeur», Heck G., *La vidéo – entre médium et art. De la formation d'un genre à son éclatement*, p.18.

30. Ibid.

31. Bloch D., *Art et Vidéo 1960-1980/82*, édition Flavia, Locarno 1999, pp. 87-179.

32. Espressione ripresa poi da Dubois P. per il titolo del suo recente libro, *La question vidéo. Entre cinémaet art contemporain*, Yellow Now, Crisnée, Belgio 2011.

33. Berger R. – Fagone V. (a cura di), *La problématique de la vidéo dans le monde contemporain*, in *L'Art Vidéo 1980-1999*, Videoart Festival Locarno, edizioni Mazzotta, 1999, p. 57.

34. Dubois P., *L'ètat-video: une forme qui pense*, in *Vidéo Topiques – tours et retours de l'art vidéo*, catalogo della mostra, op. cit., p. 50.

35. Ivi, p. 52.

36. Vedi Dubois P. – Ramos Monteiro L. – Bordina A. (a cura di), *Oui, c'est ducinéma. Formes et espaces de l'image en mouvement*, Campanotto editore, Pasian di Prato 2009.

37. Cubitt S., *Videography. Video Media as Art and Culture*, MacMillan Education, London 1993, p. XII.

38. «Every discursive function of documentary media: recording, preserving, persuading and analysing events-public and private, local and global-at an astonishing rate», Renov M. – Suderburg E. (a cura di), *Resolutions. Contemporary Video Practices*, University of Minnesota Press, 1995, p. XV.

39. Ivi, p. XVI.

40. Ibid.

41. Vedi Cavallotti D., *Cultura video, le riviste specializzate in Italia (1979-1995)*, Meltemi, Milano 2018.

42. Panofsky E. in una lettera del 1955 a Von Simson O., si serviva di questa metafora per descrivere le differenze tra la metodologia allo studio della storia dell'arte negli Stati Uniti e in Germania.

43. Vedi il successo di pubblico per la mostra curata da Philippe Alain Michaud, *Les mouvement des images*, Centre Georges Pompidou, Parigi 5 aprile 2006 – 29 gennaio 2007.

44. Dubois P., *Mouvements Improbables – L'Effet cinéma dans l'art contemporain*, in Id., *La question vidéo*, op. cit., p. 263.

45. Ibid.

46. Ivi, p. 266.

47. Ibid.

48. Conversazione tra Campus P. e Hanhardt J., *Risonanze con la natura*, in Valentini V. (a cura di), *Le pratiche del video*, Bulzoni editore, Roma 2003, p. 136; originariamente in *Peter Campus*, «Bomb Magazine», n. 68, estate 1999, pp. 66-73.

49. Ibid.

50. Dubois P., *Mouvements Improbables – L'Effet cinéma dans l'art contemporain*, in *La question vidéo,* op. cit., p. 267.

51. È la tesi alla base dell'originale libro di Sigfrid Zielinski, *Audiovisions. Cinema and television*

asentr'actes in history, Amsterdam University Press 1999 (ed. orig., Id. *Audiovisionene. Kino und Fernsehenals Zwischenspiele in der Geschichte*, 1989).

52. Dubois P., *La question vidéo,* op. cit., p. 267.

53. Pubblicato in Valentini V. (a cura di), *Il Video a venire*, Rubettino, Roma 1999, pp. 17-30.

54. Dubois P., *La question vidéo,* op. cit., p. 268.

55. Ivi, p. 271.

56. *Moving Picture: Contemporary Photography and Video from the Guggenheim Museum Collections*, Dennison L. – Spector N. – Salomon E. (a cura di), Guggenheim Museum, New York, 28 giugno 2002 – 12 gennaio 2003, catalogo mostra, Guggenheim Museum Publications, New York 2003.

57. Christian Boltanski, Rineke Dijkstra, Stan Douglas, Olafur Eliasson, Fischli/Weiss, Anna Gaskell, Andreas Gursky, Pierre Huyghe, William Kentridge, Iñigo Manglano-Ovalle, Shirin Neshat, Gabriel Orozco, Cindy Sherman, Marina Abramovic, Vito Acconci, Bruce Nauman.

58. «To some degree, these groups were absorbed by alternative arts spaces that benefited from government supportsat the same time that they became more professionalized and less and lessartist-run. Economic forces, increasing political conservatism, and technological factors further contributed to this changing climate. Paradoxically, when artist emerging in the 1980s and 1990s turned to the moving image and rediscovered at least a partial view of the previous generation of moving image makers, the communities of independent film and video had already begun to recede into the past», Hanhardt J., *Moving Picture*, op. cit., p. 17.

59. Ivi, p. 18.

60. Ivi, p. 19.

61. «Comic conjunction of sound and image. Removing the photographs and music from their original contexts Baldessarri deconstructs mass cultural narrative, suggesting how the associative meaning and evocations of its clichés and genres have permeated the collective unconscious». Dalla scheda pubblicata sul sito dell'EAI, Electronic Arts Intermix (http://www.eai.org/title.htm?id=2711; ultimo accesso gen. 2020).

62. «It is hoped that this exhibition of incidental pictures can relax our usual aesthetic expectations and expand our sense of the photographic tradition… As each image is visible for slightly less than one second, the conventional spectator-photograph relationship is changed. Viewing becomes an act of scanning a large number of photographs, rather than focusing on single pictures», Burback W., *The Museum of Modern Art*, n. 80, agosto 1, 1970.

63. Le altre categorie sono *Documents and Fictions* (Documenti e finzioni) e *Interactions and Interventions* (Interazioni e interventi).

64. Il video era stato realizzato da Andy Warhol con l'ausilio di una delle prime e molto pesanti tecnologie di ripresa video fornitagli dalla Norelco, vedi Gene Smith, *$995 Home Tv Tape Recorder to Be Introduced Here by Sony*, «The New York Times», 9 giugno 1965.

65. Kaizen W., *Live on Tape: Video, Liveness and the Immediate*, in Leighton T. (a cura di), *Art and the moving image. A critical reader*, Tate publishing, London 2008, p. 266.

66. Hanhardt J., *Moving Picture*, op. cit., p. 22.

67. Leighton T., *Introduction*, in Ead., *Art and the Moving Image*, op. cit., p. 7.

68. «Whit projected images seemingly slipping out of control, how can web egin to understand the art of the moving image today? Such a questioni s difficult to ansie without considering the typology of setups, modes and techniques, or without acknoweledging the slippage between media and how they can metamorphose into multiple versions depending on their various viewing contexts», Ivi., p. 10.

69. Ivi, p. 12.

70. In questa sezione sono presenti contributi di autorevoli studiosi come quello sulle video installazioni di Ursula Frohne *Dissolution of the Frame: Immersion and Participation in Video Installations*, di Liz Kotz *Video Projection: The Space BetweenScreens*; mentre altri si focalizzano sulla relazione tra cinema e arte contemporanea

e sulla caduta delle differenze tra un film realizzato da un artista e uno prodotto da un cineasta (*White cube, black box and greyareas: venues and values* di Gregor Stemmrich e *Art and cinema. Some critical reflection* di Mark Nash).

71. «The text aims to discover the critical reception of moving images in light of art historical perspectives, revealing the understand what kinds of moving images there are, and what their differences and limitation might be», Leighton T., *Introduction*, in *Art and the Moving Image*, op. cit., p. 13.

72. Ivi, p. 40.

73. Aitken D. (a cura di), *Broken Screen, 26conversations with Doug Aitken expanding the image braking the narrative*, D.A.P./Distributed Art Publisher, New York 2006, p. 6.

74. Ivi, p. 8.

75. Ibid.

76. Ivi, p. 236.

77. Ivi, p. 238.

78. «Before making the single-channel *Cremaster* works, I was doing multichannel pieces, and I think the *Cremaster* scenes really just grew out of thinking that things were taking place simultaneously even though each film is a linear edit», Aitken D. (a cura di), *Broken Screen*, op. cit., p. 64.

79. Ibid.

80. «There are a lot of traditional ways of editing that affect the nature of the narration, like cutting from one image size to another, editing around movement, braking the line, and many other more subtle ones. But when you're working with three images that will ultimately unfold all the same time on multiple screens in one installation, it is very different. Some of the rules apply, but they don't tell you how to deal with things like simultaneity or how to move a character from one screen to another», Ivi, p. 21.

81. Ivi, p. 22.

82. Duguet A.M., atti del colloquio *Vidéo, fiction et Cie*, 2e Manifestation international de vidéo de Montbéliard, CAC 1984, p. 28.

83. Ivi, p. 59.

84. Bolter J. D., Grusin R., *Remadiation. Understanding New Media*, The MIT Press, 1998.

85. «Where old and new media intersect, where grass roots and corporate media collide, where the power of the media producer and the power of the consumer interact in unpredictable ways», dall'introduzione di Jenkins H., *Convergence culture: where old and new media collide*, New York University Press, N.Y. 2006 (trad. it. Scusa V. – Papacchioli M., *Cultura Convergente*, Apogeo, Milano 2007).

86. Casetti F., *Ritorno alla madrepatria. La sala cinematografica in un'epoca post-mediatica*, «Fata Morgana», n.8, 2009, p. 12.

87. Cfr. Casetti F., *I media nella condizione post-mediale*, in Guastini D. – Cecchi D. – Campo A. (a cura di), *Alla fine delle cose. Contributi a una storia critica delle immagini*, Volo publisher, Firenze 2011, pp. 162-190.

88. Casetti F., *Ritorno alla madrepatria*, op. cit., p. 10.

89. Ivi, p. 13. Cfr. Casetti F., *L'esperienza filmica e la rilocazione del cinema*, «Fata Morgana», XI, 2008, 4, pp. 32-40 e il più recente *La galassia Lumière. Sette parole chiave per il cinema che viene*, Bompiani, Milano 2015.

90. Balsom E., *Exhibiting Cinema in Contemporary Art*, op. cit. p. 15. Vedi Tryon C., *Reinventing Cinema: Movies in the Age of Media Convergence*, New Brunswick, Rutgers University Press, 2009 ; Zecca F. (a cura di), *Il cinema della convergenza: industria, racconto, pubblico*, Mimesis, Milano 2012 ; De Rosa M., *Cinema e postmedia. I territori del filmico nel contemporaneo*, Postmedia Books, Milano 2013; Federici F., *Cinema esposto. Arte contemporanea, museo, immagini in movimento*, Forum 2017.

91. Saba C. G., *Per un supplemento d'indagine: le forza deterritorializzante del video*, in *Medium senza medium*, op. cit., p. 80.

92. Ibid.

93. Parfait F., *Video: un art contemporain*, op. cit., p. 88.

94. Krauss R., *"A Voyage on the North Sea". Art in the Age of the Post-medium Condition*, Thames & Hudson, N.Y. 1999, p. 31.

95. Ibid.

96. «As Benjamin had predicted, nothing brings the promise encoded at the birth of a technological form to light as effectively as the fall to obsolescence of its stages of development. And the televisual portapak that killed the American Independent Cinema was just this declaration of film's obsolescence», Ivi, p. 45.

97. «Like the eagle principle, it proclaimed the end of medium-specificity. In the age of television, so it broadcast, wein habit a post-medium condition», Ivi, p. 32.

98. Duguet A. M., *Vidéo, la mémoire au poing*, Hachette, Paris 1981, p. 134.

99. Valentini V. (a cura di), *Il video a venire*, op. cit., p. 11.

100. «Frutto sia dell'istanza di scoprire cosa si nasconde sotto la scorza variopinta del fenomenico... quanto dall'esigenza opposta di essere ancora più fedele al multiforme, caleidoscopica simultaneità delle cose del mondo che accadono in tempo reale. Disordinatamente e tutte insieme, sovrapponendosi e incastrandosi senza una sequenza ordinata che li componga e li strutturi secondo un principio ordinatore», Ivi, p. 12.

101. Dubois P., *Le storie del video*, op. cit., p. 168.

102. Bellour R. – Duguet A. M., *La question vidéo*, «Communications», op. cit., p. 5.

103. «Car la paresse aussiest une posture qui peutconduire à cette attention distraite permettent de capter ce qu'une attention soutenue et un dispositif technique trop lourd auraient laisseé chapper». Parfait F., *Video: un art contemporain,* op. cit., p. 343.

104. Vedi Nash M., *Vision after Television: Technocultural Convergence, Hypermedia, and the New Media Arts Field*, in *Resolutions: Contemporary Video Practices*, op. cit., pp. 382-397.

105. Saba C. G., *Per un supplemento d'indagine*, in *Medium senza medium*, op. cit., p. 96.

106. Viola B., «Parachute», n.70, op. cit., p. 71.

107. Dubois P., *Mouvements improbables. Parcours d'une exposition 2002-2003*, in *La question vidéo*, op. cit., p. 266.

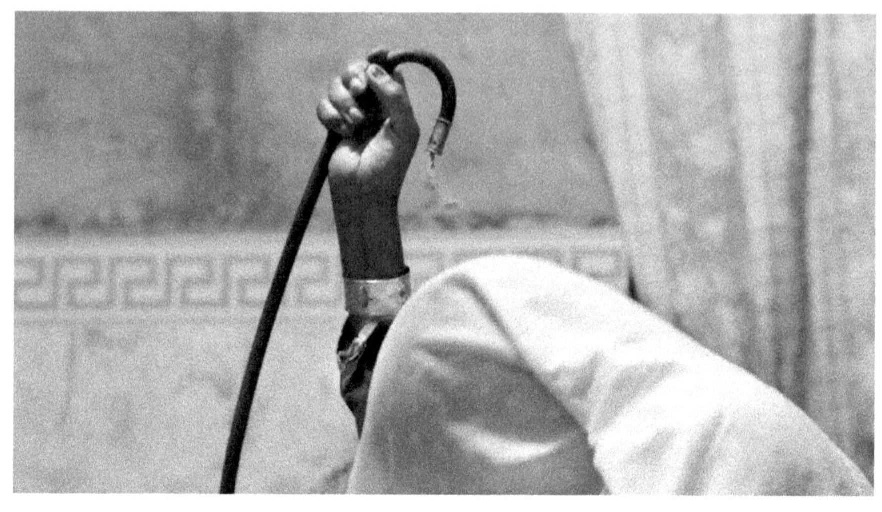

Camilla Insom, Giulio Squillacciotti, *Archipelago* (Still)
Film, 61', Iran/Italia, 2017

3. Percorsi intermediali del video in Italia

Premessa

Una ricognizione storico-critica da un punto di vista prettamente intermediale (non esaustiva ma parziale e significativa) su quanto è accaduto in Italia intorno al video dopo l'avvento del digitale, è il passaggio che qui si vuole tentare per abbozzare una mappa di concetti, artisti, testi e mostre, utile ad interpretare le recenti evoluzioni artistiche, critiche ed espositive del lessico e dell'immaginario videografico. La riflessione sul video in Italia è sempre stata, vedremo le ragioni, marginalizzata, frammentaria e non circoscrivibile alle sole esposizioni, occorre quindi estenderla a festival, rassegne, spazi off, testi critici significatavi. Ricostruire un simile mosaico non è impresa facile, in particolare se ci si sofferma su quanto accaduto nei primi decenni del digitale, un periodo che come abbiamo visto intacca e questiona profondamente l'identità del video in quanto forma d'arte in sé completa. Una scarsa volontà a livello istituzionale di stimolare, finanziare e premiare la produzione, la ricerca, l'insegnamento, la diffusone delle arti elettroniche e digitali quale risorsa di fondamentale valore culturale, integrativa e parallela a quella maggiormente riconosciuta del cinema, ha contribuito a far sì che il video in Italia abbia strutturalmente sofferto una marginalità che ha reso al pubblico oscure se non ignote la storia, le caratteristiche e le potenzialità. Tuttavia, proprio in ragione di un simile vuoto sistemico, le storie che qui vengono ripercorse provano una straordinaria capacità reattiva che ha scongiurato l'isolamento, riaprendo oggi il dibattito intorno alla condizione postmediale del video[1].

3.1. *Festival, spazi, archivi*

È nota la straordinaria funzione che nella storia dell'arte video hanno ricoperto e ricoprono ancora i festival. Nel corso degli anni Ottanta, in particolare, in Italia si registrò un circuito estremamente virtuoso (solo per citarne alcuni ricordiamo *U-Tape* 1982-1990 a Ferrara, *L'immagine elettronica* a Bologna 1983-86; *Taorima Arte Video d'autore* 1986-1995, *Ondavideo* a Pisa, *Eurovisioni* a Roma, *Progetto Opera Video/Videoteatro* a Narni, *Videosculture* a Napoli). Questi e molti altri festival, come ricordava Sandra Lischi nel 1994[2], sono stati per il video dei luoghi di produzione di pensiero, hanno promosso dibattiti fondamentali, pubblicato cataloghi e monografie, arricchendo il dibattito e il corpus teorico del video. Tra questi *Invideo*, che nasce a Milano nel 1990 con lo scopo di costituire uno spazio di diffusione per quanto di meglio si stesse producendo a livello internazionale nell'ambito artistico del video e, più in generale, nella ricerca e sperimentazione elettronica. Nelle prime edizioni del festival i curatori immaginavano che il referente ideale del video fosse la televisione, la quale, indirettamente, avrebbe potuto arricchirsi delle sue innovazioni. Tuttavia, ancor prima che una simile idea si potesse concretizzare, una vera legittimazione che riconoscesse alle arti elettroniche e agli artisti la loro funzione primaria quali sperimentatori di nuovi linguaggi, in Italia è mancata. In un tale vuoto, il festival assurge a luogo di esposizione, informazione, confronto internazionale, dibattito, una funzione che, come riporta il catalogo del 1990 di *Invideo*, è «segretamente anche uno stimolo, affinché l'esigenza di vedere opere video nuove e diverse si estenda»[3].

Fin dalla sua prima edizione *Invideo* suddivide la programmazione in piccole monografie, concentrandosi su artisti affermati ed altri emergenti; alcuni sono tra i padri dell'arte video come Wolf Vostell e i coniugi Vasulka, altri (Michael Klier, Dalibor Martinis, Zbigniew Rybczynski) si muovono negli interstizi tra video, cinema, televisione e sperimentazione tecnologica. La studiosa americana Deirdre Boyle, nel suo testo in catalogo dal titolo *Come descrivere un elefante*, li definisce «artisti televisivi». Scrive: «Il loro lavoro poggia sul rapido cambiamento e sulle frequenti abbreviazioni del tempo televisivo; utilizza produzioni di qualità broadcast e tecnologia di post produzione; è spesso sponsorizzato o commissionato dalla televisione; ed arriva al pubblico, non tanto tramite musei, festival o gallerie d'arte, bensì via satellite, via cavo o attraverso il normale broadcast»[4]. Se questo fino alla fine degli anni Ottanta poteva esser vero soprattutto per la Gran

Bretagna (il caso di Channel 4 è esemplare), in Germania (ZDF), o in Francia (Arté dal 1991), in Italia (dove il settore Rai relativo alla ricerca e sperimentazione veniva chiuso proprio a metà degli anni Ottanta), se si esclude qualche raro e sporadico esempio come RaiSat, la televisione pubblica, e tantomeno quella privata, mai erano state percepite dagli artisti come un referente, come del resto lo Stato che mai attivò uno specifico fondo di finanziamento e sviluppo per le opere video. Gli artisti italiani, scrive Marco Maria Gazzano sulle pagine del catalogo di *Invideo*, «non devono i loro risultati a opzioni produttive o a una politica degli investimenti nel settore, né a una istruzione specializzata né a qualsivoglia forma di attenzione istituzionale»[5]. Costretti il più delle volte ad autoprodursi o in rari e fortunati casi ad affidarsi a musei, gallerie, residenze, fondazioni, finanziamenti e premi internazionali, gli artisti italiani spesso hanno collezionato importanti riconoscimenti ma senza mai trasformarsi, come scrive sempre Gazzano, in «un sostrato collettivo soggettivamente determinato»[6]. Ciò nonostante, negli anni Novanta si assiste alla crescita esponenziale e al consolidarsi di un sistema dell'arte globale, fioriscono Biennali e musei in tutto il mondo ed è qui che indirettamente o direttamente il video prolifera assumendo, vedremo, stilemi ed estetiche narrative o semi narrative progressivamente sempre più vicine ai codici cinematografici.

Un'edizione chiave di *Invideo* in tal senso è senza dubbio quella del 1996, quando affiora il desiderio di interrogarsi sui mutamenti del linguaggio video proprio alla luce di una percepita spinta narrativa che segna labili i confini fra astrazione e narrazione, video, documentario e video-saggio. Come osserva Alessandro Amaducci, artista e studioso di arti elettroniche e digitali, nel suo libro *Videoarte. Storia, autori, linguaggi* (2014): «L'ambito di quella video arte che si trova ad avere come unica possibilità produttiva e distributiva il mondo dell'arte contemporanea non ricerca una possibile nuova estetica digitale, ma promuove un ritorno a una estetica foto-cinematografica»[7]. Un pensiero che ritroviamo espresso anche nelle pagine del catalogo di *Invideo* del 1997: «Gli anni Novanta sembrano caratterizzati da un dialogo forse più riuscito e fecondo, quello con il cinema. Forme lunghe, preferenza di molti autori per la videoproiezione, richiami al cinema sperimentale, ma anche mescolanza di supporti (video e pellicola) nella stessa opera e un timido approccio, dichiarato o meno, alla narrazione e alla finzione»[8].

Analizzeremo più avanti questa tendenza, per ora ci limitiamo a constatare che anche in Italia le riflessioni critiche portano a cercare il video altrove. Se il televisore in quanto supporto non è più il mezzo di riferimento, ci si chiede, un video monocanale proiettato a parete, deve esserlo nell'isolamento di una stanza buia di una galleria o in una sala cinematografica (esperienza collettiva e partecipata)? Quali sono le sue condizioni ottimali di fruizione? Il tubo catodico e/o la proiezione a parete come influiscono sulla sua percezione?

Simili domande, già emerse nei contesti internazionali (e se reiterate mettono evidentemente in questione la natura e l'identità stessa del video), sono le stesse che la direzione artistica di *Invideo* nel 1997 rivolge ad una serie di critici e artisti. Il video di creazione, scrive nel catalogo Alessandro Amaducci, «si colloca in una linea di confine fra la visione colletivo-mistica dell'evento cinematografico e quella distratta e caotica del flusso televisivo»[9]. Il video si adatterà, continua Amaducci, ai diversi schermi/finestre attraverso i quali si modulerà il suo «flusso di energie»: dalla visione privata a quella virtualmente collettiva di Internet. Per l'artista francese Robert Cahen il formato non incide sulla natura dell'arte elettronica che resta sempre altro rispetto al cinema. Quel che più conta, scrive la studiosa Simonetta Cargioli, non è la vicinanza o meno con il formato di proiezione cinematografico ma il grado di relazione intima che si verifica con lo spettatore «non davanti ma dentro le immagini e i suoni, con il corpo e con i sensi avvolti nella materia audiovisiva»[10].

Per Paolo Rosa di Studio Azzurro – che interviene nel catalogo dell'edizione 1997 di *Invideo* – al video sono connaturali «l'azione» e «la contemplazione». L'azione si definisce nell'interattività, nella capacità dello spettatore di agire e interferire all'interno delle videoinstallazioni, modificando e scegliendo lui stesso un modo di rapportarsi con la visione. «Agire» ed «esserci», e possibilmente farlo in relazione con altre persone, tale estensione partecipativa del video interattivo, per Paolo Rosa potrebbe finalmente liberare le persone «da quella dimensione numerica, statica, mercificata cui sono state ridotte dai media». La contemplazione è allo stesso tempo l'essenza del video, scaturisce da un maggiore coinvolgimento all'interno dell'opera, da uno spazio percettivo profondo e intenso che, secondo Rosa, si attiverebbe con lo spettatore, distaccandolo dal suo quotidiano rapporto vago e distratto con le immagini: «Il flusso di immagini e di informazioni determinato dai media è stato così intenso e prevaricatorio da non richiederne più la necessità. Tutto il movimento avviene nella tua direzione, verso di te, ti investe, non hai più bisogno di sforzarti per andare tu verso le cose».

Il video – è la lungimirante e moderna opinione dell'artista milanese prematuramente scomparso nel 2013 – deve continuare a confrontarsi con i diversi supporti di proiezione e fruizione, mentre allo stesso modo il cinema può approfittare di questa occasione per rompere anche esso «le misure temporali convenzionali, le strutture narrative dominanti, dovrà occuparsi del portato che hanno avuto le nuove tecnologie al di là degli abusati effetti speciali, e tutto questo lo avvicinerà all'universo del video di creazione»[11].

3.2. *Extramedia – Intermedia*

Prendendo spunto dalle parole di Paolo Rosa, soffermiamoci sulle questioni relative all'intermedialità del video come un campo di forze plurime difficilmente classificabile; facciamo un passo indietro nella nostra storia digitale, ripercorrendo l'esperienza significativa di Studio Azzurro. Fondato da Paolo Rosa, Fabio Cirifino e Leonardo Sangiorgi nel 1978, lo studio nasce come fotografico e dai primi anni Ottanta inizia la produzione delle sue prime 'videoambientazioni' (*Luci di inganni*, 1982, *Tempo di inganni*, 1984) commissionate da studi di design. A partire poi dal 1984 con *Il nuotatore (va troppo spesso ad Heidelberg)* e *Vedute* del 1985, Studio Azzurro passa alla produzione di videoambienti sensibili, «in questi casi – ha dichiarato Paolo Rosa a Valentina Valentini in un'intervista – il tempo è relativo al tuo coinvolgimento nella storia, al tuo 'starci dentro', al tuo essere avvolto da un mondo puntiforme costituito da *loop* che si ripetono. Il fine è quello di trasformare la condizione del pubblico da una semplice situazione spettatoriale a una visionaria»[12]. La ricerca di Studio

Azzurro si muove tra i linguaggi del visivo con un'attitudine sinestetica, contaminano spunti e suggestioni che provengono dalla letteratura, dalla poesia, dalla musica contemporanea, dal teatro, oscillando sul crinale sottile che unisce l'arte alla comunicazione visiva. Studio Azzurro propone una dimensione collettiva, condivisa e partecipata del lavoro, che si riscontra anche nel tipo di dinamica che innesca con lo spettatore chiamato 'dentro' alle sue videoinstallazioni interattive (come in *Portatori di storie* e *Tavoli*) per agirvi attivamente, come argomenta ancora Paolo Rosa: «Naturalmente sto parlando proprio di reazioni fisiche, comportamentali, che assumono un valore espressivo ed estetico in senso artistico ma diventano anche valore esperienziale forte, proprio perché generate da un fattore fisico di prossimità e non di distanza dalla cosa. Inoltre, non sottovaluterei l'assunzione di responsabilità nel fare un gesto. L'agire comporta un coinvolgimento diretto, porta lo spettatore ad intervenire, rompendo la distanza a volte rassicurante dello sguardo. In un'epoca poi dove lo spettatore è sempre più deresponsabilizzato nel suo assistere allo spettacolo del mondo, quasi anestetizzato di fronte al caleidoscopio mediatico, l'invitarlo a compiere anche un gesto molto semplice ha un forte valore simbolico»[13].

Una simile attitudine diventa un percorso se viene messa storicamente in relazione con una modalità processuale tipicamente italiana. Mi riferisco a quel che Enrico Crispolti teorizzava nel suo libro *Extra media* del 1978, richiamando una serie di artisti (Baruchello, La Pietra, Vaccari, Nannucci, Ufficio per l'immaginazione preventiva) impegnati tra la fine degli anni Sessanta e Settanta in una ricerca che spaziava senza prevaricazioni tra differenti media (pittura, scultura, oggetti, fotografia, fotocopia, disco, film, videotape, suono, musica, interventi urbani, danza). Rispetto a concetti affini come 'multimedia' e 'intermedia', rei a giudizio di Crispolti di essersi rinchiusi in formule ristrettive ('arte povera', 'concettuale', 'comportamentale'), il momento dell'extra media si verifica quando a ciascun medium si attribuisce un valore relativo e del tutto circostanziale: «è l'urgenza del momento comunicativo a determinare occasionalmente la scelta critica e soggettiva del mezzo»[14]. Simili ragionamenti transmediali o extramediali trovano riscontro negli stessi anni anche nelle riflessioni critiche di Sirio Luginbühl, Daniela Palazzoli, Germano Celant e Vittorio Fagone[15], così come in riviste come *Marcatré*[16] o in esposizioni celebri come *Contemporanea* (1973) e *Vitalità del negativo* (1970) che espandevano tanto la nozione di mostra, tanto quella di arte, secondo modalità che oggi potremmo definire sinmediali.

Anna Maria Monteverdi e Andrea Balzola, nel testo che curano nel 2004 dal titolo *Le arti multimediali digitali*, ricordano come il termine 'sinmediale' enfatizzi l'unione dei media suggerendo il passaggio dall'interazione a un'effettiva integrazione, «ricollegandosi all'esperienza sinestetica (esperienza percettiva plurisensioriale) e all'utopia della sintesi delle arti, immaginata dagli artisti e resa oggi potenzialmente concreta dallo sviluppo tecnologico del digitale»[17]. Secondo Pierre Lévy, «la messa in relazione di molteplici media si compie tecnicamente nella convergenza in un unico standard, quello digitale»[18], è quel che definisce 'unimedia', ultimo stadio di un'attitudine extramediale intuita fin dagli anni Sessanta e che in Italia come detto conobbe un'intesa stagione di ricerca. In questo senso l'esperienza di Studio Azzurro ci appare più organica se posta in relazione con storie contigue come quelle raccolte dall'esperienza del *Link Project* di Bologna. Usciamo pertanto dal contesto dei festival per ricostruire uno spazio di riflessione esteso a quelli che sono stati in Italia degli spazi culturali di diffusione e formazione di un pensiero critico e di una coscienza spettatoriale intorno alle arti elettroniche o meglio digitali.

Il *Link* (spazio attivo nella sua sede di Via Fioravanti a Bologna dal 1994 al 2004) è stato un centro di produzione e uno spazio di diffusione di varie culture raccolte in un unico palinsesto: dall'editoria indipendente, al teatro di ricerca, la musica rock ed elettronica, la performance, la video performance e il video monocanale (vedi la rassegna *Rifrazioni*). Il *Link* si configura da subito come uno spazio unico nel suo genere, somiglia ad una *Factory* con stratificazioni di linguaggi diversi, dal techno hardcore, proiezioni di *Twin Peaks*, performance musicali, cinema indipendente, poesie. Il video, che in tutto questo sembra pronto per liberarsi definitivamente del televisore e diventare, come dichiara l'artista Klaus vom Bruch in un numero della rivista del *Link* del 1995, «esperienza fisica, *conscious brainfucking*», al *Link* trova un luogo ideale. Qui i linguaggi non stanno in scomparti separati ma convivono in tutti i luoghi dove lavora l'immagine, ovvero (come viene riportato nel numero della rivista del *Link* di novembre/dicembre 1994) lì dove giacciono latenti le possibilità del video, le sue parantele, «ma dove non si trova di casa se non come maggiordomo o domestico o guardiano»: «In un paese come il nostro in particolare, dove di video-arte si parla molto, ma molto poco si è potuto vedere: mal digerita dalle gallerie d'arte e dai musei, ignorata dai cinema (anche d'essai), raramente presente nelle aule universitarie, tanto meno circuitata nelle televisioni (anche quelle con i programmi più aperti alle sperimentazioni), la video-arte non ha trovato alla fine luogo alcuno, se non il discorso di una critica non sempre informata, ed il luogo comune spianato su di un grande assente. Ed il *Link*, che appunto non è museo né galleria, non un cinema né una facoltà universitaria, né tanto meno, per ora, è in grado di gestire una emittente televisiva, è forse il luogo giusto dove vedere video arte?»[19].

Una filosofia, un modo di guardare alle immagini che perdurerà nella storia del *Link* fino ad informare e confluire nel festival internazionale di arte elettronica *Netmage. Nuove immagini tra media, arte e comunicazione*, prodotto e curato da Xing sempre a Bologna dal 2000 al 2011. Nel testo introduttivo alla prima edizione di *Netmage* il festival si presenta come trasversale, toccando tutti quei media che mettono al centro delle proprie indagini «l'immagine/movimento contemporanea»: «*Netmage* non è una grande vetrina della produzione più nota e corroborata dalla routine della grande industria della comunicazione e dell'intrattenimento. Ma non è neppure un festival specialistico rivolto ai pochi addetti ai lavori, interessati a nicchie minoritarie e a produzioni 'invisibili'». La digitalizzazione e l'informatizzazione dei procedimenti di elaborazione e trattamento di immagini e suoni, per gli ideatori di *Netmage* sono «solo l'ultimo felice episodio di una lunga serie di metamorfosi creative connesse alle varie ondate di rivoluzione tecnologica». In questo fiorire di possibilità, *Netmage* non era altro che una parziale ma significativa rappresentazione, una costellazione di «brevi illuminazioni, di intuizioni, di squarci di immagini e immaginari che percorrono il pianeta 'tecnologicamente avanzato' come lampi, flash, magiche aurore boreali notturne su scenari e mind-scapes astratti ma possibili»[20].

Come ha ben sintetizzato Simonetta Cargioli nel suo saggio all'interno del volume collettivo *Le arti multimediali digitali*, dal titolo *Oltre lo schermo: evoluzioni delle videoinstallazioni*, le videoinstallazioni e i videoambienti interattivi, in quanto forme in continuo sviluppo, mobili, aperte ad un coinvolgimento sensoriale dello spettatore in un campo infinito di possibilità[21], rispondono ad una «drammaturgia multimediale» – come la chiama Andrea Balzola – che nelle forme multiple della «galassia digitale» trovano la massima corrispondenza. È l'anima interattiva e installativa del video quella che sembra essersi più sviluppata e parcellizzata all'interno del flusso delle *Live Media Arts*, accolta, riconosciuta e valorizzata in forme che vanno del videomapping a videoambienti interattivi, multiproiezioni, live Vj, ma al contempo, come giustamente osserva Alessandro Amaducci (nel suo volume *Videoarte. Storie, autori, linguaggi*), fatalmente distaccandosi dall'ambito artistico contemporaneo: «Questi due settori, invece di alimentarsi a vicenda si stanno divaricando sempre di più»[22], di fatto sciogliendo quel legame che l'esperienza di Studio Azzurro aveva tentato di tenere unito.

Verifica di una simile tendenza sono i recenti studi di comunicazione multidisciplinare come il Dotdotdot di Milano, che si definiscono come un 'multidisciplinary design studio', componendosi di architetti, *designer*, filosofi e programmatori. I Dotdotdot realizzano spazi interattivi per mostre, fiere, aziende, con lo scopo di arricchire l'esperienza interattiva e tecnologica dello spettatore. Altri casi sono quelli della Fuse Factory a Modena che riunisce artisti, *designer*, architetti, ricercatori su progetti multidisciplinari per creare, come riportano sul loro sito, «nuovi linguaggi e nuove forme di espressione in grado di dar vita a progetti innovativi nel campo dell'arte, dell'architettura, del design e della comunicazione basata su nuovi media»[23]. Infine, significativa è l'esperienza di Karmachina, uno studio fondato da Vinicio Bordin, Paolo Ranieri e Rino Stefano Tagliaferro che si occupa di progettare e realizzare ambienti sensibili come videomapping per concerti di musica live, concerti multimediali (*Caravaggianti*, 2018), allestimenti interattivi (come quello realizzato nel 2018 per il M9 Museo Multimediale del '900) e video più sperimentali di animazione.

Forse è proprio nella crisi dell'unicità dell'opera, accentuata dalla riproduzione digitale, che va ricercata questa progressiva perdita di specificità del gesto artistico in sé; qui dove arte e tecnologia sembrano fondersi unite, l'artisticità non va ricercata a tutti i costi, scaturisce dall'insieme delle operazioni e dai linguaggi che si decide di attivare e manipolare, l'artisticità è un modus operandi, un modo altro di guardare alle immagini in movimento.

3.3 *Tendenze espositive in Italia*

Prima di procedere e approfondire alcune mostre che in Italia si sono distinte per aver tematizzato e riletto la più recente produzione video, non si può non accennare a due realtà che si sono distinte per aver dato forma nel tempo ad un complesso e articolato lavoro di conservazione, promozione, formazione e diffusione delle opere video italiane e internazionali: uno è lo spazio *Careof* e l'altro è *Visualcontainer*, entrambi con base a Milano. *Careof* è un'organizzazione no-profit che nasce nel 1987 a Cusano Milanino per volontà degli artisti Mario Gorni e Zafferina Castolid, lo scopo è archiviare, conservare e promuovere le opere video degli artisti italiani. Da allora l'archivio conta 8.000 opere video ed è diventato una realtà pubblica affermata e riconosciuta a livello internazionale (il Comune di Milano gli ha concesso nel 2008 uno spazio all'interno della Fabbrica del Vapore), aperto a studiosi e ricercatori. Tra le sue tante funzioni, *Careof* organizza mostre, workshop, residenze per artista (FDV Residency Program), collabora con università, accademie, istituzioni pubbliche e private, privilegiando le collaborazioni con giovani professionisti del settore della produzione artistica contemporanea e culturale. *Careof* favorisce infine la produzione di nuove opere video, ad esempio curando il Talent Video Awards, che individua e premia i migliori video prodotti da artisti emergenti nell'ambito delle Accademie di Belle Arti e delle Scuole di Cinema.

Altra realtà estremamente interessante è *Visualcontainer*. In continuità con la storia dei centri di produzione, archiviazione e distribuzione dell'arte video come *Argos* (Belgio, fondato nel 1989), *Lux* (Londra 1966), *Videographe* (Canada 1971), *EAI* (USA 1971), *Video Data Bank* (USA

1976), *Visualcontainer* viene fondato nel 2008 da Alessandra Arnò come una piattaforma di distribuzione italiana di video arte, in un momento storico in cui gli artisti non avevano ancora a disposizione strumenti di autopromozione (come poi saranno Facebook e Vimeo), affidarsi a un distributore che sotto contratto si occupava di far circuitare e rendere note le loro opere, sembrò per molti un'opportunità. Una volta consolidato un proprio archivio di opere e artisti, i promotori di *Visualcontainer* avviano un lavoro di comunicazione e diffusione per rendere noto il loro repertorio, tant'è che i maggiori festival internazionali di video arte iniziano a riconoscerlo come un partner di qualità, affidandogli la curatela di specifiche sezioni dove presentare le opere dei loro artisti. Prendono forma due nuovi progetti, uno è uno spazio espositivo di 20 mq a Milano *DotBox* che ha lo scopo di organizzare mostre e rassegne sul video, l'altro è *Visualcontainer TV*, la prima Webtv dedicata interamente all'arte video, una pagina web dove va in onda in diretta una selezione di video che proviene ogni mese da un diverso festival internazionale di video arte. *Visualcontainer* diventa così non solo il luogo dove è possibile scoprire produzioni video che giungono da paesi anche lontani dalla cultura occidentale (molto spesso, dice Alessandra Arnò, tendente a omologarsi sulle stesse forme), ma è anche un modo per mettere in collegamento tra loro festival, curatori e artisti. Queste positive esperienze provano come le attività di conservazione, distribuzione e promozione siano assolutamente imprescindibili e complementari l'uno all'altra, svolgendo la determinante funzione di costruire una consapevolezza su cosa sia e come si stia trasformando il linguaggio video. Questi archivi, spazi di dibattito, produzione, promozione, hanno svolto e svolgono un'azione integrabile a quanto parallelamente si è andato affermando in rapporto all'intermedialità del video all'interno dei contesti museali. Noteremo in questo quadro due sostanziali chiavi di lettura: una via più lineare, che del video ricostruisce la storia, in particolare in Italia; l'altra che guarda al video come un linguaggio ibrido e trasversale, organizzando le opere per motivi, forme e temi ricorrenti.

La XLV Biennale di Venezia del 1993 dal titolo *Punti Cardinali dell'arte*, curata da Achille Bonito Oliva – come ha ben ricostruito la studiosa Lisa

Parolo nella sua tesi dottorale[24] – sembra paradigmatica di questa doppia impostazione storico-critica. Da un lato la mostra propone una 'struttura a mosaico', frammentaria e topologica, ben espressa dalle parole di Mario Perniola nel saggio in catalogo *L'arte come mutante neutro*, che suggeriscono uno schema libero dai condizionamenti evoluzionisti e storicistici, che pensa l'arte secondo «un ordine di coesistenze, non secondo un ordine di successioni. Ciò che ci interessa non è più la storia dell'arte, ma la possibilità di una topologia dell'arte, che prenda in esame e analizzi le più varie e contradditorie esperienze artistiche nella loro continuità e nei loro limiti»[25].

Dall'altro lato ritroviamo la via storica più lineare la quale – secondo quanto ricostruisce Lisa Parolo – risponde alla necessità di avviare «un'indagine che renda conto di cosa, in tempi e luoghi diversi e senza la necessità di trovare delle connessioni vincolate con il passato s'intende con arte»[26]. A riprova di come entrambi gli approcci (quello iconologico/tematico/topologico e quello storico) si passano integrare e contaminare (e non per forza opporre o escludere) la stessa *Biennale* ospita nella sezione *Transiti* una sezione intitolata *Museo Elettronico* curata da Luciano Giaccari (figura chiave nella storia del video in Italia, ideatore e animatore della videoteca di Varese Studio 970/2) ovvero una retrospettiva dei video conservati nella sua videoteca, appositamente pensata per la Biennale con lo scopo di colmare dei vuoti storici e rinforzare la consapevolezza nel presente.

Alla via della legittimazione storica (alternando approcci rivolti tanto al contesto italiano quanto a quello internazionale) e alla definizione delle specificità mediali del video, appartengono negli anni Novanta e Duemila mostre come *La Coscienza Luccicante. Dalla videoarte all'arte interattiva* (Roma, 1998), rassegne come *Elettroshock, 30 anni di video in Italia. 1971-2001*, curata da Bruno di Marino, e pubblicazioni come *Definizione Zero. Origini della videoarte fra politica e comunicazione* (1991) di Simonetta Fadda (benché il suo intento non fosse prettamente storico). *Videoarte&Arte, Tracce per una storia* di Silvia Bordini (pubblicazione del 1995, maturata dell'esperienza di docente all'Università La Sapienza di Roma) offre del video una ricostruzione internazionale dedicando all'Italia un paragrafo a sé. Valentina Valentini dopo l'esperienza come curatrice e ideatrice del festival *Rassegna internazionale del video d'autore,* attivo a Taormina dal 1987 al 1995[27], momento di radicale importanza nella costruzione di una consapevolezza storica e critica intorno al video e alle sue contaminazioni con le immagini in movimento, pubblica due raccolte di saggi e interviste *Il video a venire* (1999) e *Le storie del video* (2003). Alessandro Amaducci si concentra sull'Italia nel suo *Banda anomala: un profilo della videoarte monocanale in Italia* (2003), Sandra Lischi, sull'onda di illustri predecessori come Vittorio Fagone (*L'immagine video*, 1990), pubblica *Il linguaggio del video* (2005), Cosetta Saba cura il volume *Cinema Video Internet* (2006).

Tralasciando questa via più storica, ben documentata e analizzata da Lisa Parolo nella sua tesi dottorale, daremo maggiore spazio a quelle vie interpretative che maggiormente problematizzano la storia del video in funzione di una lettura più orientata alle sue mutazioni multiple e ricadute nel presente. Si tratta di una serie di riflessioni (la natura intermediale del video, le sue ricadute o dispersioni nel digitale, etc.) che riaffiorano rileggendo oggi i cataloghi di alcune mostre significative e che, oltre all'Italia, come abbiamo visto trovano riscontro in esposizioni internazionali. Sono per lo più questioni identitarie che toccano la natura intermediale del video e le conseguenti metodologie di studio.

Che un'impostazione storicistica tradizionale applicata al video rischiasse di smarrirsi tra le forme incerte, extramediali e debordanti di cui il video era stato prima portatore con l'elettronica e poi testimone con l'avvento del digitale, appare in Italia chiaro in una mostra che Silvia Bordini cura per Palazzo dei Diamanti di Ferrara nel 2001 dal titolo *L'arte elettronica. Metamorfosi e metafore*. Secondo la curatrice, seppur mostrando «un'intrinseca flessibilità» che adatta le opere video in versioni, interpretazioni e contesti multipli, queste conservano «una specificità perentoria del senso simbolico e dell'immaginario evocato»[28], tanto da richiedere per l'arte elettronica un'attenzione e una sensibilità particolari «in cui la percezione giunge a costruirsi come partecipazione, emotiva, mentale, fisica, fino a immettere lo spettatore all'interno dell'opera e farlo intervenire anche nella responsabilità dei suoi funzionamenti e delle strategie degli artisti»[29]. Nell'esperienza in eterno divenire delle nuove tecnologie, «nell'entropia di una comunicazione, invasiva, stimolante, e stordente, di una natura e cultura mutanti, in cui siamo immersi», l'arte elettronica inizia un processo di continua metamorfosi, non solo, prosegue lastudiosa, «delle possibilità dell'apparire delle immagini in movimento, ma anche dei mezzi che le producono, incessantemente reiventati e modificati per aderire alle scelte degli artisti». Nel farsi della sua frantumazione, globalizzazione o frammentazione, l'arte elettronica si plasma come un pulviscolo di possibilità, di intrecci possibili, di campi d'indagine che Silvia Bordini riassume così: «dall'immobilità al movimento, dall'oggetto all'immaterialità, dal compiuto al modificabile, dall'unicum al riproducibile, dal silenzio al suono, dal dato fisico alla fluidità, dalla materia all'evento, dalla contemplazione alla partecipazione, dal visibile all'invisibile»[30].

Se le storie del video conservano una matrice, una memoria che si estende nel presente, si evince come la sua essenza si sia ormai distaccata da un mezzo specifico di produzione e diffusione, consolidandosi come prassi, processo, sguardo, flusso, modo di intendere e interpretare la natura complessa delle immagini in movimento. Per la prima volta l'ampia diffusione a basso costo di camcorder semiprofessionali e di software di post-produzione permette a tutti, artisti compresi, di utilizzare un intreccio di mezzi e di tecniche in grado di produrre, manipolare e trasformare spunti che provengono dai tanti e diversi linguaggi che compongono il panorama postmediale.

Come scrive la storica dell'arte Maria Rosa Sossai nel libro *Artevideo. Storie e culture del video d'artista in Italia* (2002): «L'esplorazione del sé come pratica artistica, il riconoscimento della corporeità, il tentativo di personalizzare le tecnologie» sono alcuni dei contenuti assunti dagli artisti nella loro ricerca negli anni Novanta. Il video, in virtù delle sue qualità intrinseche, «è diventato il luogo di transito per eccellenza dei diversi saperi – politica, discipline sociali, antropologia – ma anche eclettico punto di congiunzione di diverse aree creative – cinema, teatro, musica, pubblicità, nuovi media»[31].

Gli artisti che scelgono il video non lo fanno più in via esclusiva ma lo integrano all'interno di altre pratiche, semmai, precisa Maria Rosa Sossai, la scelta pregiudiziale è per le sue capacità trasversali di integrare e interpretare il flusso di immagini circolanti e di sistemi culturali dominanti: «L'interesse per il genere del documentario, l'attenzione a soggetti relegati ai margini del sistema produttivo e la curiosità per le espressioni di particolari tradizioni culturali, che in modi diversi tocca gli artisti delle ultime generazioni...non hanno più il portato ideologico del passato. Sono invece espressione di un modo di ragionare che non prende posizione e non giudica ma partecipa all'elaborazione di un pensiero sul senso della pratica creativa, sui cambiamenti culturali e mentali che essa può generare nella società, su come si qualifica il ruolo dell'artista nei sistemi di comunicazione»[32].

Lo spazio della negoziazione e dell'interazione, storicamente intrinseco alla natura del video, che «porta lo sguardo oltre le soglie della visibilità attuale», come ha sintetizzato Simonetta Fadda, con il digitale interagisce, o reagisce, con immagini e immaginari che sempre più assumono la forma di flusso continuo che si dischiude in un «non luogo illusorio e postottico» in cui «tutto diviene e già è»[33]. L'immagine digitale appartiene per sua natura ad uno spazio e ad un tempo virtualmente ricomposto, immagine neutra, disincarnata, immagine mentale, 'concetto spaziale' (per citare Fontana), un'identità plurima che gli artisti del video conoscevano bene già dalla pregressa storia elettronica. Essendo il video sempre stato «tecnica impura» (la definiva Anne-Marie Duguet)[34], linea di confine, «luogo di intreccio e reciproca tensione (ed estensione) tra ambiti diversi (arti plastiche, performative, cinematografia, arti acustiche)» (Gazzano)[35], con il digitale si andava gradualmente affermando l'ipotesi che potesse incarnare e interpretare, meglio o al pari di altri medium, la fine della specificità mediale, rilanciando al centro del dibattito contemporaneo la sua natura postmediale[36].

Sono riflessioni che s'inquadrano a partire dagli anni Duemila in un contesto più ampio di forte crescita degli studi intermediali, fioriti negli ambienti vicini agli studi di teorie e storia dei media, del cinema, della letteratura e della critica d'arte. Un approccio ben documentato e discusso a partire dal 2003 da una rivista canadese punto di riferimento per questi studi come 'Intermédialités' (pubblicata dall'Università Udem di Montreal) – diretta da Silvestra Mariniello – e in Italia da una pubblicazione del 2008 dal titolo *Immagini migranti, forme intermediali del cinema nell'era digitale* a cura di Luciano De Giusti[37]. Gli studi intermediali spostano l'attenzione critica dalle forze primigenie fondatrici di un singolo medium ai rapporti di parentela, di passaggio, di circolazione tra i media, ovvero, come scrive Silvestra Mariniello nel primo numero della rivista 'Intermédialités', «alle condizioni (tecnologiche, storiche, culturali, sociali) che rendono possibile l'insieme delle configurazioni che i media producono nell'attraversarsi»[38].

La ricerca intermediale, scrive sempre la Mariniello nel saggio introduttivo alla pubblicazione italiana, ha per oggetto: «la storia dei media (basata sulla genealogia dei media e sui transfert mediatici e culturali); l'effetto dei media sul pensiero del tempo, dello spazio e del vivere insieme e, infine, il ruolo dell'arte nella costruzione delle relazioni tra media, conoscenza e comunità»[39]. Uno spettro ampio dunque che senza dimenticare i contesti storici e tecnologici di appartenenza di ogni singola opera e medium è più interessato ai transiti che agli specifici, una via, «un campo di studi transdisciplinare» che verrà sistematizzato e storicamente fondato in Italia dal rilevante studio di Andrea Pinotti e Antonio Somaini *Cultura Visuale. Immagini, sguardi, media dispositivi* (2016)[40].

Grazie all'intermedialità e l'interazione tra codici espressivi diversi, scriveva nel 2003 Andrea Balzola, si accede ad una «dimensione diversa di ciascun linguaggio (o codice) che vi partecipa, è una pluralità sinestetica che trasforma il gene(re) artistico in un'identità ibrida e mutante. Il motore di questa trasformazione è l'innovazione digitale»[41], così da suggerire per Balzola un recupero per associazione di tutte quelle teorie sinestetiche che dal tardo romanticismo, alle avanguardie e le neo-avanguardie degli anni Sessanta e Settanta erano più volte fiorite nelle pratiche artistiche. Tornata estremamente efficace alle soglie del digitale, una simile attitudine intermediale tuttavia in Italia fatica ad emergere, soffre rinchiusa in un sistema dove i saperi vengono normati in settori disciplinari che ne restringono il potenziale piuttosto che liberarlo. Ciò detto l'intermedialità non nasconde difficoltà, fino a dove infatti possono spingersi le relazioni, sovrapposizioni, mutazioni? Fino per eccesso all'iperbole, al parossismo o allo sfinimento, allo smarrimento e perdita di qualsiasi legame con le tracce di una storia o di una comunità di appartenenza? È la domanda che forse più di altre mette in questione l'identità del video, smarrito nella non più chiara demarcazione tra arte e comunicazione, disperso nelle mille forme della galassia digitale. Al contempo è proprio lì dove dovremmo ricominciare a cercarlo.

Non è un caso se il già citato festival di Milano, *Invideo*, tenta di offrire risposte (o proposte) a simili quesiti da quando nel 2002 organizza la sua selezione non più per monografie ma per temi, parole chiave, concetti che emergono come dominanti dalla selezione delle opere. 'Mutazioni' è non a caso è il primo, mutazioni del pensiero creativo fra video arte, documentari di creazione, videoclip, internet, mutazioni di generi, mutazioni nella Rete, al quale fanno eco edizioni come 'A rovescio' (2005), dedicata al 'Cinema altro' e al video che giocano con le figure del tempo reversibile, e 'Distanze variabili', edizione dedicata all'esplorazione del punto di vista, privato e pubblico, sul mondo. A questa linea *Invideo* alterna anche focus su festival e centri di produzione, nonché richiami alla storia del video in Italia, presente e passata, incontrando e presentando autori italiani. *Invideo* progressivamente cerca il video al di fuori di se stesso, lo cerca nel cinema, nelle forme e nei formati del Web, nei video di astrazione e animazione, nelle video performance musicali, nei videogame artistici, nella video danza, espandono le connessioni e contaminazioni intermediali possibili di quella che il filosofo francese Régis Debray aveva definito in *Vie et mort de l'image* (1992; trad.it. 1999) una 'Videosfera', una delle tante galassie che compongono l'emisfero digitale (termine ripreso da Simone Arcagni, 2014).

In un simile *melieu mediathique* (o sistema mediale), «quale connettore ideale tra la componente sensibile e quella sovrasensibile e cognitiva», il video, sostiene Paolo Granata nel 2009 nel suo saggio *Videomorfosi. Il video come forma simbolica* (autore anche di *Mediabilia*, 2012, *Ecologia dei Media*, 2015), è diventato un meta-medium, «un arcipelago di forme espressive, una superficie mediale omogenea sulla quale convergono le diverse componenti materiali e intellettuali che plasmano l'intero sistema culturale contemporaneo»[42]. Parole che trovano riscontro nelle ultime edizioni del festival *Invideo*: dal video di astrazione a quello di animazione, dal cinema sperimentale al documentario di creazione, dalla video performance alle live projection e video mapping, videogame artistici e video danza. Se il video è assimilabile ad un arcipelago di contaminazioni possibili, tuttavia, in un'accezione così espansa, è come se smarrisse il senso, la funzione e il criterio alla base delle sue declinazioni, rendendo per riflesso vaga la sua identità. É come se la materia del video, quando troppo tesa per i suoi bordi, scivolasse via senza lasciare sedimentazioni, vittima della sua stessa natura liquida. Un tale rischio inevitabilmente solleva non solo questioni su cosa e come sia oggi interpretabile un meta-medium come il video, ma più in generale su quale sia il confine che lega o separa arte e comunicazione, mezzo e messaggio, arte e vita, artista e spettatore.

Valentina Valentini, nel catalogo della mostra *Visibilità Zero* (Castello Colonna di Genazzano) finanziata dalla comunità europea nel 2000, sostiene che il video sia diventato un processo, «un mezzo di espressione e interazione con gli altri media, piuttosto che un linguaggio videografico specifico»[43]. All'interno di una globalizzazione dei media digitali, non si tratterà più di «esaltare il nuovo, né al contrario esprimere la melanconia per la perdita della specificità» quanto «dispiegare una sana attitudine alla storicizzazione che sia in relazione con gli attuali procedimenti produttivi ed espositivi e relativi percorsi artistici»[44]. Se ogni qualvolta si tenta una strada lineare le opere video la confutano e la problematizzano, tanto vale cambiare il punto di vista o i criteri di associazione e analizzare, opera per opera, le singole caratteristiche e convergenze, tracciando di volta in volta genealogie, osservando nel dettaglio, come scrive Silvestra Mariniello a proposito dell'approccio intermediale: i materiali costitutivi «(luogo, corpo, voce, immagini, suono, etc.), i supporti materiali (pellicola, nastro magnetico etc.), le tecniche e le tecnologie implicate in tale produzione; i fenomeni di transfert»[45].

3.4. *Vitalità digitali*

Proviamo ore a rilanciare lo sguardo sulle pratiche videografiche più recenti, soffermandoci nello specifico su alcuni artisti italiani, troveremo opere eterogenee che si riuniscono intorno a un tema comune, vi attivano un campo magnetico per poi scioglierlo immediatamente dopo. Alcuni di questi campi semantici sono circoscrivibili in un tempo specifico, altri riattivano memorie passate, altri ancora si fondono l'uno nell'altro. Rispetto a questi temi o concetti la pratica degli artisti è molto più tangente e trasversale, piuttosto che concentrata o specializzata, pertanto è facile veder confluire nella pratica di uno stesso artista ordini di discorso diversi. Ipotetiche nebulose estrapolate dalla galassia digitale, questi nuclei di opere e artisti si formano per ragioni storiche, sociali, antropologiche, innescati da cambiamenti tecnologici come l'avvento dell'analogico, del magnetico, dell'elettronica, del digitale, del virtuale.

Già studiose affermate come Sandra Lischi in *Visioni Elettroniche* (2001) e altre emergenti come Vincenza Costantino nella sua tesi dottorale (2006)[46] si erano prodigate su questa linea analizzando nello specifico gli sconfinamenti attivi tra cinema e video. Adriano Aprà e Bruno di Marino ne sono sempre stati attenti lettori[47], ma un libro in particolare, pubblicato da Maria Sossai nel 2002, *Artevideo. Storie e culture del video d'artista in Italia*, dedicato agli artisti italiani attivi negli anni Novanta, si rivela qui da guida, offrendoci l'opportunità di rilanciare la riflessione verso la produzione video digitale più recente. Sossai organizza nel suo libro gli artisti e le opere selezionate per temi e nuclei concettuali. La rappresentazione del tempo, non lineare, ciclico, tempo frammentato, ad esempio, sono strettamente connaturati alla storia video: «Fluidità, ralenti e congelamento dell'immagine – scrive – sono tecniche strettamente collegate con l'idea di tempo che il video accoglie in tutte le sue eccezioni (dilatato, ellittico, ossessivo, continuo) in una fusione tra dimensione interiore e realtà esterna, pulsioni soggettive e visione unitaria»[48]. Questa fascinazione per le figure del tempo Maria Sossai le ritrova nelle opere di Bruna Esposito, in Grazia Toderi, nelle sue visioni aeree rotanti di stadi (*Il decollo*, 1998) o di città (*Orbite Rosse*

2009), mappe aeree rarefatte colte in un tempo irreale e metafisico di luci notturne. Le potremmo altresì rintracciare in un'opera come *La via divina* di Ilaria di Carlo del 2018, un video al confine (questo è il tema) tra atto performativo, sinfonia urbana e rappresentazione ciclica del senza fine mediato dall'immagine simbolica della scala. L'artista, vestita come si usava un tempo per un gran ballo, in un omaggio alla *Divina Commedia*, scende le scale di oltre cinquanta differenti ambienti (interni, esterni, industriali, spazi pubblici e privati) scelti secondo differenti tipologie architettoniche, definendo un percorso che appare intriso di misticismo.

C'è poi il tema della rappresentazione del corpo, il mettersi in immagine dell'artista in relazione allo spazio e all'ambiente, ovvero il lato performativo del video, che, oltre alle artiste indicate dalla Sossai (Monica Bonvicini, Vanessa Beecroft, Nicoletta Agostini), si potrebbe per estensione prolungare fino a ritrovarla nelle opere del duo Leoni & Mastrangelo come *Equi-librium* (2015) e *Dicotomia* (2014) (Francesca Leoni e Davide Mastrangelo sono tra l'altro ideatori e curatori dal 2015 di *Ibrida*, festival delle arti intermediali)[49]. Intimamente vicina alle riflessioni sul corpo è la ricerca di Cosimo Terlizzi, poliedrico artista che spazia dalla fotografia, al video, al cinema documentario, alla performance sempre tenendo un filo di continuità. In particolare, a interessare Terlizzi sono i temi connessi alla sessualità, le relazioni, le aspirazioni individuali, la relazione tra il corpo e gli elementi naturali che lo circondano, qualcosa di cui è testimone la sua opera in video *La benedizione degli animali* (2013). L'artista, come uno straniero, è qui circondato dagli animali di una fattoria, ospite del loro mondo; si sveglia nella branda del pastore e con oggetti trovati quali piume, una zampa di coniglio e un corno di una capra, Terlizzi assembla uno strumento che sembra premonizione di morte ma il cui suono è benedizione di vita; l'artista si rivolge alla natura, alla terra, agli elementi e alle tracce di un passato (nel caso di Terlizzi le origini contadine e pastorizie) di cui non sa più nulla, ma forse, proprio per questo, può reinventarne liberamente gli oggetti (o i simulacri) plasmando nuovi usi.

Sulle relazioni umane con l'ambiente circostante, vissute dall'artista in prima persona, si fonda la ricerca in video di Elena Bellantoni. Molto spesso scaturisce da esperienze dirette, quali viaggi, residenze, confronti con altre persone e culture (*HalaYella adios/addio*, 2013), altre volte si interroga sulle convenzioni sociali o sul concetto di potere all'interno delle dinamiche di coppia come nel video *Ich Bin... Du Bist* (2010), oppure In *The Fox and The Power: The Struggle of Love* (2014), girato da Bellantoni nella sala delle conferenze internazionali del Ministero degli Affari Esteri alla Farnesina, dove, al posto dei capi di stato si 'sfidano' due ballerini di tango che indossano maschere da lupo e da volpe. Ancora sul tema del corpo vengono in mente il ciclo video delle *Fatiche* di Daniele Puppi (conclusosi nel 2008), piccoli esercizi basici, un piede che batte, un corpo che salta, restituiti nello spazio sotto forma di amplificazioni sonore e videoinstallazioni *site specific*.

Il ciclo di opere di Puppi, intitolato *Cinema Rianimato* (*Cinema rianimato n.1*, *2*, *3*, 2012), ci introduce a un altro dei tempi ricorrenti proposti da Maria Rosa Sossai che chiama «Lo spettacolo dei media». Puppi parte da un film del passato il cui potenziale, dice, è rimasto inespresso, taglia tutti i dialoghi e ogni parvenza di narrazione per sospendere il senso, rimonta il film, ne esalta e isola i suoni fino a comporre una nuova drammaturgia sonora e vi fa interagire le immagini, cambia formato di proiezione, espande, contrae, per superare e mettere in movimento la visione convenzionalmente statica del cinema. Ne consegue un cinema rianimato dal video, risvegliato da un torpore dei sensi e ri-spazializzato sotto la forma di un'installazione visiva e sonora che invoglia lo spettatore a non restare seduto di fronte allo schermo ma a muoversi, attraversare le immagini, cambiando il punto di vista. Gli artisti, come in questo caso – scrive Sossai – sembrano aver maturato una vera e propria fascinazione per le forme dello spettacolo (un fatto evidente fin dalla generazione di Douglas Gordon, Mariko Mori, Doug Aitken). Sono artisti che in forza di un mezzo rapido e a basso costo, continua la critica e curatrice italiana citando le parole di Philippe Vergne (curatore al Walker Art Center nel 2010 della mostra *Let's Entertain*) «seduti al cospetto di una nuova rappresentazione dello spazio e del tempo, meditano sulla possibilità di riconquistare un'armonia»[50]. Riappropriarsi di un immaginario collettivo come il cinema, o lavorare su immagini pre-esistenti o archivi digitali, per riplasmarli come materia viva e risemantizzarli, è una strada percorsa da molti[51]. Le semplificazioni della tecnologia digitale, il facile reperimento online dei materiali, il montaggio come pratica diffusa e sdoganata da software professionali disponibili anche gratuitamente, hanno contribuito non poco a questa ultima affermazione. Rileggere quanto scritto dalla Sossai oggi, ci permette tuttavia di retrodatare questo momento alla metà degli anni Novanta quando artisti come Francesco Vezzoli, Elisabetta Benassi, Claudio Guarino, nei loro video, scrive Sossai: «[...] Trasformano le diverse forme di intrattenimento culturale in una pratica artistica che, senza rinunciare al ruolo di critica del sistema, mette in campo in modo a volte dissacrante, altre volte vagamente nostalgico, sentimenti quali piacere, desiderio, gratificazione, seduzione e categorie estetiche del bello e dell'attraente»[52]. L'artista nato e cresciuto nel digitale, come mai nella storia delle immagini in movimento, ha un totale e pieno accesso alle immagini e agli immaginari, tanto da avvertire spesso la necessità di un metodo, o di un filtro, (la storia, l'antropologia, la filosofia, etc.) per interpretare questa sopraffazione dello sguardo, questo eccesso di potenza.

Il video diventa così uno straordinario mezzo trasversale di lettura, gli artisti che vi fanno ricorso per Sossai perdono progressivamente interesse per le sue specifiche potenzialità tecniche virandole a vantaggio delle «[...] sue capacità di mutamento e di sconfinamento in nuovi processi costruttivi di senso, con un'estensione dei suoi codici interpretativi ad altri contesti ed una pluralità di forme espressive»[53]. Un caso esemplare di questo cambio paradigmatico – seppur a ben vedere non specifico solo degli anni Novanta ma, come ricostruito in precedenza, connaturato alle storie del video – sono le opere di Canecapovolto, collettivo nato a Catania nel 1992. Ricco è il loro immaginario visivo, da «telespettatori sovraesposti e cinefili incalliti» a loro dire, si riappropriano per scelta del già visto (come nel ciclo di video *Plagium, il futuro è obsoleto*, 1992-1998) e lo deflagrano, defigurano. Così riporta il collettivo sul loro canale Vimeo in una dichiarazione che sembra una presa di coscienza della funzione dell'arte al cospetto delle forme di rappresentazione dello spettacolo e al contempo un atto di rivendicazione di assoluta libertà creativa e incondizionata rispetto alle immagini in movimento: «Il cinema in super-8, i video che sperimentano la 'dissonanza cognitiva', un'interpretazione cinematografica del Radiodramma, *collages* su carta, i principi dell'omeopatia applicati ad opere video contro la guerra, happening ed installazioni basati sul completamento esperienziale da parte degli 'spettatori': è tra le zone d'ombra tra ascolto e visione che Canecapovolto ha fondato la sua identità ed il suo messaggio [...] Non possiamo ignorare la funzione repressiva dell' Arte in una Società che ha un disperato bisogno di astrazione e creatività per sopravvivere. Il nostro lavoro è il prodotto di questa consapevolezza»[54].

Il tema della narrazione, intima, diaristica, complessa, articolata, spazializzata, anche questo individuato dalla Sossai come uno dei tratti in comune negli artisti italiani degli anni Novanta, è senza dubbio tra i più centrali, sconfina fino ai due decenni successivi, e meriterebbe un trattamento specifico e articolato. Non si può non ricordare ad esempio che la questione della narrazione in video fosse emersa fin dagli anni Ottanta. In Francia in particolare nel 1985 al convegno "Vidéo, Fiction et Cie" ospitato del Festival video di Montbéliard, o in Italia, trattato tra gli altri dalle riflessioni di Valentina Valentini[55] e Pietro Montani[56] e argomentato da mostre come *Bords&Fiction. I Bordi della finzione* (2001), a cura di Roberto Pinto con la collaborazione di Andrea Lissoni e Giovanna Amadasi. Se dovessimo riassumere queste riflessioni in una domanda potremmo chiederci: che tipo di contributo hanno portato le sperimentazioni elettroniche del video, e quelle coeve in digitale, alla nostra percezione di che cosa sia o possa essere una narrazione? Sossai osserva che molti artisti sempre più si richiamano, misurano e confrontano con la narrazione attraverso le forme lunghe del documentario di creazione, via d'accesso ad analisi introspettive o indagini sociali e antropologiche (un filone che storicamente in Italia risaliva ai movimenti politici degli anni Sessanta e Settanta per i quali il video, si guardi tra tutti l'esperienza di Videobase[57], era stato un formidabile mezzo di documentazione rapida e diretta della realtà in fermento). Nelle opere di Domenico Mangano, Emilo Fantin, Simonetta Fadda, gli artisti entrano in contatto con strati sociali più isolati, con figure marginali, con ambienti famigliari come fa Mangano in *Palermo 2001*, in forte analogia – anche se volutamente con meno rigore formale – con quell'umanità tesa e rarefatta raccontata dalla *Cinico Tv* di Ciprì e Maresco. Nelle opere di questi artisti il video, sistema concettuale, immagine mentale, ibridato con le forme del documentario, si fa sguardo introspettivo, il suo oggetto, soggetto, ambiente e umanità vengono rimediati dal suo occhio leggero – non appesantito da una tradizione alla quale riferirsi o rispetto alla quale differenziarsi – dalla sua camera a mano, dai numerosi involontari e mai estetizzanti fuori fuoco, dall'immediatezza della bassa definizione.

3.5 *Nuove narrazioni*

Si fanno dunque strada temi di convergenza che avvicinano sempre più il video al cinema, in particolare a quello documentario. Artisti come il collettivo milanese Flatform, o Alterazioni Video, hanno al centro delle proprie riflessioni in video (spesso restituite in forma di mostra) spazi architettonici, urbani, paesaggi naturali. Altre volte l'attitudine è antropologica, oscilla tra sapere mistico e conoscenza scientifica, tra archeologia e geologia, aspetti che ad esempio fortemente affiorano nella ricerca video di Giulio Squillacciotti. In *La dernière image* (2015) è la voce di una donna che come una stramba audioguida intimamente ci confessa una separazione di cui è stata vittima, le immagini che vediamo sono un lungo piano sequenza girato all'interno di un museo senza pubblico, simulacro di se stesso. In *Scala C, Interno B* (2017) un appartamento lasciato vuoto a Roma diventa il set del video girato in 4:3 con un sottofondo sonoro composta da una serie di messaggi lasciati su una segreteria telefonica, è un uomo che si capisce aver conosciuto la signora che lì abitava, che si capisce non abitare più lì. Squillacciotti riattiva nei suoi video delle linee storiografiche, alcune sono finzionali, altre reali, spesso sono riprese di archivi (*La storia in generale*, 2017), musei (il museo di geologia di Bologna), luoghi di cultura (l'accademia di Spagna a Roma in *Casi la mitad de la historia*, 2011), altre volte segue con un taglio più filmico, documentaristico, molto vicino all'antropologia visiva contesti arcaici e remoti (*Archipelago*, documentario del 2017).

In tutti questi casi video e documentario s'incontrano producendo inedite forme di reciproco ascolto. L'assenza di una narrazione didascalica fuori campo, l'utilizzo di inquadrature convenzionalmente considerate errori, l'uso limitato della musica, la complessa e sofisticata articolazione sonora, i paesaggi e gli oggetti inquadrati come stati d'animo identitari, queste sono alcune delle tracce che, secondo Piero Degiovanni risultano dalla convergenza degli artisti video nei territori del documentario (riferendosi ad artisti come Enrico Masi, Alberta Pellacani, il duo Gianni Sirch-Ferruccio Gioia)[58]. Una simile tendenza trova ancora riscontro nei documentari d'osservazione di Massimo D'Anolfi e Martina Parenti (*Il Castello* 2010; *Materia Oscura* 2013; *Spira Mirabilis* 2016), nella filmografia di Michelangelo Frammartino (*Il Dono* 2003, *Le quattro volte*, 2010) o ancora nei video dell'artista ravennate Yuri Ancarani. Nel suo video forse più noto del 2010 *Il capo* (2010) Ancarani si sofferma sui dettagli di un linguaggio fatto di precisissimi segni con il quale il capocava di Carrara guida le ruspe del cantiere per distaccare senza danneggiarli i blocchi di marmo dalla montagna. Non ci sono dialoghi o interviste, ma una riproduzione sonora di altissima fedeltà ed estremamente immersiva, incisa dal montatore del suono Mirco Mencacci (collaboratore del collettivo Zimmerfrei) con un sistema da lui ideato per una captazione del suono a 360 gradi (*spherical sound*). È nel trattamento sonoro che queste opere mantengono con le figure di scrittura e i motivi del videografico le parentele più strette ed è qui, verso un'analisi delle partiture drammaturgiche sonore, che potranno essere indirizzati maggiormente gli studi futuri. Come affrontato da Marco Bertozzi in una sua recente monografia (*Documentario come arte. Riuso, performance, autobiografia nell'esperienza del cinema documentario*, 2018), tali sperimentazioni, più o meno radicali, sono prove di una convergenza del cinema documentario verso una contaminazione sempre più stretta con le forme e i regimi estetico narrativi delle arti visive (e gli artisti e autori italiani sono in questo tra i maggiori protagonisti internazionali), affrancando di fatto il documentario in sé dal genere didattico e divulgativo al quale culturalmente in Italia era da sempre stato associato[59].

Nelle opere di questi artisti la ricerca non si esaurisce mai in un solo tema, lo tocca per poi a volte lasciarlo, ritrovarlo o abbandonarlo del tutto. La macchina da presa si muove secondo una regia, l'immagine è curata, pulita (forse troppo) ha una sua potenza e raffinatezza estetica ben marcata. L'arrivo dell'HD, del 4k, dell'alta risoluzione, porta con sé l'attrazione verso l'immagine nitida e disincarnata, l'ottica giusta, a volte sconfinando nel fascino di toccare con mano la macchina del cinema. Si affermano artisti che si muovono su questo crinale, nascono generi come i 'gallery film', prodotti e distribuiti tra festival, gallerie e musei. Il cercare il video al di fuori di se stesso porta molta critica (Angela Madesani, Marco Maria Gazzano tra gli altri)[60] ad analizzare questi sconfinamenti cinematografici[61], tuttavia quel che in definitiva chiude questo nostro breve *excursus* è la proposta di uno scarto.

Chi si muove oggi sul crinale della narrazione in video non ama più definizioni, scivola senza pregiudizi tra video più sperimentali, personali, frammentari e autoprodotti, ad altri più complessi, (documentari o film di finzione) accolti e premiati sia da festival cinematografici che da musei, biennali e gallerie di tutto il mondo. Se la tecnologia ci aiuta a trapassare da un medium all'altro, procedendo per convergenze e rimediazioni, perché quindi limitarsi alle definizioni (Cinema? Non cinema? Video? Non Video?). Se il cinema oggi si è 'smaterializzato', «svuotato della propria carne e animato da altri organi, sottili» – come scrive l'artista Cosimo Terlizzi, nell'introduzione all'edizione dell'Asolo Art Film Festival che dirige nel 2019 – non restano che le immagini in movimento «Resta l'immagine tempo»[62]. Provare, sperimentare linguaggi, recuperare tecniche, scovare macchine e formati di ripresa desueti, ibridare cinema e video, video e documentario, animazione, disegno e fotografia quando serve, questo è il campo di forze gravitazionali in cui muoversi in futuro, analizzando, senza pregiudizio, opera per opera, caso per caso. Spostando la nostra attenzione dalla storia del video – intesa come inizio, sviluppo e fine – allo sviluppo e al mutamento dei suoi 'motivi' e delle sue 'figure di scrittura', il video ci apparirà, al di là del proprio supporto d'appartenenza, come un 'groviglio' di azioni e reazioni che continuano ad influenzare e ibridare tutti i campi dell'arte. Una storia o una storiografia delle forme simboliche del video, preso in un più ampio campo d'indagine e di confronto con le immagini in movimento tutte, è una prossima ricerca a venire.

1. Vedi Valentini V., *La condizione postmediale del video*, in Ardovino A. – Guastini D. (a cura di), *I percorsi dell'immaginazione: studi in onore di Pietro Montani*, Pellegrini, Cosenza 2016, pp. 405-412; V.Valentini *Il post-video*, in Saba Cosetta G. – Valentini V. (a cura di), *Medium senza medium*, Bulzoni, Roma 2015, pp. 17-47.

2. Lischi S., *Dell'attenzione. Riflessione in tre punti sui festival del video*, in Valentini V. (a cura di), *Video d'autore. Luoghi, forme, tendenze dell'immagine elettronica negli anni Novanta*, Gangemi, Roma 1994, p 80.

3. AA.VV., *InVideo*, catalogo della I edizione del festival *Invideo* – Mostra Internazionale di Video d'Arte e Ricerca. Milano 22-25 novembre 1990, Ergonarte, Milano 1990.

4. Boyle D., *Come descrivere un elefante*, in *InVideo*, op. cit.

5. Gazzano M. M., *Le occasioni perse negli anni Ottanta*, in *InVideo*, op. cit.

6. Ibid.

7. Amaducci A., *Videoarte. Storia, autori, linguaggi*, Kaplan, Torino 2014, p. 146.

8. AA.VV., *Invideo '97. Le forme dello sguardo. Video d'arte e ricerca*, premessa al catalogo, Charta, Milano 1997, p. 11.

9. Amaducci A., *Le finestre nelle case*, in *Invideo '97*, op. cit., p. 18.

10. Cargioli S., *La partecipazione sferica*, in *Invideo '97*, op. cit., p. 26.

11. Questa e le precedenti citazioni sono in Rosa P., *Tra azione e contemplazione*, in *Invideo '97*, op. cit., pp. 49-50.

12. Valentini V., *La vocazione plurale della regia. Conversazione con Paolo Rosa*, in AA.VV., *I modi della regia nel nuovo millennio*, in «Biblioteca teatrale», n.91-92, luglio-dicembre 2009, p. 11.

13. Ivi, p. 6.

14. Crispolti E., *Extra Media. Esperienze attuali di comunicazione estetica*, Studio Forma, Torino 1978, p. 14.

15. Palazzoli D., *Nuovi media. Fotografia, cinema, videotape, l'uso artistico dei nuovi media*, Fabbri, Milano 1976; Fagone V. (a cura di), *Arte e Cinema. Per un catalogo del cinema d'artista in Italia*

*1965/*1977, catalogo mostra, Marsilio, Venezia 1976; Celant G., *Offmedia*, Dedalo, Bari 1977; Sirio Luginbühl (a cura di), *L'immagine mobile, l'immagine protagonista: Cinema e video-tape creativo negli anni '70*, Istruzioni per l'Uso delle Avanguardie, Rassegna Internazionale d'Arte, Albano Terme 1978.

16. Rivista edita dal 1963 al 1970, definita come 'Notiziario di cultura contemporanea', con sezioni di letteratura, cultura di massa, spettacolo, architettura, arti visive.

17. Balzola A. – Monteverdi A. M. (a cura di), *Le arti multimediali digitali*, Garzanti, Milano 2004, p. 9, in riferimento a P. Levy, *Cybercultura*, Feltrinelli, Milano 1999.

18. Ibid.

19. AA.VV., *Video-arte: sfondare una porta socchiusa*, catalogo *Link*, Bologna, nov-dic 1994.

20. Questa e le precedenti citazioni sono tratte da *Netmage*, Bologna 22 – 24 gennaio 2003. (http://www.xing.it/event/157/netmage_03 ultimo accesso gen. 2020).

21. Balzola A. – Monteverdi A. M. (a cura di), *Le arti multimediali digitali*, op. cit., pp. 288-299.

22. Amaducci A., *Videoarte. Storia, autori, linguaggi*, op. cit., p.148.

23. Nella sezione *About*, in «Fuse Factory» (https://www.fusefactory.it/info/ ultimo accesso gen. 2020).

24. Parolo L., *Per una storia della videoarte italiana negli anni Settanta: il fondo archivistico della galleria del Cavallino di Venezia (1970-1984). Riesame storico-critico delle fonti e individuazione di nuovi metodi di catalogazione digitale*, Università di Udine, a. a. 2015/2016.

25. Perniola M., *L'arte come mutante neutro*, in AA.VV., *Punti cardinali dell'arte*, Catalogo della XLV Edizione de La Biennale di Venezia, Edizioni Biennale, Venezia 1993, p. 3.

26. Parolo L., *Per una storia della videoarte italiana negli anni Settanta*, op. cit., p. 35.

27. Iniziativa organizzata in collaborazione con l'archivio audiovisivo del Museo Laboratorio di Arte Contemporanea dell'Università degli Studi di Roma La Sapienza, in collaborazione con il Comune di Roma, Sovrintendenza ai Beni culturali, Palazzo delle Esposizioni, Grandi Stazioni, Cine Cinémas 1 e 2 e Ciné Classic. Cfr. Di Marino B. – Nicoli L., *Elettroshock. 30 anni di video in Italia. 1971-2001*, Castelvecchi, Roma 2001.

28. Gazzano M. M., *Comporre audio-visioni. Suono e musica sulle due sponde dell'Atlantico, alle origini delle arti elettroniche*, in Balzola A. – Monteverdi A. M. (a cura di), *Le arti multimediali digitali*, op. cit.

29. Bordini S. (a cura di), *L'arte elettronica. Metamorfosi e metafore*, catalogo mostra, Palazzo dei Diamanti di Ferrara, 24 giugno – 2 settembre 2001, Sate Editore, Ferrara 2001, p. 24.

30. Ibid.

31. Sossai M. R., *Artevideo. Storie e culture del video d'artista in Italia*, Silvana Editoriale, Milano 2002, p. 59.

32. Ivi, p. 65.

33. Fadda S., *Definizione Zero, Origini della videoarte fra politica e comunicazione*, Costa&Nolan, Genova-Milano 1999, p. 59, ristampato da Meltemi nel 2017.

34. Duguet A. M., *Dispositivi*, in Valentini V. (a cura di), *Le storie del video*, Bulzoni editore, Roma 2003, pp. 259-282 [ed. orig. in Bellour R. – Duguet A.-M. (éds.), *Vidéo*, «Communications», n.48, Seuil, Parigi 1988].

35. Gazzano M. M., *Comporre audio-visioni. Suono e musica sulle due sponde dell'Atlantico, alle origini delle arti elettroniche*, in Balzola A. – Monteverdi A. M. (a cura di), *Le arti multimediali digitali*, op. cit. p.146.

36. Vedi Valentini V., *La condizione postmediale del video*, in Ardovino A. – Guastini D. (a cura di), *I percorsi dell'immaginazione. Studi in onore di Pietro Montani*, op. cit.; nello stesso volume si segnala Cecchi D., *Intermedialità, interattività (e ritorno). Nuove prospettive estetiche*, pp. 3-11.

37. Sul tema cfr. De Giusti L. (a cura di), *Immagini Migranti. Forme intermediali del cinema nell'era digitale*, Marsilio, Venezia 2008; Montani P., *L'intelligenza intermediale. Perlustrare, rifigurare, testimoniare il mondo visibile*, Laterza, Bari 2010.

38. Mariniello S., *Commencements*, «Intermeédialités», n. 1, 2003, p.51.

39. Mariniello S., *L'intermedialità dieci anni dopo*, in De Giusti L. (a cura di), *Immagini migranti*, op. cit., p. 23.

40. Pinotti A., Somaini A. (a cura di), *Cultura visuale. Immagini sguardi media dispositivi*, Einaudi, Torino 2016.

41. Balzola A., *L'utopia della sintesi delle arti dai romantici alle avanguardie storiche*, in Balzola A. – Monteverdi M. (a cura di), *Le arti multimediali digitali*, op. cit., p. 53.

42. Granata P., *Videomorfosi. Il video come forma simbolica*, in Id., *Arte, estetica e nuovi media*, Fausto Lupetti Editore, Bologna 2009, p. 163.

43. Valentini V., *Zero Visibility*, op. cit., p. 23.

44. Ivi, p. 24.

45. Ivi, p. 23.

46. Costantino V., *Il cinema del 'dopo video'. L'influenza del video e delle nuove tecnologie sull'estetica cinematografica*, Tesi di Dottorato, Università della Calabria, tutor V. Valentini, co-tutela Paris 1 (D. Château), 2006.

47. Vedi Aprà A. – Di Marino B. (a cura di), *Il cinema e il suo oltre. Verso il cinema del futuro. Film, video, CD-Rom*, XV Rassegna Internazionale retrospettiva, Mostra Internazionale del Nuovo Cinema, Pesaro, 25-30 novembre 1997 e Aprà A. (a cura di), *Fuori Norma*, 27° Evento Speciale della 49a Mostra Internazionale del Nuovo Cinema, Pesaro, 24-30 giugno 2013.

48. Sossai M. R., *Artevideo,* op. cit., p. 98.

49. Come riporta il sito web, con il supporto critico di Piero Degiovanni, *Ibrida* nasce con lo scopo di divulgare le produzioni e le ricerche più recenti nell'ambito dell'audiovisivo sperimentale compreso tra videoart, found footage, meta-cinema, animazione 2D e 3D, etc. (http://ibridafestival.it/; ultimo accesso gen. 2020).

50. Sossai M. R., *Artevideo,* op. cit., p. 80.

51. Per un approfondimento sul tema cfr. Bertozzi M., *Recycled Cinema. Immagini perdute, visioni ritrovate*, Marsilio, Venezia 2012; Zucconi F., *La sopravvivenza delle immagini nel cinema: archivio, montaggio, intermedialità*, Mimesis, Udine 2013.

52. Sossai M. R., *Artevideo,* op. cit., p. 80.

53. Ivi, p. 85.

54. (https://vimeo.com/canecapovolto ultimo accesso gen. 2020).

55. Questioni simili sono state affrontate anche da Valentina Valentini in *La narrazione astratta e atonale del video*, «Filmcritica», n. 493, 1993 e in Valentini V., *Le forme del narrare in video*, op. cit..

56. Montani P., *Video e racconto*, in V. Valentini (a cura di), *Le storie del video*, op. cit., pp. 183-195.

57. Il collettivo Videobase nato nel 1971 era composto da Anna Lajolo, Guido Lombardi e Alfredo Leonardi. Tra i documentari realizzati in video si ricordano *Il fitto dei padroni non lo paghiamo più* (1972), *Carcere in Italia* (1973), *Policlinico in lotta* (1973), *Quartieri popolari di Roma* (1973), *Lotta di classe alla Fiat* (1974), *Lottando la vita (emigrati italiani a Berlino)* (1975).

58. Vedi Degiovanni P., *Tendenze nel documentario italiano tra antropologia e videoarte*, in «Rifrazioni», n.16, maggio 2013. Degiovanni cura nel 2013 anche una rassegna di proiezioni all'Accademia di Bologna dal titolo *Documentario come opera d'arte*, 9-10 maggio 2013.

59. Bertozzi M., *Documentario come arte. Riuso, performance, autobiografia nell'esperienza del cinema documentario,* Marsilio Editori, Venezia 2018.

60. Vedi Medesani A., *Icone Fluttuani. Storia del cinema d'artista e della videoarte in Italia*, Mondadori, Milano 2002; Gazzano M. M., *Kinema, il cinema sulle traccie del cinema. Dal film alle arti elettroniche*, Exòrma, Roma 2013.

61. L'edizione del Pesaro Film Festival del 1996, *Il cinema e il suo oltre*, curata da Adriano Aprà, è stata forse una delle maggiori anticipatrici di questa mutata visione.

62. Terlizzi C., *Asolo Art Film Festival 37° edizione / 20 – 23 giugno 2019*, prefazione al catalogo, p. 8.

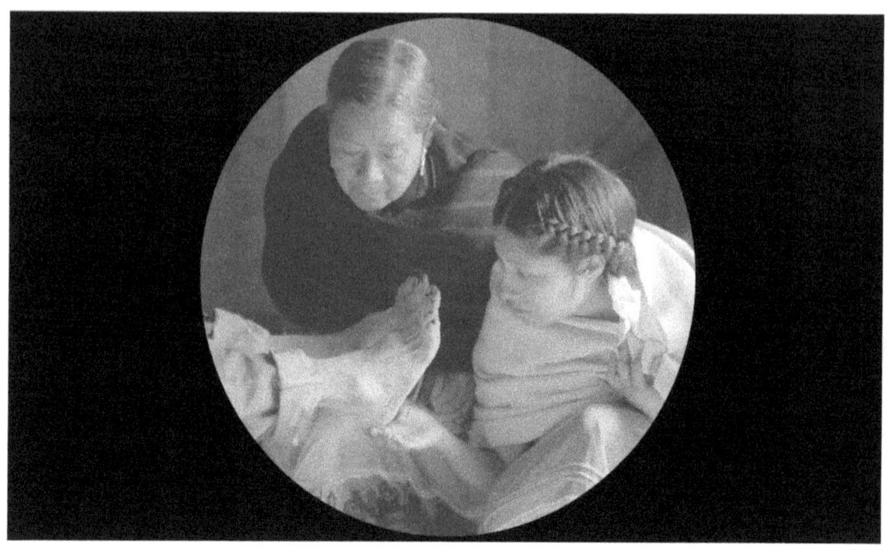

Gust Van den Berghe, *Lucifer* (Still)
Film, 110', Messico/Belgio 2014

4. *Videografie*: ipotesi di ricerca

Premessa

Quando si vuole scoprire se un corpo steso a terra è morto o vivo, se possiede ancora un respiro, un residuo di energia animale, bisogna prestare attenzione a ogni possibile suo movimento, al moto più che all'aspetto, cogliere l'oscillazione di un dito, un fremito delle labbra, un tremito delle palpebre, magari appena percettibili; così in questo ultimo capitolo guarderemo al corpo del video.

Se supporti, processi e dispositivi non necessariamente garantiscono l'identificazione di un medium piuttosto che un altro, proviamo ad ipotizzare che alla scomparsa della specificità rimedi la sopravvivenza di singoli caratteri (estetici, formali, tematici), storicamente riconducibili ciascuno ad una specifica tecnologia di riferimento. Spostando la nostra attenzione dalla storia del video (intesa come inizio, sviluppo e fine) alla trasformazione dei suoi 'motivi' e delle sue 'figure di scrittura' (operazione che tentano, ad esempio, Sandra Lischi in *Visioni Elettroniche*, 2001, e Vincenza Costantino in relazione al cinema del dopo video)[1] il video ci apparirà, al di là del proprio supporto d'appartenenza, come un groviglio di azioni e reazioni che continuano a deterritorializzare (riprendendo le riflessioni di Cosetta Saba) tutti i campi dell'arte[2].

Quali sono pertanto del videografico i motivi o le figure di scrittura evidenti, rimosse o inconsce, che riemergono o persistono nei domini delle immagini in movimento, dal cinema al documentario, che ritornato sotto altre forme nei meandri della comunicazione, dalla televisione commerciale a internet? Con quali criteri rintracciarne tracce e testimonianze? O altrimenti, volendo far nostre alcune delle domande che un attento conoscitore della storia del video quale Jean-Paul Fargier si è posto recentemente, ci chiederemmo: «Dove se ne è andato il video? Possiamo letteralmente affermarlo: nel digitale. Ma come? E per fare cosa? Del nuovo o del già visto? Delle conquiste specifiche o dei remake mascherati in colpi di scena? Brevemente: esiste veramente un'arte digitale? O è soltanto un vestito alla moda?»[3].

4.1. *Quale metodo?*

Ipotizzare un metodo di ricerca con il quale reperire nel panorama digitale, tra passato e presente, la vitalità dei motivi e delle figure di scrittura del videografico, presuppone un punto di vista storico al quale attenersi. Se escludiamo i criteri biologici di inizio, progresso, decadenza e fine, il nostro modello di storia ricalca piuttosto quel che Georges Didi-Huberman afferma in apertura del suo l'*Immagine insepolta*, ovvero: «il discorso storico non nasce mai, ricomincia sempre» e «la storia dell'arte ricomincia ogni volta»[4], quando il suo oggetto «sembra morto per sempre», eppure è sempre vivo in potenza, sepolto dal tempo. Grandezza e decadenza, fortuna e miseria, vita e morte, pre e post, sono questi, ricorda Didi-Huberman, i cardini sui quali il senso storico si è orientato, tanto più quello della storia dell'arte da Winckelmann in poi. Guardare ai resti di un passato (o alle sue copie nel presente) per ritracciarvi un'essenza perduta ha generato ricostruzioni storiche del tutto fittizie e ideali, quasi metafisiche, soprattutto noncuranti del «lascito di cui si è depositari». Possibile, si chiede Didi-Huberman, che le immagini non si diano se non per «vita e morte», grandezza e decadenza? E non, viceversa, per fantasmi, ritorni e sopravvivenze?

Soffermiamoci sul significato della parola "sopravvivenza" (in tedesco *Nachleben*), alla base delle ricerche di Aby Warburg osservate da Didi-Huberman. In tedesco *Nach* (dopo) e *Leben* (vita) designa un significato attivo che rimanda ad uno stato 'in essere' (*Leben*, *Desein*). Nella lingua italiana sopravvivere (*supra*, 'oltre', e *vivere*, 'vivere': rimanere in vita, perdurare, mantenersi) si utilizza di norma per indicare ciò che resta o che scampa ad una situazione preesistente, come colui che miracolosamente si salva oppure sopravvive (come i salvati di Primo Levi) ad una catastrofe. Nella sua accezione più fantasmatica sopravvivenza indica inoltre il perdurare di una vita anche dopo la morte. L'espressione *Nachleben der antike* (sopravvivenza dell'antichità), notoriamente alla base del metodo storico di Aby Warburg, non era soltanto impiegata dallo storico dell'arte tedesco per trovare nelle forme del Rinascimento l'*eredità* del classicismo, ovvero il suo lascito; Warburg, commenta Didi-Huberman, voleva anche capirne la *vita*, la forza o la potenza (*Kraft,*

Macht) impersonale: «Un essere del passato, una forma, una figura, un mito, in un certo momento tornava ad esistere e il suo ritorno nella memoria diveniva l'urgenza stessa dell'intempestivo»[5]. Quella vita era sempre sopra-vissuta fino a riemergere intempestiva come chi d'un tratto ritrova la voce. La storia delle immagini, conclude Didi-Huberman, è pertanto una «questione di vita», e dato che in questa vita, la morte è onnipresente, di «sopravita», di sopravvivenze.

Sono alcune delle riflessioni contenute e sviluppate in *La sopravvivenza delle immagini nel cinema*, dove l'autore Francesco Zucconi, riprendendo alcuni passi di Bergson e di Deleuze, si sofferma sulla lettura di alcune recenti pratiche di riuso nel cinema (di finzione e documentario) di archivi o di immagini preesistenti: è un passato che preme sul presente e che a sua volta «lo genera e rigenera; qualcosa si ripete – sopravvive – laddove si produce la differenza»[6]. In queste neo-pratiche di riuso digitale, tra passato e presente si instaura un dialogo a volte spontaneo e a volte ricercato, quasi taumaturgico, con lo scopo di «[...] Dettagliare, analizzare, comprendere e ricostruire le immagini del passato come condizioni di possibilità per una piena assunzione delle stesse, dei saperi che queste custodiscono, da parte del presente»[7].

Un'impostazione storiografica che pensa più in generale la storia per (tornando a Didi-Huberman) «blocchi ibridi, rizomi, complessità specifiche, ritorni spesso inattesi e fini sempre aggirati»[8] ci sembra possa fortemente rispondere, questa è l'ipotesi da vagliare, al disorientamento sistematico cui la rivoluzione digitale ci espone. Se, come ha scritto Hans Belting, «Non è più possibile isolare l'immagine digitale. É entrata così tanto a far parte dell'ambito della fotografia, del film, della TV e del video che noi la consideriamo già a livello intermediale»[9], e se con questo presupponiamo la coesistenza o la rivalità di linguaggi diversi, come cadono oggi le barriere tra i singoli medium e come parimenti dovrebbero riorganizzarsi singoli saperi e discipline accademiche? Defamiliarizzare la storia dell'arte, perturbandola con altre scienze, comportava per Warburg un ampliamento dei confini metodologici, aggirando i conflitti accademici legati alla trasmissione dei saperi specializzati. Un simile modello storiografico continua ancora, e forse oggi più che mai, a rivelare tutte le sue potenzialità, rendendo giustizia all'estrema complessità dei rapporti di cui le immagini sono costituite, offrendosi come un valido strumento per indagare un tempo che non si muove per lineari evoluzioni ma per «assilli, sopravvivenze, rimanenze, ritornanze delle forme»[10]. Per forzare il paragone potremmo dire che, se il video non è mai riuscito ad autodeterminarsi in una disciplina è dovuto al fatto che la sua storia in particolare, e la storia dell'arte in generale, non sarà mai un oggetto ma, prendendo a prestito ancora le parole di Didi-Huberman, un «complesso mucchio, un coacervo o un rizoma di rapporti»[11].

Assolto il nostro rituale epistemologico (prima di volgerci al presente del digitale con l'intento di rintracciarvi le persistenze o 'le sopra-vite' del video) occorre un'ulteriore precisazione. Se il video è, come scrive Vincenza Costantino, l'arte «dell'inceppamento, della pluridisciplinarità, della commistione e interferenza dei linguaggi»[12], una criticità di fondo potrebbe emergere: fino a dove si spinge questa deterritorializzazione dell'immagine? Fino a dove si spingono i territori del video? Didi-Huberman osserva che moltiplicando a tal punto i legami tra i saperi, cioè tra le risposte possibili, il rischio insito nel metodo di studio Warburghiano era l'aporia. Se questo non era accaduto lo si doveva al fatto che il lavoro dello storico dell'arte/antropologo, secondo Warburg, poteva spingersi nei territori più remoti della cultura ma sempre doveva tornare a verificare le proprie intuizioni su una specifica opera, o ciclo di opere, dalla quale la sua ricerca aveva preso le mosse. La prospettiva dello storico dell'arte (lo studio filologico delle opere considerate nella loro diversità di dispositivi, linguaggi, estetiche, l'analisi delle mostre, le interpretazioni critiche, i testi teorici) arricchita dal confronto con le altre discipline, dai *media studies* all'estetica, dal cinema alla fotografia, dall'antropologia alla storia delle tecnologie, rappresenta una valida via per non consegnarsi allo smarrimento o all'aporia delle forme e dei formati digitali.

Parafrasando il pensiero di Erwin Panofsky, espresso nel suo *La storia dell'arte come disciplina umanistica* (1940)[13], la figura dello storico dell'arte da un lato assoggetta i suoi 'materiali' a «un'analisi archeologica» (l'approccio filologico) «non meno minuziosamente esatta, esauriente ed elaborata di una qualunque ricerca fisica ed astronomica»[14]; dall'altro è chiamato ad un processo intuitivo estetico di «ri-creazione» nel quale le opere tornano a materializzarsi. I due processi sono strettamente correlati: «[...] La ricerca archeologica è cieca e vuota senza ri-creazione estetica, e la ri-creazione estetica è irrazionale e spesso si smarrisce se non è accompagnata dalla ricerca archeologica. Ma 'sostenendosi a vicenda' queste due attività possono sostenere un 'sistema che ha un senso', cioè una sinossi storica»[15]. Dallo storico dell'arte erediteremo pertanto il metodo, dall'umanista la sua capacità di addentrarsi in una regione dove il tempo si è arrestato da sé per cercare di rimetterne in moto il potenziale. Come suggerisce Panofsky: «Per cogliere la realtà dobbiamo staccarci dal presente»[16]. Se «vita, morte e rinascita, progresso e declino – come sostiene Didi-Huberman – non bastano più a descrivere la storicità *sintomale* delle immagini»[17], piuttosto che decretarne la fine, non sarebbe più fruttuoso individuare i sintomi e le ricadute della storia del video nel presente digitale? 'Sopravvivenza', 'persistenza', 'vita', 'reminiscenza' saranno le parole di cui ci serviremo, consapevoli di non dover cercare del video le macerie, quanto rintracciarne la vita. Il modello dei *Nachleben*, aggiunge Didi-Huberman: «non riguarda soltanto una ricerca delle sparizioni. Vuole trovare piuttosto l'elemento fecondo di esse, quanto in esse costituisce una traccia e, con ciò, si rende capace di una memoria, di un ritorno, se non di una rinascita»[18].

4.2. *Sul perdurare del videografico*

Nelle opere degli artisti di cui ci occuperemo, il video convive con altre forme e altri linguaggi. È sufficiente scorrere rapidamente i siti internet di ciascuno di loro per accorgersi che non esiste più alcuna specializzazione: foto, film (la parola film ha in genere soppiantato la parola video), sculture, performance, documentari, installazioni coesistono in una singola biografia. Osserva un artista poliedrico come Cosimo Terlizzi (nato nel 1973) a proposito della multidisciplinarietà nel proprio agire: «Il mezzo cinematografico arriva a più persone, la performance per sua natura è circoscritta a un pubblico più piccolo e a volte è un'azione che fai solo per te. In ognuna di queste forme cerco di darmi con forza»[19]. Resta complesso determinare in che misura elementi tanto diversi si supportino sostenendosi a vicenda, oppure, per contrasto, si annullino; in più, a differenza degli artisti emersi negli anni Sessanta e Settanta, quelli nati o cresciuti con il digitale poco o nulla scrivono sul proprio lavoro. Le definizioni che ciascun artista dà di se stesso (tra le più fantasiose: 'inventor, director, installer and active performer'; *video and installation artist*; *moving image artist*; *artist and filmmaker*, *filmmaker and sculptor*; *film maker and visual artist*; *scénariste*, écrivain, *plasticienne*, *cineaste*, *cineaste et plasticienne*) compongono un glossario che certo amplifica il nostro stato confusionale. Proviamo per un momento a confrontare questa poliedricità con l'intermedialità degli anni Settanta, o 'extramedia'[20], ad esempio riportando le parole scritte nel 1974 dall'artista e cineasta Ed Emshwiller: «Ho lavorato con la pittura, il film e il video, ed in ciascun medium è il segno che ogni azione lascia ad interessarmi; differenti strumenti richiedono differenti azioni; simili azioni ma con strumenti diversi producono differenti risultati, ti fanno dipingere diversamente. Il segno che lasciano cambia anche se l'impronta è la stessa. Puoi preferire il sovrapporsi dell'uno sull'altro, o il modo in cui l'uno richiama l'altro, o il risultato dell'imprimersi di un gesto o di un'azione sull'altra. Ogni medium esprime una propria istanza, le proprie esigenze, il proprio segno»[21]. Rispetto a simili parole (che ricondotte a quell'epoca sembrerebbero avvalorare l'idea che ogni tecnica e mezzo artistico potesse procedere secondo specifiche norme d'applicabilità), com'è cambiata negli artisti la consapevolezza dei propri mezzi espressivi? E di conseguenza, come sono mutate nel contesto mediale del digitale, tanto diversificato, le forme videografiche?

Altra osservazione: ogni intenzione di offrire del video un resoconto teorico/critico di tipo sistematico si rivelerebbe presto fallimentare. Siamo entrati nel tempo della dopo storia (o del 'dopo l'arte' come sostiene David Joselit)[22], pertanto non possiamo che procedere opera per opera, fiduciosi che la descrizione, riportando il pensiero di René Payant, sia un'operazione in grado non tanto di tradurre bensì di «produrre il proprio oggetto, o meglio quell'insieme di stabilizzazioni che lo rendano descrivibile»[23]. Interpretare e accostare tra presente digitale e passato elettronico, rivalutando la storia e migliorando il nostro orientamento nel labirinto del digitale, è quanto ci proponiamo: valuteremo persistenze, variazioni e resistenze che coinvolgono diverse opere o diversi gruppi di opere, riconducibili all'arte del video.

La storia del video ci ha del resto preparati: un corpo di testi e opere che si è sottratto alla stabilizzazione. Se, come attestato con il digitale, supporti, processi e dispositivi non necessariamente garantiscono più l'appartenenza di un'opera d'arte ad un medium piuttosto che ad un altro, proviamo ad ipotizzare che alla perdita di specificità rimedi la sopravvivenza (o 'vivenza') di singoli caratteri (estetici e formali) riconducibili ad una 'specifica' tecnologia di riferimento. Forse non dovremmo più porci la domanda su che fine abbia fatto il video, piuttosto interrogarci sul 'dove' le sue forme vivono? Ovvero, come ha scritto François Parfait: «Il termine 'video' diventa il diminutivo non di 'videografia', con il quale si confonde, ma di 'videografico' che, nella sua sostanzialità, permette di concepire il video come una vera estetica attraverso la quale esaminare gli effetti apportati al resto delle arti»[24].

Se il video è destinato ad essere assorbito da «le grand tout numérique», il che non è soltanto ineluttabile ma già effettivo, le forme videografiche, sostiene Parfait, gli sopravvivranno: «[...] Il videografico, una volta costruite le condizioni materiali di una propria estetica di riferimento, sopravvivrà o tuttalpiù i suoi tratti distintivi saranno integrati nei modi di pensare e nelle possibilità tecniche dell'informatica»[25]. Nel suo *déplacement* digitale, il video ritrova le sue forme smarrite e si riconsolida tanto sul piano storico che su quello concettuale. Tanto basta per motivare una ricerca volta a rintracciare nel digitale le vitalità del videografico.

4.3. *Videografie: 'motivi' e 'figure di scrittura'*

Abbiamo più volte ricordato come nel corso degli anni Ottanta, specie tra Francia e Italia, si sia andato a formare un movimento di consolidamento teorico intorno alle pratiche del video, un comune interrogarsi sui confini e le identità di un medium debordante con il preciso intento, così si diceva, di definire le caratteristiche del linguaggio videografico, la cosiddetta *nouvelle image*. Queste riflessioni costituiscono un prezioso bacino da cui attingere.

Gli esempi non mancano, in Francia spaziano dai due numeri speciali dei *Cahiers du Cinéma* – uno curato da Dominique Belloir, dal titolo *Vidèo Art Explorations* (1981), l'altro da Jean-Paul Fargier, *Ou va la vidéo?* (1986) – e il numero speciale della *Revue d'esthétique*, *Vidéo-vidéo* (1986). In Italia il dibattito passa da antologie significative, come *Metamorforsi della visione. Saggi sul pensiero elettronico* (1988) curato da Sandra Lischi e Rosanna Albertini, a testi come *L'immagine elettronica* di Vittorio Fagone (1990); altre volte le riflessioni più incisive si registrano nel corso dei vari colloqui, dibattiti, interviste e cataloghi scaturiti dagli incontri con gli artisti nel corso dei numerosi festival dedicati alle arti elettroniche.

Richiameremo più volte questo momento teorico nel corso di quest'ultimo capitolo, oscillando in un doppio movimento tra passato e presente per selezionare quei concetti e strumenti utili ad interpretare le immagini del presente. È proprio in questa stagione di dibattiti intorno alle arti elettroniche che si vanno definendo quelle figure di scrittura più prossime al video, le stesse, questa è l'ipotesi, che non hanno smesso di incidere nel modo di prodursi delle immagini in movimento, fino alle più recenti produzioni digitali. Anne-Marie Duguet nel 1981 si domandava specificatamente se il video avesse o no delle proprie figure di scrittura: «Esiste una scrittura 'specificatamente' videografica?», quindi, partendo dai suoi tratti tecnico-sensoriali ricorrenti ne tentava una classificazione suddividendoli in: 'scrittura sociale e politica'; 'economia temporale e spaziale'; 'trattamenti dell'immagine videografica'; 'comunicazione-informazione'; 'lo spazio video'; 'le installazioni'; 'la video performance'[26]. Nel 1986, anche Jean-Paul Fargier si sofferma su un insieme di figure che a suo avviso formavano una 'scrittura video' che chiamava 'videografica': «Figure ricorrenti, senza dubbio non esaustive (ne scopriamo di nuove in ogni opera importante, in ogni salto tecnologico), che si arricchiscono di esempi senza smettere di variare ad ogni applicazione»[27].

In un saggio che abbiamo già citato, *Cinéma et vidéo: interpénétrations* (1988) di Philippe Dubois, Marc-Emmanuel Mélon e Colette Dubois, gli autori si interrogano sul metodo da seguire: risalire il corso del video ben oltre la sua nascita, oppure, si chiedono, lasciarsi guidare alla deriva, andando a cercare il video altrove «sull'onda di confluenze sotterranee per riemergere poi nel cinema, al presentarsi di questa o quella figura»?[28]. Oggi il confronto non potrebbe darsi solo con il cinema, il digitale ha contaminato a tal punto le immagini tra loro, disseminandole su supporti e dispositivi, da consegnarci un intreccio che ci obbliga ad estendere la nostra ricerca su tutti i fronti: oltre al cinema, al documentario interattivo, al videoclip, alle videoinstallazioni immersive, alle pratiche di archivio e di *video found footage* o di *web video footage*; in sintesi, ovunque le immagini in movimento abbiano conservato una traccia videografica.

Nonostante le differenze, un fondo comune ci lega all'impresa di Philippe Dubois, Marc-Emmanuel Melon e Colette Dubois: «Partire, con tutti i rischi che questo comporta, alla ricerca di qualcosa che non dice il suo nome: una logica, un'estetica, delle scelte di scrittura, un insieme di effetti e di figure che fanno letteralmente corpo col cinema e nello stesso tempo sono presenti anche al cuore del video... Si tratta di superare la superficie delle cose, di non lasciarsi bloccare dalle apparenze (quelle date e quelle dei supporti). Di andare a vedere quel che si trova sul fondo (del video), guardando prima e a fianco di esso»[29].

Se loro guardavano al cinema noi andremo oltre, ipotizzando come particolari motivi e figure di scrittura apparentabili alla storia del video siano viventi o latenti, con le debite differenze, nel panorama diversificato delle immagini in movimento digitali. Procederemo prima all'individuazione dei motivi. Nella critica dell'arte per motivo (pittorico, letterario) si intende un elemento qualificante e ricorrente di un particolare stile figurativo. Greimas definisce in semiotica il motivo come: «un'unità di tipo figurativo che possiede un senso indipendentemente dalla sua significazione funzionale in rapporto all'insieme del racconto nel quale prende posto» ovvero come un tipo di «micro-racconto ricorrente»[30]. Tra i motivi videografici che abbiamo individuato vi sono identità, memoria, paesaggio, luoghi, geografie. Una volta decifrati, passeremo poi alle figure di scrittura, intese come componenti basilari di una lingua; tali figure, pur essendo distinte e a volte perfino specifiche, nell'insieme formano un sistema, una concezione generale dalla quale osservare dove continuano ad annidarsi i linguaggi e le estetiche videografiche, e sono: ripresa, *liveness*, *texture*, riquadro, *mélange*, *remix*, *mash-up*.

4.4. *Identità*

In una mostra itinerante del 1990 dal titolo *Eye for 1: video self-portrait*[31], Raymond Bellour, che ne era il curatore, affermava che la forma dell'autoritratto, tradizionalmente affine alla storia della pittura e della fotografia, trovava nel video uno straordinario mezzo espressivo, realizzando quel sogno che era stato di Alexandre Astruc di una *caméra-stylo*: «[...] La registrazione su un nastro immagine-suono dei meandri e del lento e frenetico scorrimento del nostro universo immaginario, il cinema-confessione, saggio, rivelazione, messaggio, psicanalisi, ossessione, la macchina che legge le parole e le immagini del nostro paesaggio personale»[32].

Da Raymond Depardon e Maria Koleva, Boris Lehman e Jonas Mekas, Chantal Akerman e Orson Welles, Chris Marker, Stan Brakhage, Jean Cocteau, Robert Frank, Hollis Frampton, esiste un cinema soggettivo e autobiografico che molto deve alla letteratura, ma l'autoritratto, precisa Bellour, non va confuso con il racconto autobiografico; è piuttosto un 'bricolage' di elementi cronologicamente non lineari, un racconto poetico e metaforico che si dipana lungo un tempo anacronistico e discontinuo, affidandosi a un sistema di richiami, riprese, sovrapposizioni e corrispondenze tra elementi omologhi e sostituibili. La principale caratteristica dell'autoritratto, suggerisce Bellour, è il discontinuo, la «giustapposizione anacronistica del montaggio» giustifica ogni cosa: «[...] Passando così senza transizione da un vuoto a un eccesso nel quale non si sa chiaramente né dove si va né ciò che si fa»[33]. Secondo Bellour vi è una tendenza connaturata all'arte video nel tendere verso l'autoritratto, eleggendo il corpo dell'artista quale supporto, quale fulcro di una sperimentazione che mira a determinare le possibilità stesse del medium: «è un corpo dispositivo»[34]. In questo genere di opere video l'artista, il più delle volte, figura da solo, utilizza se stesso come attore-soggetto[35], elimina ogni intermediario nelle fasi di produzione, controlla in prima persona il segnale, mantenendo un rapporto intimo e privato con l'atto di creazione. Così scriveva nel 1986 lo storico dell'arte tedesco Helmut Friedel: «Proprio questa solitudine nel lavoro è indubbiamente una circostanza che favorisce l'insorgere di un dialogo intimo e serrato tra l'artista e la telecamera, dialogo in cui l'artista, non osservato da nessuno, descrive, rappresenta e mostra se stesso. È una situazione di completo auto-abbandono che può condurre ad auto osservazioni che vanno dallo stupore narcisistico sino alla radicale messa a nudo di sé»[36].

Afferma Bill Viola in un'intervista con Virginia Rutledge: «Il video è particolarmente congeniale all'autoritratto perché è in grado di convogliare un grande senso di intimità e immediatezza [...] Il video permette allo spettatore di sentirsi testimone dell'esperienza privata di qualcun altro, e questa impressione di contatto con un altro essere è particolare al genere, credo»[37]. Stando inoltre a quanto scrive lo storico e teorico del documentario statunitense Michael Renov è la solipsistica immediatezza del video a suggerirne un uso «confessionale» (*the electronic confessional*), vale a dire come di un luogo dove potersi dare totalmente in immagine senza alcun limite di tempo o di forma. Il video, scrive Renov, è «il mezzo per eccellenza dell'introspezione»[38].

Tutti questi elementi convergono in un vertice: il raccontarsi in video, il mettersi in immagine, risponde ad un grado zero dell'esperienza, oscillando tra un disperato desiderio di comunicare e un annichilimento del sé. A solo, digressioni, continui passaggi dal generale al particolare sono le forme con le quali il soggetto, l'Io di chi racconta, percepisce e restituisce al di fuori di sé tutto ciò da cui (immagini, suoni, memorie, visioni, pensieri) si sente travolto.

I confini tra autoritratto e autobiografico a volte non sono in video così netti, tendono ad ibridarsi con le forme del viaggio (Chip Lord, *Motorist*, 1989; Susan Mogul, *Prosaic Portraits. Ironies and Other Intimacies*, 1991) o del diario/viaggio[39], ovvero con un flusso personale di esperienze, riflessioni, confessioni, frammenti, immagini e stati d'animo registrati d'istinto: un accumulo continuo e stratificato di un immaginario privato. In simili opere il soggetto dell'artista, la sua voce, il suo respiro, la presa incerta della camera a mano, è presenza continua. L'artista affonda nel proprio universo introspettivo come in *The Red Tapes* (1976) di Vito Acconci, oppure violentemente pesca al di fuori di sé (Acconci, *Centers,* 1971), in ogni caso chiuso tra due macchine, la telecamera e il monitor, come nota Rosalind Krauss nel suo celebre saggio *Video: The Aesthetics of Narcissism* (1976): «imprigionato nel suo proprio riflesso», l'artista non può fare altro che «perpetuare quell'immagine»[40].

La messa in forma del proprio io in video può darsi non solo con il corpo/dispositivo dell'artista, ma per mezzo della trasposizione visiva (o traduzione) del proprio immaginario. Ci riesce magistralmente Bill Viola nel 1986 con uno dei suoi video più estesi per durata (90 minuti), intitolato *I Do Not Know What It Is I Am Like.* Immagine dopo immagine, l'opera dispiega un complesso repertorio visivo che progressivamente si svincola dal privato dell'artista (il prodotto della sua immaginazione) per toccare figure, diremmo meglio "icone", cariche di simbologie universali, diventa una meditazione visiva sull'uomo, sul vedere, sulla natura, i suoi elementi, la sua deperibilità, etc. Soffermiamoci sulle immagini di *The Night of Sense*, uno dei capitoli più suggestivi dell'opera. Viola si vede nel suo studio riflesso nell'occhio di un gufo, ad un tavolo un orologio segna le 3:30, l'artista legge un libro e guarda delle figure, una colonna vertebrale, una stampa che riporta il titolo *Stimulus and Response*, poi l'immagine di un uovo, un sasso, una caravella d'oro piena di perle e una lumaca. Stacco. Viola ora guarda un VHS su un piccolo monitor tv: sono immagini di uccelli, prende nota su un taccuino, manda avanti e indietro il nastro, uno zoom si avvicina sempre di più allo schermo fino ad inglobarlo. Ora scorrono le immagini di una cerimonia sacra indiana. Viola entra in cucina e beve un bicchiere d'acqua, dettaglio su una goccia. Un bicchiere ricolmo d'acqua frizzante, le bollicine si diradano mostrando in trasparenza un bonsai. Si sente poi il suono di un areo che passa in lontananza, poi quello di una penna che scorre graffiante su un foglio di carta. Bill Viola continua a leggere, lo vediamo riflesso in una palla di vetro, si alza e accende una luce; dentro alla palla di vetro c'è il plastico di un paesaggio montuoso immerso in un liquido biancastro, forse latte, che rende l'immagine opaca, come fosse avvolta dalla nebbia. Stacco. Dettaglio dell'occhio di Bill Viola poi quello di una candela accesa. Stacco. Su un piatto d'argento è posato uno sgombro, primo piano di un pezzo di pane, due cipolle e una testa d'aglio e un bicchiere di cristallo: ricorda una natura morta fiamminga. Viola consuma il pasto, con dettagli ravvicinati, un boccone alla volta, fintantoché del pesce non resta che la lisca. Stacco. Un pulcino esce dal guscio di un uovo. Bill Viola ora è di nuovo al suo tavolo di lavoro, beve una tazza fumante di thè, è l'ultimo sorso prima di chiudere il libro che stava leggendo e il suo taccuino, poi esce fuori campo. Un lento zoom si avvicina alla tazza di thè fin quando la proboscide di un elefante entra in campo portandola via. Zoom indietro: l'elefante è fermo nella stanza. Buio.

Ha scritto Raymond Bellour: «L'immagine video è una delle manifestazioni più vive di ciò che il pensiero è, con i suoi salti e il suo disordine. Attraverso il pensiero come immagine ci offre un'immagine instabile, vibrante, del pensiero stesso»[41]. *The Night of Sense* procede in questa direzione. Le immagini sembrano accadere nel preciso istante in cui le si guarda e ne siamo irrimediabilmente presi come in una mistica ipnosi dei sensi. «L'immagine videografica sarebbe così una buona approssimazione dell'attività neuronica intenta a percepire, cioè a costruire rappresentazioni»[42]: nelle parole di René Payant scopriamo nel video un mezzo esclusivo per connettere corpo e mente[43].

Pur se contaminato con le forme del diario, il viaggio filmato, l'analisi introspettiva, la forza evocativa dello sguardo, l'autoritratto è uno dei motivi pertinenti al linguaggio videografico. Guardando ora più strettamente al contesto digitale, e nello specifico alle pratiche del film/documentario, scopriremo l'esistenza di linee di continuità tutt'altro che esaurite. Le opere che abbiamo fin qui attraversato si ponevano tutte, pur senza formularla direttamente, la questione dell'Io, da sempre terreno scivoloso, tanto più se posta in video, dove il doppio che compare sullo schermo non può più chiamarsi un vero oggetto esterno «ma uno spostamento semmai del sé, che produce l'effetto di trasformare la soggettività dell'attore in un'oggettività riflessa»[44].

«Distruggi il tuo EGO», è ciò che Cosimo Terlizzi, poliedrico artista (performer, fotografo, documentarista, film maker, video maker) trova scritto sulla parete della camera dove viveva l'amica tragicamente morta suicida. L'immagine, annotata da una videocamera, diventa un frammento e poi, archiviato in una cartella del computer, un file come tanti che riemergerà più avanti come un'ossessione. Questa è la sequenza che racchiude l'essenza di *Folder* (2010), il titolo che Terlizzi sceglie per il suo film più introspettivo. L'idea, commenta l'artista, nasce da un'urgenza: «Parlare, descrivere i moti acrobatici dell'identità. Volevo parlare di questo come se stessi disegnando dal vero, come ai tempi del corso di disegno in cui dovevo fare attenzione ai dettagli e raffigurarli in poco tempo, prima che la campanella dell'ora suonasse. *Folder* è il mio diario audiovisivo, immediato nonostante sia realizzato con diversi media. Ho immaginato di scrivere un diario e i diari spesso non sono scritti su fogli pregiati o senza errori di ortografia. I diari sono sfoghi reali»[45].

Folder prende le mosse dall'elaborazione di un lutto le cui circostanze danno luogo ad una riflessione sulla propria condizione esistenziale, «una ricerca espressiva del proprio mondo interiore». Tutto ciò che Cosimo Terlizzi riprende in un anno, la sua vita privata, le sue amicizie, le conversazioni su Skype, le telefonate, i suoi viaggi da una casa all'altra, da un paese all'altro, confluiscono in un'opera ipertestuale che prende forza dall'accostamento delle diverse fonti: «A lavoro ultimato ho capito che il mio *Folder* aveva tutte le caratteristiche di un documentario. In questi anni sto elaborando un altro concetto di vita privata, ho la sensazione che sarà sempre più difficile eludere i vari occhi, siamo circondati da ogni tipo di registratori, lasciamo tracce ovunque e in qualsiasi modo. Come per le tecnologie che vanno verso il sempre più leggero e quindi verso l'immateriale, anche la nostra vita avrà sempre meno bisogno di grosse infrastrutture e la nostra intimità sarà sempre più ritirata dentro di noi. Così mettendomi a nudo nel mio film è come se avessi esposto una parte esterna di me, mentre la mia intimità è ancora più dentro ed ancora protetta»[46].

È il montaggio, curato da Terlizzi stesso, a dare senso alle varie sequenze registrate della propria vita, ricomposte, a volte incastrate a forza, altre volte perfettamente combacianti: «Questo è il diario – afferma – scritto anno dopo anno, un ritratto del proprio tempo e dei propri moti interiori»[47], ed è qui che si annidano le continuità con le forme videografiche dell'autoritratto. L'odierna condizione ipermediale, amplificata dalla proliferazione delle tecnologie del Web, nell'opera di Terlizzi trova nella forma spuria del diario – riattualizzandone il potenziale – un supporto ibrido capace di assorbire codici e materiali audiovisivi di vario genere.

Il secondo autore sul quale ci soffermiamo è il francese Vincent Dieutre[48]. Nei suoi documentari, al confine con il diario filmato e il video saggio (*video essai*), Dieutre mescola i piani del racconto passando dalla descrizione di un vissuto personale a considerazioni più generali, la sua voce accompagna costantemente le immagini, dà loro un corpo, un volume, fino ai più recenti documentari *Ti penso* (2008), *Jaurès* (2012) e *Orlando Ferito* (2015). In *Jaurès* il dispositivo è semplice: dalla finestra della casa del suo ex amante, Dieutre ha accumulato nel tempo una serie di immagini girate nei pressi della stazione Jaurè di Parigi e decide di rivederle con la sua amica Eva Truffaut (che non vediamo ma solo sentiamo) alla quale confida la storia del suo amore finito.

In una lettera che invia alla rivista *Criticalsecret* nel 2005, Vincent Dieutre si definisce un «tiers-cinéaste» (letteralmente 'un terzo-cineasta') e confessa di sentire tutte le difficoltà e le conseguenze di vivere in un momento di «redifinizione dell'arte in un mondo saturo d'immagine e iper-mediatizzato»[49]. Se il *rècit cinématographique mainstream* si dimostra totalmente inadatto ad interpretare la nuova condizione esistenziale dell'ipermoderno, Dieutre si augura che siano gli artisti, il loro candore e la loro brutalità a prendere per mano il cinema e portarlo ad una terza età (dopo il sonoro e il parlato, secondo la definizione di Patrick Leboutte)[50]. Il documentario in questo scenario, più della finizione, a parere di Dieutre, si afferma grazie al libero accesso alle tecnologie digitali di ripresa e di postproduzione, come un territorio di libera sperimentazione, svincolato dalle logiche di mercato: «Ibridato, autoprodotto, reattivo, vitale, il terzo-cinema si adatta pragmaticamente alla propria condizione fragile e minoritaria, determina una nuova estetica, tra minimalismo e trash, senza paradossalmente smettere di influenzare il cinema dominante. La bellezza sul filo di lana delle 'terze-immagini' ci tocca dando corpo alla precarietà delle nostre vite presenti. Il corpo, così ripreso, si offre alla vista nella sua immobilità o nei suoi traballamenti, sostituendosi, nell'intelligenza emozionale dei nuovi spettatori, al corpo esaltato delle star. In questo il terzo cinema è il più documentario, il più realista; la sola realtà che registra è quella che riprende»[51].

Per chiunque abbia una relazione con le storie del video, simili parole suoneranno familiari. Dieutre è convinto che questo 'terzo cinema' non si sarebbe mai sviluppato senza la capillare diffusione digitale delle tecnologie del video DV[52], ma forse è meno consapevole di quanto le parole che sceglie per descriverlo (*mixage, contestation du réel, vibratile, hésitante*) poggino sulle figure di scrittura della narrazione videografica sperimentate per più di un decennio dal dispositivo elettronico. Il progetto di un 'terzo-cinema', o quello del dopo-video diremmo piuttosto noi, per Dieutre si realizza a partire da una rappresentazione dell'intimo, della sua messa in forma, per elaborare poi un'esperienza collettiva. É stato altre volte chiamato 'documentario di creazione', ma i legami di parentela con il video, o nello specifico con il *video essai*, di rado sono stati messi in luce. Dieutre lo chiama «voto di povertà»[53] questo modo scarno di raccontare per immagini, un'espressione che da lontano ricorda quella povertà di cui Walter Benjamin scrive nel lontano 1933: «A cosa mai è indotto il barbaro dalla povertà di esperienza? È indotto a ricominciare da capo; a iniziare dal nuovo; a farcela con il poco: a costruire a partire dal poco»[54].

Povertà come prassi, come forma di vita[55], modo di agire fondato su «comprensione» e «rinuncia», è per Benjamin un «mantenere le distanze», «retrocedere», sottrarsi dall'istante in cui il fine della vita quotidiana affiorerà solo «come un lontanissimo punto di fuga in un'infinita prospettiva di mezzi»[56] e dove ogni esistenza basterà a se stessa nel modo più semplice e contemporaneamente più confortevole. Riadattando queste ultime parole al nostro ragionamento, il fine ultimo che si celerebbe dietro il *modus operandi et vivendi* di organizzare e restituire il proprio vissuto precario, soggettivo, decostruttivo attraverso le forme del narrare in video, è un voto di povertà in un tempo di accumuli indistinti d'immagini digitali, è rimettere alle immagini, ancora Dieutre, «le loro conseguenze e i loro sensi»[57].

4.5. *Memoria*

Nel già citato convegno *Fiction et cie* (1988), Jean-Paul Fargier affermava che la caratteristica di tutte le immagini televisive era il loro immediato divenire archivio (*devenir archive*): «la televisione risponde ad un progetto globale, filmare tutto, sempre, ovunque e se possibile trasmetterlo in diretta, ovviamente ciò non è tecnicamente sempre realizzabile ed è qui che ricorre alle immagini d'archivio»[58]. Per Fargier questo aspetto è talmente costitutivo da partecipare dello statuto stesso della televisione: «non esiste che un'istante per diventare subito dopo eternamente archivio». Che cos'è allora un'immagine d'archivio? Si domanda e risponde Fargier: «È un'immagine con la capacità di rimpiazzarne un'altra che ad un determinato momento viene a mancare. È una sorta di jolly... Un'immagine d'archivio è anche un'immagine che è stata un giorno, una volta, una buona immagine in diretta».

Nel momento stesso in cui viene registrata l'immagine-video-televisiva lascia trasparire il suo divenire archivio, è pertanto ontologicamente presa nella sottilissima piega che separa il presente dall'imminente passato, ovvero tra la diretta di quel che l'occhio vede e l'immediato suo divenire altro. Il cinema per rovescio si comporta diversamente, non accumula ma sceglie, seleziona la «buona immagine», la più singolare, quella che più si avvicina al senso della realtà che deve esprimere. Il cinema cerca «l'immagine giusta» scrive Fargier. Se la memoria ha sempre bisogno di tecniche per esercitarsi[59], potremmo affermare che tale esercizio sembra aver trovato nel video il suo medium prediletto. Per il suo rapporto privilegiato con le forme del tempo, quello presente (la diretta), quello passato (la rivisitazione delle immagini di repertorio), quello sospeso (il *ralenti*), il video è un'arte che porta la relazione spazio/tempo ad una nuova dimensione percettiva nella quale il pensiero stesso si fa immagine.

La storica e critica statunitense Marita Sturken in *The Politics of Video Memory* (1986)[60] sostiene che la televisione non sedimenta memorie in quanto, agendo principalmente sul presente (sull'immediatezza e sulla velocità della diretta), piuttosto le rimuove. É al video che spetta il compito di interrompere quel flusso e riattivare con le immagini del passato un repertorio stratificato di memorie collettive e individuali, spesso bilanciandole in un perfetto equilibrio. Gli artisti attraverso il dispositivo elettronico rielaborano o, ancora meglio, ripensano tutte le immagini, scrive nel 1988 Raymond Bellour: «Quelle della storia e della leggenda. Quelle del corpo-macchina che le riceve e che le emette. Arrivano con una violenza che accresce il senso di urgenza. Bisogna sapere quello che tali immagini sono diventate e come oggi ritornino a noi»[61]. Le sue parole si riferiscono ad un'opera video come *The Art of Memory* (1987) di Woody Vasulka, un complesso insieme di immagini d'archivio (fotografiche, cinematografiche, documentaristiche e televisive) che raccontano gli eventi più significativi del ventesimo secolo come la guerra di Spagna, la rivoluzione russa, la seconda guerra mondiale, la bomba atomica, riprodotte su uno schermo virtuale inserito da Woody Vasulka sullo sfondo di un paesaggio desertico e manomesse con sofisticate distorsioni informatiche[62].

Potremmo dire altrettanto in relazione all'opera dell'artista belga Johan Grimonprez. Formatosi tra l'Olanda e la School of Visual Arts di New York, dove studia *Video e Mixed media*, il suo percorso videografico comincia nel 1992 con il video intitolato *Kobarweng or Where is your Helicopter?.* Grimonprez riutilizza le immagini in bianco e nero di un documentario girato del 1959 da un gruppo di scienziati occidentali, arrivati per la prima volta in elicottero in un villaggio della Nuova Guinea. L'autore ne offre una rilettura critica, interviene sul montaggio originale, lo altera con effetti di colorizzazione e di stroboscopia, arricchisce il suono con una colonna effetti con grida di uccelli tropicali, silenzi profondi e frastuoni d'aeroplani, evidenziando così lo sgomento degli indios e il contrasto tra le due civiltà: quella occidentale, rumorosa ed invasiva, l'altra pacifica e silenziosa.

In *Dial H.I.S.T.O.R.Y.* (1997, 68'), la sua opera più nota, Grimonprez si concentra con lo scrupolo di un antropologo su un singolo tema: l'immaginario catastrofico dei media associato alle immagini di terrorismo e dirottamenti aerei. All'origine del progetto si annida una motivazione del tutto privata: tra viaggi e appartamenti dove ha vissuto, Grimonprez ha accumulato un quantitativo tale di ore di girato da suggerirgli l'idea di realizzare un video introspettivo sul concetto di addio. Il progetto diventa poi più ampio, l'artista trascorre ore e ore a selezionare materiale dagli archivi televisivi, pubblicità, film, home video, combinandoli in un montaggio dinamico commentato da una voice over che legge alcuni brani estratti dai romanzi di Don DeLillo (*White Noise* e *Mao II*). *Dial H.I.S.T.O.R.Y.* è un montaggio epico, un catalogo di immagini choc (esplosioni, uccisioni, attentati, dirottamenti, dittatori, militanti politici) che rileggono il decorso degli eventi storici (dal terrorismo degli anni Settanta alla guerra del Golfo) attraverso il filtro della loro spettacolarizzazione mediatica.

Da quando la prima antenna televisiva nel 1939 venne installata sull'Empire State Building, sostiene Grimonprez, il nostro rapporto con la storia e con la realtà è cambiato, congiuntamente con la percezione della morte e la sua rappresentazione. Ad esempio, c'è un macabro voyerismo che sottende il desiderio di voler vedere rappresentate in un filmato le immagini di un disastro, *a voyerism of voyerism*[63], e questo soprattutto ci parla di quanto la nostra percezione collettiva della morte sia plasmata e condizionata dai mass media: «Con l'emergere della televisione, è stata inventata una nuova relazione con la morte e il disastro»[64]. Con un metodo che sta a metà tra il montaggio delle attrazioni e la denuncia del mezzo tecnico, mediato dallo zapping televisivo, «che può essere inteso come la forma più estrema di poesia, muovendosi più veloce del collage»[65], rivelando i meccanismi finzionali del mezzo cinematografico e televisivo, l'azione che Grimonprez si augura con il suo *Dial H.I.S.T.O.R.Y.* è di incoraggiare e recuperare una maggiore distanza critica rispetto al trattamento spettacolarizzante delle immagini.

A margine dell'operazione di riuso che Grimonprez propone sugli archivi e sui palinsesti, è utile ricordare come una simile metodologia affiori all'interno di una più generale propensione al recupero archeologizzante di memorie d'ogni tipo, già osservato in divenire nel corso degli anni Novanta e che nel decennio successivo si andrà via via radicalizzando. Nelle opere di Angela Grauerholz, Raymonde April, Emmanuelle Léonard, Michel Campeau, Dominique Blain, Jeff Thomas, Patrick Altman, Bridget Baker, tramite il riuso di archivi fotografici, letterari, televisivi, cinematografici, amatoriali, oggetti ritrovati e reperti la figura dell'artista si sovrappone a quella dell'archeologo, del critico, del curatore, del museologo, del collezionista, chiamato ad accumulare le testimonianze più disparate, per riorganizzarle poi in una nuova forma espositiva.

La storia dell'arte non manca certo in questo senso di precedenti significativi. Lo si evince, tra cosmologia privata e atlante culturale, nell'*Atlas* di Gerard Richter, gigantesca costellazione onnivora di fotografie, schizzi e collage che l'artista tedesco cominciò a catalogare dalla metà degli anni Sessanta e che poi riorganizzò (con un non casuale riferimento visivo alle tavole dell'*Atlante Mnemosyne* di Aby Warburg) in tavole monocrome bianche, mosso da un «desiderio di ordine e visione d'insieme»[66]. Non ultimo il *Musée des Aigles* (1968) di Marcel Broodthaers, un «museo fittizio allestito» nel suo appartamento privato, di cui, scrive Riccardo Venturini, l'artista belga ne era sia il direttore che il primo spettatore, l'artista e il critico, il conservatore e il gallerista[67]. Rispetto ai casi del passato, l'impulso archeologizzante diffuso tra gli artisti degli ultimi due decenni si afferma massivamente in una non casuale correlazione con l'avvento del digitale e la facilità di reperimento di intere banche della memoria diffuse gratuitamente sul web[68].

Hal Foster ha efficacemente parlato a tale proposito di un *archival impulse*[69]: dietro l'accumulo delle testimonianze e dei documenti ritrovati, a cui segue una loro organizzazione e impaginazione in forma espositiva, è come se emergesse il desiderio si ristabilire un contatto diretto ed empatico con gli eventi più significativi della storia. Recuperare una memoria in questo senso, vuol dire archeologicamente ricostruire uno spazio fisico e mentale nel quale il passato possa essere ripensato per affrontare nuovamente questioni molto spesso rimosse, oppure, falsate dai media come il postcolonialismo, il genocidio degli ebrei, il dopoguerra libanese, il terrorismo, il conflitto mediorientale o i processi migratori su scala globale. Lo scopo non è quello di voler formulare un nuovo giudizio morale sugli eventi passati, ma di lasciare che lo spettatore in autonomia stabilisca un proprio contatto critico ed empatico con i documenti riportati alla luce.

Il video in questa chiave non forma una coscienza bensì rivela un'esistenza, come ha osservato Françoise Parfait, che intitola per l'appunto *Histoire, mémoire et disparition* (Storia, memoria e scomparsa) il capitolo conclusivo del suo libro più volte qui citato, *Vidéo un'art contemporain* (2001): «Dal riciclaggio alla fabbricazione di archivi, gli artisti partecipano alla costruzione e ricostruzione della memoria di popoli e persone; il video è strumento privilegiato per questa prassi eminentemente temporale, in quanto consente la reminiscenza e l'attualizzazione di quel che è scomparso»[70].

Tra video, documentario e cinema sperimentale, questa tendenza la si ritrova in tutte quelle opere dove la riedizione del passato si manifesterà come tratto distintivo, coniugabile nelle forme più disparate: attraverso una narrazione lineare o non, radicale, decontestualizzante o introspettiva, come ad esempio accade in gran parte dei video prodotti dall'artista olandese Fiona Tan[71]. Padre cinese, madre australiana di origine scozzese, venti anni di studio e lavoro in Olanda, Fiona Tan porta su di sé il carico di una storia migrante che in parte incide sulle sue prime installazioni video alla fine degli anni Novanta, come in *Screen* (1997) e *Tuareg* (1999), dove interrogandosi sulle divergenze culturali tra oriente e occidente e sui danni del colonialismo, l'artista riutilizza e rielabora documentari etnografici degli anni Trenta. In *News from the Near Future* (2003, 9') Tan si avvicina al cinema sperimentale lavorando con il materiale filmico trovato nell'archivio del Nederlands Filmmuseum: «Ho iniziato ad appassionarmi agli archivi. Guardarvi attraverso è come scoprire un continente sconosciuto, un piccolo universo nel quale l'esploratore può intraprendere nuove spedizioni»[72]. Sono immagini d'inizio secolo, documentari, cinegiornali e film amatoriali che Tan seleziona per il modo in cui ciascuna racconta del diverso rapporto 'uomo-acqua', taglia e rimonta, aggiungendo effetti di viraggio colore e una colonna sonora composta da una partitura di suoni reali e musica di vario genere; immagine dopo immagine prende corpo visivo e sonoro una storia non scritta, un poema visivo del tutto immaginario.

La maturità linguistica l'artista olandese la raggiunge con l'installazione video *Disorient* (2009), esposta al padiglione del suo paese natale alla 59a Biennale di Venezia. L'installazione, che si compone di due video monocanale HD, prende ispirazione dal *Milione* di Marco Polo, letto a tratti da una voce maschile; nel primo video un lento carrello mostra un luogo che assomiglia ad una camera delle meraviglie con al suo interno oggetti di fattura orientale di ogni tipo, stipati su una serie di parallele scaffalature di legno, come a voler suggerire il mondo incantato, speziato e variopinto, catturante e temibile che il viaggiatore italiano poteva aver registrato nel suo lungo peregrinare in Oriente. Il secondo video è composto da una serie di appunti visivi provenienti dai luoghi visitati da Marco Polo (immagini di ogni tipo, trovate o girate appositamente). Lo stesso mondo appare degradato, aggredito da un feroce inquinamento e da una maligna povertà. Il museo immaginario di Fiona Tan è reso possibile da quella capacità tutta videografica di calarsi all'interno del tempo, presente e passato, scandagliandone le pieghe, i risvolti, interrogando la trama delle immagini, il loro spessore. A differenza del linguaggio cinematografico non c'è continuità possibile tra le immagini del video, discontinuo è il suo racconto e il suo fluire confuso, rallentato, esitante, tanto quanto lo sono i flussi e reflussi della memoria.

4.6. *Paesaggi, luoghi, geografie*

Nel 1985 l'artista statunitense Doug Hall realizza un video monocanale il cui titolo *Storm and Stress* richiama volutamente il concetto di *Sturm und Drang* del pre-romanticismo tedesco di inizio Ottocento. È lo stesso Hall a descrivere le ragioni in un testo, poi pubblicato nell'antologia critica *Resolution: A Critique of Video Art* nel 1986[73]. L'opera si compone di una serie di inquadrature fisse rivolte verso fenomeni atmosferici di vario genere, uragani, tempeste e incendi, alternati a paesaggi industriali che ne richiamano le stesse forze naturali («wind tunnels, tesla coils, hydroelectric plants»). Doug Hall insieme al fotografo Jules Backus, come due moderni pionieri esploratori, viaggiano per gli Stati Uniti, cercano tempeste elettriche nel New Mexico e in Oklahoma, incendi forestali nella Sierra, tempeste marine sulle coste dello stretto di Bering.

La loro azione si inscrive perfettamente nella lunga tradizione, in pittura e in fotografia, di coloro i quali (da Friedrich a Turner, da Thomas Moran a Frederic Church) hanno fatto del paesaggio la propria materia di studio. Il tempo dell'artista chiuso con la videocamera nel proprio studio per Doug Hall ormai appartiene definitivamente al passato: «Il paesaggio è una delle strade che gli artisti hanno intrapreso per liberare se stessi e lo spettatore dal narcisismo senza fine»[74]. Attraverso una riscoperta del paesaggio in immagine, Doug Hall si augura di accedere ad un rapporto con la natura non didascalico, impressionistico, metafisico, un qualcosa che si avvicina al sentimento romantico del sublime, senza al contempo ricadere nel cliché dell'artista solitario, chiuso nel proprio mondo. Il video gli consente questo scarto: un tornado in azione, osserva Hall, quando è ripreso in video si distacca dal dato reale e, attraverso un misterioso processo associativo, arriva a suscitare i più disparati collegamenti intellettuali ed emotivi. Così accade che una stazione radar ripresa in primo piano, con sullo sfondo il suono e il sopraggiungere di una minacciosa tempesta di tuoni, diventa in video una «subliminal machine of the future».

Atmosfere simili, pur con differenze sostanziali, riecheggiano nella prima produzione videografica di Daniele Ciprì e Franco Maresco, in particolare in quella celebre serie di *Intervalli* prodotti dalla loro *Cinico Tv* dal 1989 al 1992. Mentre un sottofondo musicale ricavato dall'aria di Sean O'Riada *Women of Ireland* – impiegata da Stanley Kubrick per la colonna sonora del suo *Barry Lyndon* (1975) – concilia e rilassa lo sguardo, lunghe inquadrature fisse o piani sequenza ritraggono un paesaggio suburbano sull'orlo di un abisso – fabbriche, discariche abusive, ecomostri – e in primo piano solitari personaggi immobili, figuranti più che attori, guardano silenziosi in macchina. Ciprì e Maresco dichiarano di ispirarsi letteralmente agli intervalli messi in onda dalla RAI nei vuoti di programmazione o in presenza di problemi tecnici di trasmissione. Negli anni Sessanta erano immagini di un gregge di pecore con il sottofondo musicale di uno xilofono e la scritta in sovraimpressione "Intervallo", dagli anni Settanta e Ottanta divennero scorci sulle eccellenze paesaggistiche italiane. Ciprì e Maresco si appropriano di quel linguaggio popolare, grazie alla televisione, per sostituirlo con un paesaggio e un'umanità desolante ma pur sempre 'sublimata' e astratta da una fotografia in bianco e nero estremamente contrastata e curata, secondo Daniele Ciprì, «come una scenografia»[75].

Gli *Intervalli* di Cinico Tv, ha scritto Valentina Valentini in un saggio significativo dedicato al rapporto tra l'uomo e la natura nel paesaggio elettronico, possono essere letti come delle moderne nature morte, «immortalate da una tecnica fotografica dagherrotipica ridotta al minimo»[76]. La realtà era a tal punto paesaggisticamente compromessa che porvi una videocamera davanti sarebbe stato sufficiente di per sé a denunciarne tutta l'illogicità del reale. Un'operazione, scrive Valentini, di sublimazione: «La scelta di una regressione a una tecnica primitiva di composizione dell'immagine, espressa dal bianco e nero, dai lunghi piani sequenza, dalle riprese frontali e a camera fissa dei lavori di Ciprì e Maresco, attribuisce infatti un senso di mistero al mondo che ritrae, che evoca l'operazione pasoliniana e viscontiana del grande neorealismo italiano, di sublimazione della realtà emarginata e degradata»[77].

Alla luce dei fatti, potremmo chiederci: esiste un legame profondo che lega il video con la trascrizione degli elementi visivi e sonori del rapporto uomo-natura? È noto come l'opera in video di Bill Viola sia assolutamente esemplificativa a tale proposito[78], tuttavia è su un suo scritto del 1991, intitolato *Perception, technologie, imagination et paysage* (Percezione, tecnologia, immaginazione e paesaggio) e pubblicato in francese per la rivista *Trafic* nel 1993, che ora ci soffermeremo. La sua idea è di dimostrare come paesaggio e immaginazione, la sfera fisica-esteriore e quella mentale-interiore, non siano scissi ma strettamente correlati ed equivalenti; un pensiero, scrive, può infatti muovere una roccia e una montagna ispirare un pensiero. L'uomo, così come l'artista, è continuamente sollecitato da quel che nel mondo sensibile non conosce o non afferra, è da tale mistero prende consapevolezza dei propri limiti. Al paesaggio non si applica il tempo dell'uomo ma quello del mito e calarsi al suo interno vuol dire cantarne come un rapsodo le odi: «Il paesaggio stesso – scrive Bill Viola – è un'impronta, l'incarnazione vivente di un tempo mitico a noi ancora accessibile. Inoltrarsi in questo paesaggio vuol dire ridire le sue storie o meglio cantarle»[79]. Il video per Viola diventa uno strumento esclusivo con il quale entrare in ascolto e in contatto profondo con il mondo fatto paesaggio, un insieme coeso di forme viventi, umane, animali, vegetali, sonore o atmosferiche all'interno del quale vita e morte sono parte di un ciclo di rinascita continua.

Queste e simili modalità videografiche di indagine sul paesaggio come 'motivo' sembrano essere più che vitali nel panorama odierno multimediale del digitale. In particolare, lo sono nelle opere del collettivo multimediale Flatform, fondato nel 2007 e attivo tra Milano e Berlino. La loro ricerca si muove tra video e video installazioni, proiettati e allestite nelle Biennali, nei musei e nelle sezioni sperimentali dei più importanti festival internazionali di cinema e video (dal Festival del cinema di Venezia, Cinéma du Reel, Rotterdam film festival, il Festival du Nouveau Cinéma di Montrèal, che nel 2014 gli ha dedicato una retrospettiva). Il paesaggio è al centro delle loro riflessioni, come scrivono in un testo dal titolo *Oltre la collina*: «Le diverse concezioni del paesaggio si inseriscono all'interno di un più vasto territorio di indagine sul sensibile e sulla realtà e pongono come centrale il rapporto tra l'io e il mondo. Le caratteristiche sensibili del soggetto-uomo si confrontano, si contrappongono o si integrano alla porzione di oggetto-natura che gli corrisponde in un determinato momento... In questo senso, pensare a un allargamento della concezione del paesaggio come pura emanazione del soggetto, inteso ontologicamente o linguisticamente, vuol dire pensare il Reale fuori da un meccanicistico correlazionismo»[80].

Sempre dei Flaform, l'opera video *Non si può nulla contro il vento* (2010, 6') mostra all'interno di un'unica disorientante inquadratura (mentre il suono in presa diretta funge da vero asse drammaturgico primario), come fossero delle quinte teatrali, i singoli elementi di un paesaggio rurale (campi, alberi, cespugli, colline), scontornati e bucati con la tecnica del *blue screen*. Si tratta di una ben nota tecnica tipicamente videografica che Dubois definisce nel 1995 come «incrostazione», un combinare di due o più frammenti di immagine d'origine diversa in un'unica composizione[81].

Più ci inoltriamo all'interno dell'immaginario dei Flatform e più riscontriamo dei motivi strettamente vicini per parentela alla concezione videografica della forma paesaggio. Ad esempio, scrive il collettivo a proposito dell'oggetto della loro ricerca: «Per noi il paesaggio è la possibilità di incontro con la natura nella sua pluralità e differenziazione, è il punto di intersezione tra il tempo naturale e quello storico, è l'espressione di atmosfera e atmosferico, è il luogo dove l'abitare non cristallizza il divenire di esso e non ne immobilizza la vita, è il processo di trasformazione della natura attraverso l'arte. È tutto questo insieme, e molto di più. È il luogo dove, di volta in volta, uno di questi aspetti prevale pur convivendo con gli altri. È il luogo dove ognuna di queste determinazioni non diventa esclusiva e non preclude l'esistenza delle altre»[82].

Nelle parole dei Flatform si incontrano e rimettono in gioco tutti gli elementi che caratterizzano la tradizionale trascrizione e interpretazione in chiave videografica di un paesaggio: «il tempo, il suono, lo spazio, la dissociazione, la meteorologie e l'inserimento»[83]. Lo si evince da un altro loro video del 2011, *Movimenti di un tempo impossibile*, presentato al Festival del Cinema di Venezia nella sezione 'Orizzonti'. Il video ritrae in un solo piano sequenza le rovine di un roccolo, una casa adibita ad attirare gli uccelli, ripreso nell'inverosimile cambio di quattro stagioni, ricostruito tramite l'alternarsi di eventi atmosferici come vento, neve, nebbia, sole e vento (simulati in fase di ripresa e in postproduzione). Il *Quartetto in FA maggiore* di Maurice Ravel è l'altro protagonista del video, ma le singole voci che lo compongono, primo e secondo violino, viola, e violoncello, vengono scomposte e adattate alla drammaturgia atmosferica del video: «Il suono del primo violino sgocciola come la pioggia, quello del secondo violino si ovatta come la neve, il suono della viola si muove come il vento e quello del violoncello riverbera come la nebbia. Come in musica, ogni singolo agente atmosferico si presenta singolarmente e il suono – concludono i Flatform nella loro presentazione del video – diventato materia solida, subisce gli agenti climatici»[84].

Il paesaggio per i Flatform è pertanto materia attiva, dotata di proprie capacità interne, si presta ad essere modellato, mostrando il suo «essere-non-tutto della realtà», rivelando una zona «grigia», un «luogo cieco» all'interno del quale inserirsi. Non solo la vista ne è coinvolta, ma soprattutto l'udito: è nella dimensione dell'ascolto, dissociando ciò che si vede da ciò che si ascolta, che si accede ad una dimensione ignota: «è l'udito che immette il disordine, se non anche il delirio, ottime premesse per una più attenta appropriazione dello spazio e degli eventi che in esso accadono»[85]. Nel modo in cui i Flatform, nella loro esplorazione della dimensione paesaggistica, combinano e manipolano i diversi elementi percettivi di cui si compone il rapporto io-mondo, si inscrivono perfettamente all'interno dell'universo semantico del videografico.

4.7. *Tecnologie dello sguardo*

Cinema e video, ha scritto Philippe Dubois, sono sempre stati attratti, in misura variabile, dal fantasma di Icaro: vedere il mondo da un altrove e decifrarlo come uno spazio inesplorato, portando lo spettatore verso percezioni inedite e movimentate, «avvicinarsi al sole. O a Dio. O al vuoto»[86]. Il carrello è stato nel cinema il primo passo, «L' inquadratura fatta viaggio» come amava definirla Andrè Bazin, «un veicolo di visione il cui sguardo respira col mondo in cui si muove»[87]. Prima la televisione, con le prime pesanti telecamere che si muovevano in diretta negli studi televisivi, e poi il video (dispositivo sempre e ovunque portatile, estensione dello sguardo e del corpo) hanno ben incarnato il desiderio di cogliere con purezza tutto ciò che davanti all'obiettivo si offriva in diretta. Di questo cammino, ha scritto Sandra Lischi, il cinema delle avanguardie, quello sperimentale degli anni Sessanta e i pionieri del video hanno condiviso molti aspetti: «intimità con gli strumenti e la tecnica, l'interesse per la macchina della visione indirizzato alla scoperta di nuove possibilità di linguaggio, a nuovi modi di vedere (e comprendere) le cose, sgomberando la percezione dagli stereotipi dell'abitudine»[88]. Destabilizzare la visione, scioglimento dell'identità del soggetto, per Philippe Dubois il video ha coltivato il sogno di rendere vergine lo spazio aspirando ad un nuovo sentire, «a un mondo sovrumano», o, seguendo l'estremo opposto, al fantasma totalizzante di una percezione panottica: «vedere tutto, ininterrottamente, da ovunque, simultaneamente»[89].

Osservando la storia dello sviluppo delle tecnologie di ripresa, dalla Sony 'Portapak' fino ai più moderni camcorder digitali, due macrotendenze hanno congiuntamente coinvolto tanto il cinema quanto il video: una aspira ad un punto di vista massimamente oggettivo e disincarnato, l'altra tende a favorire la massima portabilità e miniaturizzazione dell'immagine. Con l'introduzione della steadycam, del punto di vista desoggettivato del drone, fino al movimento puramente virtuale del digitale – dove la macchina da presa viaggia sull'immagine come su un piano cartesiano, rispondendo a sequenze numeriche e a logaritmi – il sogno di un'immagine disincarnata, svincolata dalla mano e dal corpo del suo operatore, ha sì riguardato il cinema, ma nello stesso tempo, in una storia spesso marginalizzata, nella pratica video ha prodotto un vasto campionario di sperimentazioni. Scaturita da un approccio investigativo, la ricerca è stata indirizzata alla scoperta di una specifica dimensione estetico/percettiva che lo sguardo della videocamera di per sé prometteva di incarnare. Tale autonomia è ben espressa dalle funzioni dello zoom.

Nato per la televisione e per le riprese sportive negli anni Cinquanta, lo zoom, ha scritto Dubois, è lo «sporco della televisione», «un falso movimento», o come sosteneva Serge Daney: «Lo zoom è un simulacro dello sguardo. Ma chi dice sguardo, dice qualcuno che guarda. E poiché la televisione è nessuno, lo zoom perde ogni giorno di più il suo 'senso' primo. Resta la traccia di una pulsione divenuta desueta: lo sguardo... Lo zoom è diventato definitivamente un modo di toccare le cose e di farla finita con le distanze»[90].

Parole che risuonano come un elogio alla dimensione aptica ottenuta in video grazie all'estremizzazione delle funzioni temporali dello zoom ed espressive della ripresa macro. *Ancient of Days*, video monocanale di Bill Viola del 1979, ricorre ad un uso dello zoom esemplare: da una lunga inquadratura fissa sulla vetta innevata del monte giapponese Fujiyama prende avvio un lento zoom all'indietro; l'immagine del monte non appare più nitida, si è fatta elettronica, luminosa, lo zoom svela che in realtà questa è trasmessa sul mega schermo di una metropoli giapponese. Poi inizia un secondo zoom, questa volta in avanti, avanza fino al livello del marciapiede affollato di gente e passanti, per poi rallentare e fermarsi del tutto inquadrando il loro passaggio.

Lo stesso movimento da una visione telescopica ad una microscopica, dal totale al dettaglio, è quello che Bill Viola aveva adottato anche in *The Space Between Teeth,* video monocanale del 1976. Qui si vede Viola seduto su una poltrona in fondo ad un profondo corridoio, ad un tratto lancia un urlo e la videocamera si sposta in avanti, avanzando fino a centrare l'interno della sua bocca: «Iniziai a riflettere sul suono dell'urlo come base di questa esperienza. La camera non poteva che essere al suo interno»[91]. Lo zoom in video diventa di per sé un movimento-pensiero, un'immagine dotata di un punto di vista autonomo e autosufficiente che si muove scansionando le coordinate spazio-temporali di un'esperienza videografica.

Se ora ci spostiamo nel valutare i progressi favoriti dalla massima portabilità e miniaturizzazione delle macchine da presa, riconosciamo che in pellicola questa storia ha un lungo decorso. Nel 1976 Jean-Luc Godard sognava una cinepresa a colori 35 mm che fosse piccola a sufficienza da stare nel cruscotto di un'automobile, permettendogli in qualsiasi momento, e con la massima immediatezza, di registrare tutto ciò che incontrava casualmente sulla strada. È Godard a ricordarlo in un'intervista del 1985 con l'amico di sempre Jean-Pierre Beauviala, ingegnere e fondatore nel 1971 della celebre impresa di progettazione e costruzione di cineprese Aaton[92]. La storia della Aaton è strettamente legata al cinema di quel decennio, alle filmografie di Godard, di Jean Rouch, di Louis Malle, amici stretti di Beauviala. Furono loro a spingerlo ad ideare delle macchine da presa sempre più leggere e silenziose che permettessero agli autori di abbattere l'artificio e di calarsi interamente all'interno della realtà. Da quel confronto nacquero ergonomiche cineprese a spalla (un tutt'uno con l'occhio e il corpo dell'operatore) come la celebre serie 16mm 'LTR' che non poco contribuì a rivoluzionare il '*cinéma verité*' o cinema diretto dei vari Michel Brault, Pierre Perrault, Pennebaker, Leacock, i fratelli Maysles, Barbara Kopple e tutti coloro che vollero con il cinema accostarsi il più possibile ai soggetti, alla vita, partecipando in diretta al corso degli eventi[93].

Il dispositivo video nacque da queste premesse. Fu proprio nel pieno delle sue ricerche sulla miniaturizzazione degli apparecchi di ripresa che Beauviala, a metà degli anni Settanta, ideò una piccola videocamera – più o meno simile per dimensioni ad un microfono gelato – che riprendeva in bianco e nero immagini ad alta risoluzione, trasmettendole poi via cavo ad un piccolo schermo portatile e ad un magnetoscopico: era nata la camera Paluche, la prima micro-videocamera della storia.

In principio l'idea era quella di una piccola videocamera di controllo da montare sopra una cinepresa 16mm, poi, vista la sua portabilità, a Beauviala venne in mente che sarebbe stato un insolito strumento d'investigazione. Il primo utilizzo diventa politico e d'inchiesta, se ne servono i giornalisti per riprendere in luoghi altrimenti inaccessibili, il secondo uso è militare, viene installata dall'aviazione israeliana per effettuare riprese aeree. La sua fortuna nel campo della sicurezza prende inaspettatamente il sopravvento ed è proprio in relazione ad un interessamento della polizia italiana, racconta Beauviala, che la Aaton, sentendo tradite le proprie intenzioni artistiche, a fine anni Settanta ritirerà dalla produzione la Paluche, decisione che coinciderà col definitivo avvento sul mercato della televisione a colori[94].

Nel corso della sua seppur breve storia la camera Paluche rappresenta un quanto mai significativo precedente, soprattutto per il modo in cui gli artisti si accorsero delle sue enormi potenzialità espressive. Jean-Pierre Beauviala così la descrive a ritroso nel 1984: «Sai che per me la Paluche è il viaggio del corpo verso le persone e le cose, è il gesto della mano: il suo tremolio, la sua emozione; è una centratura del soggetto che non ha nulla a che vedere con l'inquadratura del cinema»[95]. In effetti il modello di ripresa ereditato dai fratelli Lumière viene totalmente stravolto: la Paluche non è una scatola ma un tubo, non inquadra ma de-inquadra (*décadre*); così la descrive colui che forse è stato uno dei suoi migliori interpreti, ovvero Jean-André Fieschi con il suo personalissimo film *Les Nouveaux mystères de New York* (1971-77). In un articolo pubblicato nel 1976 sul quotidiano *Le Monde*, intitolato significativamente *Point de vue sur un troisième œil nouveaux cinéma* (punto di vista su un terzo occhio del nuovo cinema), Fieschi ne illustra le caratteristiche. Lo sguardo della Paluche, scrive, rispetto a quello di una classica macchina da presa cinematografica, rivendica una sua specifica leggerezza e libertà compositiva, si tiene in una mano e non appoggiata all'occhio, è «un occhio sulle punta delle dita»[96].

L'occhio della Paluche non è quello dell'operatore, è piuttosto la sua mano, le sue dita, un'angolazione dalla quale il mondo appare ignoto: «Ciò che vedevo nell'inquadratura – dichiara Fieschi in un'intervista – non era ciò che vedeva l'occhio, l'occhio umano, il moi, ma ciò che vedeva l'occhio all'estremita della mia mano». Tale sfasamento innesca in lui un inedito percettivo: «[...] L'impressione molto curiosa di non essere davanti all'immagine ma di esserne attraversato»[97]. «Non essere davanti alle immagini ma esserne attraversato», quale migliore definizione per il video se non questa? La Paluche ne incarna l'essenza. Certo affiorano alla mente le parole scritte sul cinema da Jean Epstein sul piano delle forme e da Dziga Vertov su quello dei formati (il cine-occhio), ma denominare 'cinema' questo nuovo sguardo rivolto in diretta senza distinzione a tutta la sfera del sensibile sarebbe del tutto inesatto, come sottolinea Fieschi : «Gli oggetti, i volti [...], i corpi [...], la strada, i colori del metro, qui a immediata portata di mano in un cinema immediato, 'vissuto'; questo cinema – se dobbiamo ancora nominarlo così – se più volte immaginato, eccolo possibile»[98].

Che cos'è dunque la Paluche e verso dove sposta, arricchendola, la definizione del video? É un rovesciamento di prospettiva, un ribaltamento del piano semantico, un nuovo grado zero dell'esperienza, ovvero, scrive Fieschi: «[...] L'accesso ad uno sguardo immaginario non più rinviabile ad un soggetto univoco (in un senso lineare), ma ad un processo, ad una serie processi di figurazione e di scambio, presi nell'atto stesso del vedere. In questo si intravedono dei funzionamenti finzionali, altre regole del gioco, altre influenze, forse altre economie narrative rispetto a quelle che regolano massivamente, nell'industria dello spettacolo, scrittura e messa in scena, attori, modi di girare e montare»[99].

Nel suo libro fondamentale, *Vidéo, la memoire au poing* (1980), ad Anne-Marie Duguet non sfugge questo carattere peculiarmente videografico della camera Paluche. «Con la Paluche – scrive – per lo sguardo si apre concretamente uno stravolgimento spaziale: la mano conquista un punto di vista estraneo all'occhio, uno sguardo tattile che produce immagini che potrebbero avere l'espressività di un gesto»[100]. Duguet riporta poi la testimonianza della regista Hélène Châtelain che della Paluche scriveva: «Tenere l'immagine tra le braccia. Anormale. Totalmente artificiale [...] Forse è questo di cui si tratta: l'improvvisa conquista di una visione animale, quella di un volatile, di un essere strisciante, volante o furtivo»[101]. La Paluche diventa in breve tempo la camera invisibile per eccellenza, strumento con il quale denunciare soprusi e violenze. La utilizzano artisti come Thierry Kuntzel o François Pain, il più vertoviano, il quale la usa nel suo video documentario *Métro Couronne* (1980)[102]. Annick Bouleau, infine, dirige il suo *L'Instant Fatal* (b/n, 1985, 35'), un video/ritratto di otto persone incontrate casualmente per le strade di Roma. Le parole con le quale Bouleau descrive quell'esperienza riportano meglio di tante altre l'emozione mista ad un senso di fragilità alla quale quella piccola videocamera esponeva: «Con la Paluche, lo choc è pressoché reale. Nulla mi protegge: se ho paura, se esito, se tremo, l'immagine lo testimonierà, irrimediabilmente. Di questi segni, momenti di fragilità, io amo rintracciarne nel montaggio le tracce, per ricordarmene. [...] Semplicemente, ci si trova in uno stato di disponibilità totale. Tutti i miracoli possono accadere»[103].

Dalla 'Sony Portapak', passando per la camera Paluche, fino alle moderne videocamere portatili digitali (nell'evoluzione dei formati dall'Hi8, Dv, HD, al 4K), o le mini sport cam (GoPro etc.), senza dimenticare formati rari e singolari come la 'PXL-2000' – una piccola videocamera a basso costo (99$) prodotta dalla Fisherprice nel 1980 che registrava su audiocassette un girato in bianco e nero molto contrastato di 11 minuti (utilizzata da artisti come Sadie Benning, Steve Fagin, Eric Saks) – lo sviluppo tecnologico del video da sempre ha tentato di facilitare con le immagini un rapporto immediato, diretto, esplorativo e simbiotico. Potremmo altresì ipotizzare che da qui discenda l'uso esteso e generalizzato del proprio telefonino quale mezzo istantaneo per catturare fotografie e video di ogni genere. Il telefono palmare con funzioni di ripresa riunisce in dimensioni estremamente ridotte capacità che avrebbero richiesto un tempo apparecchiature di una certa complessità e, con il minimo ingombro, peso estremamente leggero e una massima risoluzione, in alcuni casi si è rivelato funzionale a nuove forme di comunicazione e denuncia sociale (spesso in diretta), 'inconsapevoli' emanazioni di quella controinformazione espressasi con il video tra gli anni Sessanta e Settanta[104].

In altri casi, il recente successo su larga scala delle microcamere o sport cam (la più celebre delle quali è la GoPro, marchio valutato in borsa per 2,25 miliardi di dollari che ha venduto nel 2012 ben 2,3 milioni di videocamere), adattandosi ad ogni tipo di supporto, fisso o in movimento, corpo compreso, recuperano ed estendono le potenzialità esplorate dalla camera portatile Paluche. Pensando alla Helmet camera (inventata nel 1987 da Mark Schulze per riprendere le gare di motocross), le lipstick camera o le combact camera, montate sugli elmetti dei soldati americani nel corso dei combattimenti in Iraq, lo studioso Ruggero Eugeni ha chiamato *first person shot* questo specifico punto di vista soggettivo, «figura ubiqua e onnipresente nella galassia intermediale», generato da dispositivi «che rendono evidente il coinvolgimento diretto del soggetto dello sguardo all'interno delle azioni che vengono enunciate»[105].

Nella galassia di video prodotti con la GoPro il repertorio visivo è in continuo aggiornamento: sciatori acrobatici, scalatori di grattacieli, paracadutisti, motociclisti, astronauti, turisti in vacanza, appassionati di montagne russe e poi animali, cani, cormorani, cavalli; è come se il desiderio di filmare tutto e in ogni momento della Paluche si sia, con la miniaturizzazione delle videocamere digitali, riattivato e rilanciato, contaminandosi attraverso «una rete di scambi e di prestiti» (citando Eugeni) con un'estetica a metà tra il videogame e il desiderio di vivere e trasmettere sempre e ovunque in prima persona un'esperienza soggettiva.

Esemplificativo a tale riguardo è il film documentario *Leviathan* (2012) di Lucien Castaing-Taylor e Verena Paravel, fondatori del Sensory Ethnography Lab, che si avvale della collaborazione tra il dipartimento di antropologia di Harvard e quello di *visual* e *environmental studies* con lo scopo di produrre documentari che si basino su una totale immersività, sia sul piano delle immagini che su quello del suono. *Leviathan* è in questo uno degli esempi forse più radicali. Il progetto iniziale dei due registi era di realizzare un documentario sull'industria della pesca nella città di New Bedford nel New England – luogo in cui Melville nel 1851 aveva ambientato il suo *Moby Dick*. Al termine di una prima fredda giornata esplorativa, trascorsa come ospiti a bordo di un peschereccio, i due comprendono che quella barca e il suo equipaggio sarebbero stati l'oggetto della loro ricerca. Al termine di questo primo giorno di prova le videocamere dei due *filmaker* sono completamente distrutte dalle intemperie; decidono pertanto di riprovare utilizzando solo delle piccole GoPro impermeabili. Sfruttando la loro massima portabilità le installano ovunque, con delle pettorine al corpo dei pescatori, su dei pennoni, attaccate alle reti da pesca, al corpo dei pesci morti, etc. ottenendo così una serie di sorprendenti riprese soggettive, totalmente indipendenti dal controllo dei registi. Dichiarerà a tale proposito Castaing-Taylor: «Era più corporeo, più incarnato di un qualsiasi frenetico girato di cinema verità. C'era una soggettività esasperata, ma allo stesso tempo un'abnegazione di qualsiasi velleità registica»[106]. Non ci sono parole, nessun dialogo, nessuna intervista con i pescatori, *Leviathan* è un'esperienza totalmente immersiva nel quale l'oggetto barca viene indagato da ogni punto di vista. Il suono, in particolare, tiene legate le immagini con una drammaturgia assemblata dal *sound artist* Ernst Karel che, insieme a Jacob Ribicoff, elabora una partitura di suoni ovattati e di bassa qualità registrati dalle stesse GoPro e poi mixati con suoni industriali pre-registrati di macchinari, striduli vari, catene e quant'altro.

Se è evidente come dei collegamenti si possano attivare con il cine-occhio vertoviano, certo è che *Leviathan* rappresenta anche la massima realizzazione espressiva immaginata dalla camera Paluche, una camera fatta corpo, un tutt'uno con l'esperienza fenomenologica del mondo video-ripreso.

4.8. *Liveness*

È frequente e generalizzato attribuire al digitale la particolarità di introdurre sul mercato dispositivi di ripresa audiovisiva a basso costo, estremamente leggeri e flessibili, i quali favorirebbero (al cinema in particolare, rispetto ai costi e ai limiti della pellicola) una maggiore praticità, permettendo tanto al regista quanto agli attori una diversa gestione del tempo. Il regista Giuseppe Bertolucci, in un numero monografico dedicato al digitale dalla rivista *Close-up*, sosteneva che il digitale, per la sua leggerezza di utilizzo, abbatte l'artificiosità della macchina cinema e spinge a considerare la realtà tutta come un set a disposizione, una scena non più costruita per essere ripresa, ma ripresa come in una diretta, un monitoraggio di quel che accadeva sul display delle videocamere.

Liveness, diretta, leggerezza del mezzo di ripresa, sono le caratteristiche solitamene associate alla rivoluzione del digitale. Lo confermano vari spettacoli live che a partire dal lancio della serie *Metropolitan Opera Hd* nel 2006, sono stati ripresi e trasmessi in diretta nelle sale cinematografiche: opera, balletti, teatro, concerti, eventi sportivi, show televisivi, persino una visita interattiva della mostra *Pompei Live,* prodotta dal British Museum (2014). Come ha scritto Timothée Huerne in un articolo per 'Alfabeta', in questa nuova tipologia di fruizione dello spettacolo in diretta 'lo statuto di evento è centrale': «il tempo in cui lo spettacolo va in scena altrove, coincide con il tempo in cui viene trasmesso nelle sale cinematografiche»[107]. Questa stessa propensione alla diretta si è recentemente estesa anche a Internet, con una funzione apposita offerta da portali social come Meerkart, Periscope, YouTube, Facebook e Instagram, la quale consente a tutti gli utenti di trasmettere i propri video in diretta streaming.

Live, *liveness*, diretta... Queste parole, oggi così familiari, sono all'interno delle storie del video e le abbiamo più volte già incontrate, fino a costituirne l'atto fondativo. L'artista americano Douglas Davis agli inizi degli anni Settanta aveva per l'appunto realizzato una serie di sperimentazioni video centrate proprio sull'esasperazione delle funzioni della diretta. Il suo video *Studies in Color II* (1972) consisteva in una videocamera fissa che registrava null'altro che il passaggio della gente sulla 46th strada di New York per trenta minuti; un tempo nullo se paragonato ad una vita, ma un'agonia se trasmesso in televisione: «Volevo unificare la distanza che separa la televisione con il tempo reale, così che quelle immagini si dispiegassero il più naturalmente possibile, lente come un uccello che attraversa il cielo». Restituire del tempo la sua realtà oggettiva per Douglas Davis significava denunciare le manipolazioni e falsificazioni della realtà operate dell'*entertainment* televisivo: «Il tempo dellaTV corrompe la vita, la politica e l'arte velocizzandola, brutalizzando temi e pensieri, e, paradossalmente, falsificando la reale percezione dello scorrere del tempo»[108]. In un articolo apparso nel 1972, Douglas Davis (che era stato anche un critico per riviste quali *Art in America* e *The New Observer*) sosteneva che l'immediatezza fosse la qualità specifica del video e al contempo la più difficile a definirsi[109]; nel saggio che poi pubblicherà nel 1977 per il libro *The New Television* torna a domandarsi: «Che cos'è l'immediatezza? Cosa intendiamo quando affermiamo che la televisione è 'live'?». Se paragonato allo spettacolo differito di un film, che resta a tutti gli effetti per Davis l'organizzazione di una realtà precostruita da uno script e preparata per un set, la diretta e l'immediatezza del video consente di calarsi in ciò che accade partecipando «in un sottile esistenzialismo».

Agli esordi della storia del video, la scoperta della lentezza inscritta nella diretta è per gli artisti del video un territorio nuovo tutto da esplorare, si tramuta, come scrive Sandra Lischi, nell'euforia di una dilatazione dei tempi non scandita dal montaggio, «l'illusione di catturare storie reali, processi vitali, memorie non selezionate dalle forbici»[110]. In Italia il film *Anna* di Alberto Grifi e Massimo Sarchielli (1970) è forse tra gli esempi più celebri a tale proposito. L'introduzione nel documentario della tecnologia video non costringe più Alberto Grifi ai limiti di tempo e ai costi della pellicola. La capacità di registrare in continua e in diretta del video, come ha notato il critico d'arte francese France Huser, porta in sé il rifiuto delle convenzioni narrative, preferendo «deviare la suspance verso un'esplorazione ora proustiana, ora joyciana, della durata»[111].

Durata e istantaneità sono i due elementi costitutivi del tempo della diretta. Jean-Paul Fargier, che molto ha scritto sul tempo della diretta nel video, nel cinema e nella televisione, a proposito della durata scrive: «è la possibilità di trasmettere senza interruzione per ore e ore quel che inquadrano le camere. L'immagine video non ha limiti, non ha fine»[112]. Le moderne cineprese digitali, potendo registrare in teoria senza limiti e in diretta il segnale su un hard disk esterno, riaprono la questione della diretta e della durata, ereditando ed estendendo molte delle funzioni e funzionalità che furono prima impiegate dalla televisione (se pensiamo ai primi sceneggiati della RAI girati interamente in diretta) e poi estese in elettronica dai registi e dagli artisti video[113]. Un primo chiaro esempio di questa tendenza si riscontra nel celebre film del 2002 di Aleksandr Sokurov, l'*Arca Russa*. Girato in digitale con un solo piano sequenza di 96 minuti all'interno del museo dell'Ermitage di San Pietroburgo, Sokurov si avvale per la realizzazione di un cast di 867 attori, 22 assistenti alla regia e una videocamera Sony HDW-F900 montata su una steadicam. Il film (o sarebbe forse più opportuno definirlo un video?) è stato registrato su un hard disk in grado di contenere fino a 100 minuti di girato.

Esiste un precedente nella storia del video con il quale l'*Arca Russa*, per l'uso del piano sequenza e della diretta, si presta ad un confronto. Si tratta di uno dei video monocanale dell'artista tedesco Marcel Odenbach, intitolato *Dans la vision périphérique du témoin* (1986). Qui la videocamera procede in un lento piano sequenza lungo le gallerie della reggia di Versailles, incontrando nelle sontuose stanze personaggi di varie epoche, contemporanei e in costume. Al centro dello schermo un altro riquadro mostra in simultanea un secondo video in bianco e nero nel quale un uomo di spalle, lo stesso artista, corre in *ralenti* per le strade di Parigi. L'*Arca russa* ugualmente combina nel proprio dispositivo epoche e temporalità diverse: la macchina da presa è la soggettiva di un personaggio immaginario che si aggira tra le stanze dell'Hermitage; stando ai personaggi in costume settecentesco che incontra, sembrerebbe trovarsi nell'epoca in cui il palazzo fu la residenza dello zar Pietro il Grande e dell'imperatrice Caterina II. Nessuno però lo vede o riconosce, l'unico ad accorgersi della presenza dell'uomo è il marchese Astolphe de Custine che si offre di accompagnarlo nelle stanze del palazzo. In ognuna di queste varie epoche si intarsiano l'una nell'altra: in una dei moderni turisti visitano l'Hermitage, in un'altra le opere sono state ammassate e imballate per scampare all'assedio di San Pietroburgo di Hitler. Senza una precisa unità spazio-temporale, la macchina da presa si muove in diretta e si perde di continuo in una successione di immagini che ricordano l'alternarsi di scene di una messinscena teatrale[114].

Il cinema digitale attraverso la diretta e il piano sequenza riscopre il teatro, ma, come ha scritto Jean-Paul Fargier, un teatro filmato, «Il video teatro»[115], nel quale la fase di montaggio si sposta dalla post alla pre-produzione, alle prove, alla programmazione dei cambi d'abito, delle comparse, dei movimenti di macchina tra una scena e l'altra: il momento della ripresa non è altro che la verifica e la registrazione di un montaggio avvenuto e riprovato in fase di preparazione. Oltre all'*Arca Russa*, significativo è il film del regista messicano Alejandro Iñárritu *Birdman* (2014), girato interamente in steadicam all'interno del teatro Saint-James di New York e nei Kaufman Astoria Studios. Il montaggio del film dura appena due settimane, le riprese invece trenta giorni e, sebbene la narrazione del film, a differenza dell'*Arca Russa*, non prosegua in tempo reale, le riprese sono state montate e post-prodotte in modo da far sembrare che il film si svolga in un solo piano sequenza. La scelta di non montare per Iñárritu (che, ricordiamo, ebbe esperienze formative con il teatro studiando con il regista polacco Ludwik Margules) è motivata dal voler restituire l'impressione di cogliere e raccontare in diretta una storia dalla quale non è possibile sfuggire. Talmente è radicale l'intenzione che persino la funzione extradiegetica della musica viene nel film denunciata diegeticamente dalla presenza di un batterista impegnato a suonare in diretta la colonna sonora che accompagna tutto il film (curata dal batterista jazz Antonio Sanchez e per lo più composta da improvvisazioni di batteria, percussioni e tamburi appositamente modificati per produrre dissonanze).

Non è solo la diretta ad essere strettamente apparentabile ai motivi e alla tecnologia introdotta con la ripresa elettronica, più in generale lo sono tutte le esplorazioni delle diverse temporalità alle quali è associabile la fruizione di un'immagine in movimento. Rallentare, velocizzare, arrestare un'immagine, intervenire sulle sue velocità, sono tutte alterazioni che rendono la percezione del tempo un'esperienza tangibile. Maggiore è il tempo che ciascun spettatore dedica all'opera e più il suo occhio penetra all'interno, accorgendosi di micro-eventi, epifanie visive, attimi fugaci altrimenti invisibili ad uno sguardo distratto. Il vedere, scrive Valentina Valentini in *Video a venire*, in questo caso diventa «un ascolto che oltrepassa la cornice del quadro, attratto e trasportato là dove lo sguardo dell'autore si è posato, a condividere la sua esperienza»[116]. Per Sandra Lischi «La storia del video è la ricerca di un tempo non naturalistico» e l'uso del ralenti è la figura che meglio di tutte esprime il contrappunto ai tempi contratti e velocizzati dello spettacolo commerciale, «come lotta a una percezione quotidiana frettolosa e distratta»[117]. A tale proposito, l'uso del tempo reale, della diretta, favorito dalle tecnologie digitali, può altresì essere piegato per fini decisamente meno naturalistici.

È il caso del regista, originario della Malesia, Tsai Ming-liang, il quale, dopo aver realizzato dieci premiatissimi lungometraggi, da *Rebels of Neon God* (1992) a *Stray Dogs* (2013), annuncia alla Biennale di Venezia del 2013 la sua intenzione di abbandonare il cinema. Trovare dei finanziamenti per il suo cinema lento e meditativo è diventato sempre più difficile poiché il cinema commerciale, soprattutto quello americano, uniforma il linguaggio, muovendo le immagini ad una velocità insostenibile. Piuttosto che accontentare i gusti del pubblico e rinunciare alla propria libertà creativa,Tsai Ming-liang preferisce dedicarsi ad altro. L'occasione si presenta nel 2007 (lo racconta in un documentario di Tiong Guan Saw intitolato *Past Present*, del 2014), quando la Biennale di Venezia gli commissiona la sua prima videoinstallazione, *It's a Dream* (poi esposta al Festival di Rotterdam nel 2009). É dentro ai musei, nelle forme espositive, che Tsai Ming-liang finalmente trova un modo libero di esprimersi. Il suo contributo più grande al cinema mondiale è stato quello di riportare la recitazione ad un grado zero del performativo, ad un gesto, un'immagine, un suono, quel tanto che basta per comunicare le emozioni e i pensieri dei suoi personaggi; ora Tsai Ming-liang continua a cercarsi, con e senza il cinema, portandosi dietro un'idea da comprovare ogni volta con un medium diverso, con l'installazione, con il teatro, poi il cinema di nuovo, ma questa volta depurato da tutti i suoi orpelli.

È il caso di *Xi you: Journey to the West* (2014) sesta opera della serie *Walker* prodotta da Arté Francia e presentata nella sezione Panorama del festival di Berlino. L'idea nasce pensando al cammino del monaco della dinastia Tang Xuanzang, che nel sedicesimo secolo viaggiò dalla Cina all'India alla ricerca dei testi sacri buddhisti. Per Tsai Ming-liang quel viaggio non si è mai interrotto e quel monaco è ora giunto in Europa, a Marsiglia più precisamente, dove *Xi you: Journey to the West* è ambientato. In una luce di fine estate, l'attore Lee Kang-Sheng, vestito della tunica rosso porpora dei monaci buddhisti, a piedi nudi cammina, con una lentezza estrema, per le strade di Marsiglia, tra gli sguardi incuriositi della gente. Lo sguardo fisso per terra, l'indice e il pollice raccolti in posizione meditativa, il suo incedere è lentissimo, pieno di grazia, e contrasta con la frenesia della vita di Marsiglia. *Xi you: Journey to the West*, in 56 minuti senza dialogo, una decina di inquadrature della durata media di 7 minuti ciascuna, il monaco scende in una metropolitana, cammina in una piazza; come in un happening nulla è stato preparato. Qualcuno si ferma a guardarlo, altri lo deridono, altri lo ignorano, il suono in presa diretta accentua l'incertezza del momento: «Il mio cinema è così, la macchina da presa segue un personaggio che poi si trasforma, fa un percorso che è reso visibile dalla sua stessa lentezza. Per me la lentezza è una virtù».

Xi You: Journey to the west è un cinema videografico che ripensa radicalmente le convenzioni narrative del cinema contestandone l'ipervelocità commerciale. L'incidere del monaco ricorda l'estasi ascetica di un video di Bill Viola; non è un film, non è un documentario, è piuttosto la messa in forma visiva di un pensiero, di una visione: «Tutte le composizioni – dichiara Tsai Ming-liang, citando un passo del *Sutra del diamante* – sono come un sogno / Un fantasma, un mazzo di rose o un'illuminazione / Così bisogna meditare su di esse / Così bisogna imparare a guardarle». Il cinema digitale, attraverso la riscoperta del tempo della diretta e della durata, accede così a quella dimensione estetico-percettiva teorizzata dai pionieri del video e, scoprendosi più videografico che mai, si rilancia.

Lo storico dell'arte Michael Baxandall sosteneva che Picasso avesse visto in Cézanne determinati aspetti e non altri, estrapolandoli e modificandoli secondo le proprie intenzioni e, così facendo, aveva totalmente cambiato il nostro modo di guardare Cézanne, «non lo vedremo mai isolato da quello che la pittura successiva ha fatto di lui, da come lo ha reso produttivo nella nostra tradizione»[118]. Allo stesso modo potremmo dire del video, il quale ha per sempre cambiato il nostro modo di guardare il cinema.

4.9. *Texture*

In occasione del convegno organizzato da Guido e Teresa Aristarco, *Il nuovo mondo dell'immagine elettronica: ricerca, spettacolo e professionalità* (Torino, 24/26 maggio 1982)[119], il regista Faliero Rosati[120] si pronunciava a proposito della bassa definizione del video, osservando come questo fosse l'aspetto più affascinante e inesplorato. Rispetto all'alta definizione del segnale, verso cui già allora le tecnologie aspiravano, scrive Rosati: «Sia dal punto di vista della percezione dell'immagine, sia da quello della sua costruzione, è più promettente e stimolante il lavoro che l'occhio è chiamato a compiere davanti a un'immagine indefinita, incerta, sporca, che davanti ad un'immagine limpida e perfetta»[121].

Come le figure «sbavate e vacue» dei primi astronauti sulla luna, o le inquadrature «rotte e opache» di tanti servizi televisivi dal Vietnam (archeologia della diretta televisiva), sembravano segnali o chiavi di accesso a un territorio inesplorato dove l'immagine cercava un suo nuovo modo di essere, «L'occasione fornita dal video – così scriveva Rosati – era quella di ripartire da una specie di grado zero, da un rapporto elementare con la luce, gli obiettivi, i movimenti di macchina, etc.». L'alta definizione e l'arrivo di grandi schermi elettronici, secondo la giusta previsione di Rosati, avrebbe ridotto la distanza tra film e video, e tale scarto sarebbe stato solo apparentemente «un passo in avanti», rischiando di «bruciare gran parte delle possibilità di comprensione del video». Infine, Rosati scrive: «Non riesco a pensare allo stesso modo se ho a disposizione una telecamera o una cinepresa». Nel caso della macchina da presa il rapporto con la materia filmata era di tipo fisico, condizionato dai metri di pellicola a disposizione; nel caso della telecamera era, viceversa, più immediato, diretto, in contatto simultaneo con la realtà.

Tale distanza tra il segnale video e il supporto pellicola, con il passaggio digitale si annulla totalmente: il codice binario riconduce al proprio logaritmo tutto ciò che analizza, nessun referente, un originale, un nastro magnetico, un rullo di pellicola; soltanto infinite combinazioni di 0 e 1. Ne consegue che nella corsa alla massima definizione dell'immagine si verificano due paradossi.

Sotto un profilo strettamente tecnico di ripresa, non sarebbe scorretto affermare che tutto il cinema digitale sia un cinema videografico[122], ed è questo il primo paradosso. Archiviato il segnale HDV, le prime cineprese digitali ad alta definizione (la 'Alexa' della Arri o la 'Epic' della Red – Red Digital Cinema Camera) o quelle più recenti in 4k e 5k (AXIOM, Blackmagic Ursa, Red Dragon), in molte delle loro funzioni, soprattutto quelle legate alla gestione del tempo (continuità illimitata di immagini, tempo reale, accelerazioni *timpelaps* e *ralenti* in fase di ripresa) e del girato (archiviazione del materiale, riproducibilità in diretta, funzioni di ritorno e re-incisione delle immagini girate), in tutto e per tutto richiamano le caratteristiche di una qualsiasi videocamera semi-professionale in commercio e a basso costo. Volendo si potrebbe sostenere che tutto il cinema digitalmente prodotto sia in realtà l'effetto di una 'rimediazione' di tecniche e stilemi di ripresa (soprattutto della diretta) nati all'interno della storia del medium televisivo e videografico.

Il secondo paradosso è che, nella transizione dal formato analogico (le intermittenze, i disturbi, la denuncia del supporto) al digitale (la pulizia massima del segnale, la nitidezza dell'immagine, la sua alta risoluzione), il desueto segnale video conosca un momento di recupero e di riscoperta. Come ha giustamente notato Akira Lippit nel suo saggio *Video Cinema Ether (VCE)*: «Il video analogico ritorna in una nuova forma di materialità perduta, soppiantata dall'immaterialità del digitale che l'ha sostituito. In questo stadio finale il video svanendo si fa corpo [...] diventa materico»[123].

Il fascino per l'obsolescenza di un medium viene a determinarsi nel momento in cui non esiste più un'economia che ne certifichi l'esistenza, e questo ha fatto sì che, a distanza di vent'anni dall'introduzione sul mercato dei primi DVD (Digital Video Disk o Digital Versatile Disc, 1995), vecchi monitor a tubo catodici, videoregistratori, mixer video, videocamere Hi 8, VHS datati e semi deperiti siano tornati come vecchi artefatti a rianimare il mercato del collezionismo, ammantandosi di un fascino che oscilla tra il nostalgico e l'ansioso. Per Lippit la fascinazione si estende oltre l'apparato tecnico del video, investendo la sua immagine e il suo immaginario: «Le immagini in video illuminano non solo i media del passato, la storia della tecnologia, ma contemporaneamente le pratiche mediali, soprattutto in relazione allo spazio visivo determinato dalle tecniche video»[124]. É quanto emergerebbe nel film di Hideo Nakata, *Ringu* (1998), e nel remake di Gore Verbinski, *The Ring* (2002), dove un misterioso VHS provoca la morte di chiunque lo guardi, evocando da un lato le paure legate alla circolazione illecita di copie non autorizzate di film in VHS e dall'altro certificando la fine di un supporto audiovisivo. Più specificatamente all'immaginario collettivo dei film in VHS rimanda invece il film di Michel Gondry, *Be Kind Rewind* (2007).

Il signor Fletcher (Danny Glover) è il proprietario di una vecchia videoteca che si chiama Be Kind Rewind. A causa della concorrenza di un altro blockbuster nel quartiere, che a differenza del signor Fletcher ha soppiantato i film in VHS con i moderni DVD, il negozio rischia la chiusura. Il signor Fletcher lascia per qualche giorno la città e il commesso della sua videoteca, Mike, scopre che tutte le videocassette si sono smagnetizzate dopo essere state toccate dall'amico Jerry (l'attore Jack Black), contaminato dalle onde elettromagnetiche della vicina centrale elettrica. Jerry si avvicina allo schermo televisivo della videoteca e le onde elettromagnetiche, come nelle *Magnet TV* di Nam June Paik, oscillano e vibrano al contatto: è lui la causa della smagnetizzazione. Non c'è altra soluzione che rigirare i film e Mike e Jerry, per emulare gli effetti visivi originali, si servono di mezzi rudimentali ed amatoriali quali scenografie di cartone, costumi rimediati e una videocamera, formato VHS. I clienti della videoteca si appassionano a tal punto che non chiedono più di vedere gli originali, ma solo le loro reinterpretazioni che chiamano "Sweded" (in riferimento alla posizione che la Svezia, Sweden in inglese, ha nei confronti del *file sharing*, considerando lo scambio di file come una libera forma di espressione e un diritto dei consumatori). Così Mike e Jerry si lanciano nella produzione realizzando parodistici remake di film culto come *Ghostbusters*, *Il re leone*, *A spasso con Daisy*, *RoboCop*, *Quando eravamo re*, *2001: Odissea nello spazio*, coinvolgendo sempre più nella realizzazione il desolato quartiere periferico dove vivono. Gli affari sembrano andare a gonfie vele, la gente affolla la videoteca, tutti vogliono vedere e partecipare ai film "Sweded", fino a quando una certa signora Lowson (Sigourney Weaver) si presenta a nome delle major cinematografiche reclamando la distruzione immediata di tutti i film pirata. Il recupero del ricordo perduto, sebbene falsificato, diventa una necessità grazie alla quale i personaggi, seppur per poco, riacquistano una propria identità, trovando uno spirito creativo collettivo. Una vecchia videoteca VHS, minacciata dalla chiusura e dall'obsolescenza di un medium, ritorna ad essere un luogo di vita sociale, una comunità sensibile.

Qualcosa di analogo, ma ancora più orientato sull'immaginario televisivo, lo hanno fatto Joe Pickett e Nick Prueher quando, a partire dal 1991, iniziarono a collezionare VHS di ogni tipo: lezioni di ballo, di ginnastica, video promozionali, lezioni di autostima, B-Movie, film e porno amatoriali; un collezionismo compulsivo, videomaniaco, alla ricerca del materiale più insolito e artisticamente irrilevante. Da tutto questo accumulo ne nasce nel 2004 a New York il *Found Footage Festival*, uno spettacolo live durante il quale i due curatori Pickett e Pruher guidano il pubblico attraverso la visione, commentata in diretta, dei più strani VHS ritrovati. *The Found Footage Festival*, riporta sul sito, *È una celebrazione di sciocchi e goliardici video trovati in mercatini dell'usato, abbandonati nei garage, nei cassonetti o nei magazzini di tutto il paese... The Found Footage Festival resuscita questi tesori dimenticati e li serve in una vitale celebrazione di tutto quel che è stato*[125].

Sul sito del festival sono caricati gran parte dei materiali video mostrati nelle edizioni del festival (circa 206 titoli, cover comprese), suddivisi in categorie come Animals; Celebrities, Commercials, Exercise, How-To, Love&Sex, Sports, Religion, Music etc.; i titoli spaziano da *Bowling for Women Only*, *America's Funniest Dirty Jokes*, *How to Seduce Women through Hypnosis* fino a *It's O.K. to Say No to Drugs!*. Si tratta di un vero e proprio catalogo in VHS dell'immaginario televisivo nordamericano tra la fine degli anni Settanta e gli inizi degli anni Novanta, una raccolta di gesti, effetti, grafica, linguaggio, costumi, cliché, un prezioso materiale di studio che rivive digitalizzato per antropologi, artisti, studiosi dell'immagine e curiosi videoamatori[126].

La corsa all'alta definizione oggi prosegue senza sosta (è il sogno della grana invisibile ereditato dalla fotografia), arrivando ormai al surreale esito di immettere sul mercato quasi un formato all'anno (2k, 4k e 5K, quest'ultimo pari a 14,7 milioni di pixel per frame), con la derivata corsa alla produzione di sempre nuove videocamere, macchine fotografiche, televisori, schermi computer e quant'altro. Il ritmo è talmente irrefrenabile che a malapena si arrivano a comprendere le potenzialità tecniche ed espressive di un formato prima che il mercato ne proponga uno nuovo. Come ha detto in un'intervista il visionario regista francese Leos Carax, «il digitale mi fa pensare ad un medico che ti prescrive una medicina senza ben sapere quale malattia debba curare»[127]. E non è il solo: negli ultimi anni sono cresciute le voci critiche che accusano il digitale di rappresentare di fatto una rivoluzione mancata[128].

Parallelamente alla crescita del mercato dell'alta definizione, la bassa qualità dell'immagine video, il lavorio di decomposizione della sua texture, «uno spazio scandito, striato, stratificato, sfogliato, bucherellato, discontinuo»[129], continuano ad esercitare sugli artisti un fascino archeologizzante. Ha scritto Vincenza Costantino a tale proposito: «L'arte video ha cercato ed esaltato i disturbi, il parassitismo, la messa in evidenza della trama, facendoli diventare dei tratti distintivi del video rispetto al cinema. L'immagine sporca, sgranata, indefinita, disturbata e i puri fenomeni di trasmissione, nel dominio dell'arte video, sono diventati dei veri e propri 'luoghi', dei topoi, delle 'figure di scrittura' a cui il cinema guarda con interesse, spesso come figure dell'inesprimibile, del non-detto, della negazione dello sguardo»[130].

Costantino si riferisce per lo più ai film di David Lynch, affascinato da sempre dalla texture granulosa del video e dalle intermittenze del televisivo, una passione che ancora una volta ha dimostrato ad esempio in *Interview project* (2009), un road trip dove le persone sono state trovate e intervistate nel corso di un viaggio di 20.000 miglia per gli Stati Uniti. Ognuna delle 121 interviste, riprese in video a basso costo, scaturisce dagli incontri casuali con la gente per le strade americane.

Un altro esempio significativo del riuso della texture video è il film *NO*, del regista cileno Pablo Larrain, con il quale si chiude la personale trilogia sulla dittatura del Generale Augusto Pinochet (della quale fanno parte i film precedenti *Tony Manero* del 2008 e *Post Mortem* del 2010). In questo film Larrain si addentra nelle vicende politiche del referendum che nel 1988 decretò sorprendentemente la fine dell'oppressione del regime militare in Cile. Per la prima volta dall'inizio della dittatura, su pressioni internazionali, l'opposizione aveva avuto a disposizione uno spazio giornaliero di quindici minuti sulla TV nazionale per spiegare al popolo cileno le ragioni del NO alla ratifica della carica di presidente a Pinochet. Un giovane pubblicitario (l'attore Gael García Bernal) accetta, forse incoscientemente, il difficile incarico di ideare e condurre l'impresa impossibile, quasi donchisciottesca, di ideare la campagna mediatica. Larrain e il suo direttore della fotografia Sergio Armstrong decidono di girare il film con una videocamera 'U-matic' del 1983. *NO* riflette sul delicato rapporto tra politica e mass media, utilizzando con piglio documentaristico il formato televisivo dell'epoca – in bassa definizione e in formato 4/3 – al fine di mescolare le immagini ricostruite del film con quelle reali dei servizi giornalistici e degli spot originali, ivi inclusi i protagonisti reali della storica campagna dell'Ottantotto.

Un ultimo aspetto che resta da sottolineare è legato al lavoro sulla manipolazione della texture video (la sua trama) così come lo si era registrato nella prima fase elettronica, ad esempio nelle opere di Robert Cahen (*Invitation au voyage*, 1973; *L'entraperçu*, 1980) o in quelle dei coniugi Steina e Woody Vasulka (come *Noisefields*, oppure *C-Trend*, entrambi del 1974)[131]. Questa prassi sembrerebbe oggi tutt'altro che estinta, riaffermandosi in digitale con tecniche come il Databending e il Datamoshing, con cui è possibile letteralmente 'entrare' all'interno delle sequenze numeriche che compongono immagini e video e romperne il codice con lo scopo di generare nuove forme astratte. Ne è un esempio il video *Long Live the New Flesh* (2010), dove l'artista belga Nicolas Provost si serve del Datamoshing (un effetto che produce una diluizione dei pixel contigui l'uno nell'altro) applicandolo a sequenze estrapolate da film horror e inserendovi poi una nuova colonna effetti e una musica originale: scomponendo il segnale Provost ne mostra tutta la fragilità ed evanescenza.

Se per Woody Vasulka la scelta di dedicarsi al segnale elettronico era stata dettata dal suo primitivismo, dalla possibilità di sperimentare da zero un nuovo segnale (lo stesso modo della mano che nel video monocanale *Vocabulary* del 1973 toccava, come per la prima volta, le linee generate dal tubo catodico, alterando in diretta la produzione sonora), allo stesso modo il digitale, fino ad ora principalmente sviluppato al fine di emulare alla perfezione le sfumature della realtà, potrebbe ancora essere solo agli inizi del suo percorso di 'derealizzazione'. Se così fosse, ancora una volta, ci troveremmo di fronte ad un segnale da interrogare, ad un nuovo grado zero in cui, ancora una volta, l'esperienza elettronica degli artisti video rappresenterebbe una preziosa eredità. Scriveva Fargier: «il bruco analogico guarderà la farfalla del digitale spiccare il volo»[132].

4.10. *Riquadri*

«Dividere lo spazio, per vedere diversamente», con queste parole Raymond Bellour nel 1986 introduce una dettagliata analisi dell'opera dell'artista tedesco Marcel Odenbach, in riferimento alla persistente scomposizione del piano visivo da lui operata in tutti i suoi video. In *Als könnte es auch mir an den Kragen gehen* (1986) l'idea di Odenbach è quella di mostrare due immagini insieme senza ricorrere al doppio schermo ma servendosi della sovraimpressione e del *blue screen*. In una sequenza si vedono due disegni di Goya, subito divisi da una banda centrale che si apre mostrando il primo piano di una donna spaventata (è l'attrice Angie Dickinson in *Vestito per uccidere*, 1981, di Brian de Palma). Un simile gioco di intarsi, stilema ripetuto per tutto il video, richiede un'attiva presenza dello sguardo, un continuo rincorrere le relazioni che tra le immagini si innescano. Tale logica si ripete nell'altro video di Odenbach preso in esame da Bellour, *Dans la vision périphérique du témoin* (1986), girato all'interno degli appartamenti di Maria Antonietta nella regia di Versailles. In questo caso la forma-banda non divide più solamente l'inquadratura creando una doppia immagine «con un effetto di disequilibrio che cattura»[133]. Si tratta di una compresenza di tre punti di vista dove gli elementi si dispongono gli uni in rapporto con gli altri, come in una partitura, «con degli effetti di senso – osserva Bellour – che inducono un costante riverbero simbolico»[134]. L'esperienza percettiva che se ne ricava non è mai unitaria, è stratificata, procede per addizioni e sottrazioni; il guardare coincide con il cercare, il cercarsi, esattamente allo stesso modo in cui dall'interno di un'installazione le fonti sonore e visive ci chiedono di muoverci, vagare con lo sguardo, spostarci nello spazio. L'arte video è un'arte dello spostamento.

Il *bricolage* di bande e finestre di Odenbach, più che di un montaggio di piani alternati è sul mix che si fonda, facendolo a pieno ricadere in un'altra delle figure di scrittura più specifiche del video, analizzata ancora una volta da Dubois nel suo già citato *Video e scrittura elettronica*, ovvero la mescolanza di immagini: «La finestra inquadra o de-quadra, toglie e aggiunge, suddivide e riunisce, isola e combina, stacca e confronta. È una figura della molteplicità, come la sovrimpressione, ma attraverso giustapposizione, non attraverso sovrapposizione»[135]. La visione cinematografica ci ha addomesticati al formato-schermo, il video, tramite il confronto con le immagini televisive, alla mescolanza dei generi, alla simultaneità, all'alternanza tra diretta e differita, alla proliferazione degli schermi: una fucina di sperimentazione totale nella direzione dell'esplosione del rettangolo bidimensionale dello schermo cinematografico. «Il video ha compattato – ha scritto Vincenza Costantino – scomposto, deformato, esteso al massimo e ridotto al minimo lo spazio visibile di trasmissione delle immagini audiovisive, per quel che riguarda la questione delle 'dimensioni', mettendo in discussione il concetto di formato-schermo, ritenuto dai più intoccabile al pari del formato-libro, e creando nuovi 'meccanici' punti di vista»[136].

Vincenza Costantino nella sua ricerca osserva come l'esplosione del formato sia nel video un 'figura di scrittura' ricorrente e si definisca in due direzioni: da un lato lo schermo che si frantuma, si parcellizza, mantenendo il suo formato standard ma includendo al suo interno, per sovrapposizione o per mixage, altri spazi riflettenti (è il caso di Odenbach); dall'altro deflagra verso l'annichilimento dei bordi, «immagini estendibili, non concluse, sferiche e non adattabili né al formato televisivo né tantomeno a quello cinematografico»[137], molto più vicine ai formati della pittura del dittico, del trittico o del polittico.

Veniamo ora al presente digitale: noteremo come in relazione alla rapida proliferazione di schermi d'ogni tipo, dai *led wall*, ai monitor LCD dei personal computer, dei televisori piatti, ultrapiatti, curvilinei, fino agli schermi libro degli eBook e ai *touchscreen* di tablet e smartphone, la questione del formato diventa predominante[138]. È come se il nostro rapporto con le immagini, un tempo mediato essenzialmente da soli due modelli, il formato cinema e quello televisivo, si fosse rapidamente espanso al multiformato, parcellizzandosi in una miriade di dispositivi, proporzioni e risoluzioni diverse, transitando continuamente dall'uno all'altro in un gioco di scambi e sovrapposizioni reciproche. Su questo complesso groviglio di schermi e formati, e delle sue conseguenze sul piano estetico e percettivo, il cinema digitale sembra volersi interrogare maggiormente, dimostrandosi recentemente molto più propenso a ridiscutere, problematizzandole, le proporzioni del proprio campo visivo. Si tratta per lo più di un gruppo di film tra loro molto eterogenei, che ripensa il formato schermo del cinema, la sua finestra, secondo due modalità ben contraddistinte, ad esempio attuando un recupero archeologizzante di formati di ripresa obsoleti, confrontandoli con i nuovi formati digitali. Non è un caso se alla definitiva archiviazione della pellicola quale supporto di ripresa, coincida uno sguardo retrospettivo rivolto alla storia delle forme e dei formati del cinema.

A questo primo gruppo di film è riconducibile il lavoro quasi filologico compiuto da Wes Anderson nel suo *The Grand Budapest Hotel* (2014). A seconda delle epoche in cui la storia si svolge, dagli anni Trenta ad oggi, il formato di ripresa e di proiezione del film cambia, adottando la proporzione di 1.85:1 (nel quale la base è circa il doppio dell'altezza) quando racconta la storia del Budapest Hotel tra gli anni Ottanta e i giorni d'oggi, il formato anamorfico 2.35:1 (celebre nei film di Sergio Leone) quando si tratta degli episodi collocati negli anni Sessanta, il formato 1.33:1 (un quasi quadrato che concentra l'attenzione principalmente sugli attori) per girare le scene ambientate negli anni Trenta e Quaranta. Wes Anderson e il suo fidato direttore della fotografia Robert Yeoman[139], oltre al *divertissement*, nei passaggi ripetuti tra un'epoca e l'altra, accentuati dai cambi di formato, non solo ripercorrono implicitamente la storia del formato cinema, ma assecondano e amplificano un intreccio narrativo di per sé fatto di sovrapposizioni, rimandi e flashback continui, concentrando o estendendo, aprendo o chiudendo il campo visivo, decidendo ogni volta drammaturgicamente da quale prospettiva 'esporre' il film.

Altri film si spingono ben oltre la filologia e nonostante adottino tecnologie digitali di ripresa, si rifanno esplicitamente a formati e stilemi del cinema muto[140]. Ci riferiamo al celebre e pluripremiato *The Artist* di Michel Hazanavicius (Francia, 2011) e a *Blancanieves* del regista spagnolo Pablo Berger, film che racconta in grande stile fiabesco l'omonima novella dei fratelli Grimm, ambientandola nella Spagna andalusa degli anni Venti. Berger, che gira il film muto, in bianco e nero e in formato 1.33:1 (4:3), confessa che la scelta deriva dalla sua spiccata ammirazione per le sontuose messe in scena hollywoodiane dell'epoca: «Ho visto *Rapacità* di Erich von Stroheim con un'orchestra sinfonica dal vivo e mi ha creato sensazioni uniche. Ho voluto ricrearle per il pubblico e per questo sono tornato alle grandi produzioni anni Venti. Il linguaggio cinematografico non è cambiato da allora»[141]. Il suo *Blancanieves,* co-prodotto da Arté Francia e definito da Pedro Almodovar il miglior film dell'anno, viene distribuito in Spagna in alcuni teatri con l'accompagnamento di orchestra e cantante dal vivo.

Altro caso è invece il film *Tabu* (2012) del brillante regista portoghese Miguel Gomes, girato in bianco e nero con la fotografia di Rui Poças, in formato 1.33:1, ispirato dichiaratamente alla cinematografia e alle immagini dell'omonimo film di Murnau, con il fine di raccontare una storia ambientata in un moderno condominio di Lisbona.

Abbiamo osservato come nonostante i progressi dell'alta risoluzione e del formato 16:9, una tendenza archeologizzante (o 'aurizzante') affiori nel cinema digitale esprimendosi nel recupero di forme e formati cinematografici del passato, ma ciò accade parimenti in relazione alla storia della televisione. *Computer Chess* (2013), terzo film di Andrew Bujalski, racconta di una sfida annuale realmente accaduta agli inizi degli anni Ottanta in un grande hotel americano, dove le principali università e centri di ricerca impegnati nello sviluppo dei primi software scacchisti computerizzati si diedero appuntamento. Come lo ha definito in una recensione Roger Ebert: «A movie by nerds, for nerds and about nerds»[142]. Il direttore della fotografia Matthias Grunsky ricorda sul suo blog le fasi di preparazione al film. Il regista Bujalski voleva ad ogni costo girare in bianco e nero e in un formato televisivo che fosse coerente con l'epoca, per rendere l'aspetto generale del film a metà tra la finzione e il *mokumentary*[143]. La scelta ricade infine su una 'Sony AVC-3260', videocamera in uso alla fine degli anni Sessanta[144], Grunsky l'acquista su internet e la svuota di tutto quel che non gli occorre, sostituisce l'ingombrante mirino originale con un minischermo LCD e la connette ad un convertitore che istantaneamente ne ricodifica il segnale in digitale. Matthias Grunsky ricorda le sensazioni dopo le prime prove, le improvvise sovraesposizioni, poca tolleranza verso le alte luci, interferenze elettroniche, contorni sbiaditi. Tornare alla bassa frequenza significava riscoprire un mondo ignoto: «Quando per la prima volta accessi la videocamera un misto di eccitamento e paura allo stesso tempo mi pervadeva. Ero eccitato come un avventuriero con questa strana macchina di un'altra epoca e tutto il suo comparto di limiti e artefatti, il che la rendeva perfetta per la storia che immaginavo di raccontare»[145].

Ad un confronto del cinema con i nuovi formati digitali (questo è il secondo gruppo di opere analizzate) rimanda l'uso drammaturgico che del formato schermo ne ha tratto il regista e attore québécois Xavier Dolan. L'esperienza inizia con il suo quinto film, *Tom à la Farme* (2013), dove, in una delle scene più intense, il protagonista Tom viene aggredito e scaraventato a terra dal fratello del suo defunto compagno Guillaume; più la violenza si fa efferata più il formato dello schermo lentamente si chiude verticalmente, passando da un rapporto di 1.85:1 a 2:35.1, enfatizzando come in un conto alla rovescia il crescendo della disperazione. Nello stesso anno Dolan scrive e dirige un videoclip per la canzone *College Boy*[146] del gruppo francese Indochine. In questo caso il formato di ripresa è quello di un quadrato 1:1 in bianco e nero, una scelta che rinforza le intenzioni registiche di rendere il senso claustrofobico della vita di un adolescente vittima degli sberleffi e delle violenze dei suoi compagni di college. Il risultato è di una rara potenza visiva, un grido di dolore senza salvezza.

Dolan racconta che l'idea del formato di ripresa gli era stata suggerita dal suo direttore della fotografia André Turpin: «Era il suo formato preferito di sempre...Compresi quanto umano e intimo quel formato fosse. Ogni soggetto richiede uno stile specifico»[147]. Per il suo sesto e più noto lungometraggio, *Mommy* (premio della giuria alla 67e edizione del Festival del Cinema di Cannes nel 2014), Dolan confermerà come protagonista il giovane attore di *College Boy*, Steve O'Connor Després, André Turpin alla fotografia e l'insolito formato 1:1. Questa volta è una storia che si svolge nei sobborghi di Montrèal, una madre, Diane, vive da sola con il figlio quindicenne, Steve, affetto dalla sindrome da deficit di attenzione e iperattività. Il loro rapporto fatto di amore, eccessi di rabbia, tenerezze, odio, è come chiuso in una gabbia, claustrofobico, senza vie d'uscita, dritto nei loro occhi. Ed è lì che Dolan vuole che il nostro sguardo si concentri, e per questa ragione chiude in un quadrato il campo visivo: «Il quadrato perfetto incornicia i volti con grande semplicità, e sembra il formato ideale per dei ritratti. Nessuna distrazione in uno spazio così costretto. Il personaggio è il nostro principale soggetto, senza fughe al centro della nostra attenzione. I nostri occhi non possono evitarlo»[148].

Quando nella vita di Steve e Diane fa la comparsa una nuova vicina di casa, Kyla, la nuova amicizia porterà loro una breve serenità e sarà esattamente in coincidenza di questi momenti che lo schermo con un effetto di deformazione si allargherà (in un caso sembreranno le mani stesse di Steve a farlo) lentamente come aprendosi in un respiro, fino al formato 1:85.1. Dirà a tale proposito Dolan: «Sapevo che ad un certo momento avrei voluto che il formato si aprisse per liberare il personaggio. Ci piaceva così tanto l'idea che l'abbiamo ripetuta due volte»[149]. Ma la tregua durerà poco, un'improvvisa gelosia di Steve per la madre lo riporta all'insensatezza di un tentato suicidio, si taglia le vene con un taglierino tra gli scaffali di un supermercato e così il formato dello schermo si richiude inesorabilmente in un quadrato senza fuga.

La regia di Dolan è un coacervo di complessità, vi si mescolano il lirismo dei film di Almodovar, il senso del tragico epico dei film di Lars Von Trier, il mistero dell'adolescenza raccontato da Gus Van Sant, e ancora l'influenza delle estetiche dei videoclip e delle nuove tecnologie, la macchina a mano del documentario, la pura recitazione e un approccio al tempo e alle forme dell'immagine essenzialmente videografico[150]. Questa grande varietà compositiva racconta di un *modus operandi* tipico dell'epoca digitale, ovvero di un immenso accesso a dati, informazioni, immagini di ogni tipo, finestre e collegamenti vari che transita da un formato all'altro, dal videoclip al Web al cinema. Al di sotto dell'eterno presente sul quale si regge l'immediatezza e l'interazione della comunicazione digitale, in realtà esiste un continuo e costante recupero e aggiornamento, cosciente o meno, di forme che provengono dal passato. Nel caso specifico, l'uso dello schermo quadrato in *Mommy* porta direttamente al video, ad esempio al formato-ritratto degli schermi utilizzati da Bill Viola per il ciclo *The Passions* (2000), oppure nella tensione trattenuta nel suo dittico in video *Silent Mountain* (2001), nel quale una donna e un uomo in un crescendo di intensità emotiva esprimevano in *slow motion* una gradazione di stati d'animo che spaziavano dalla sofferenza allo sfogo delirante, fino ad un urlo liberatorio. Altre strade, a detta di Dolan, riportano al formato quadrato delle copertine dei cd musicali, altre ancora più plausibilmente alla fotografia, al medio formato analogico del 6x6 o al formato della polaroid riattualizzato dall'uso di Instagram (portale frequentato assiduamente da Dolan stesso)[151].

L'immagine digitale è un'infilata di compresenze, rimandi e rimediazioni; sulla sua superficie traspare il mondo antico dell'analogico, a volte risentendone il fascino obsolescente, altre volte divenendo luogo di una serie di scambi e di prestiti, impliciti ed espliciti, oggettivi e soggettivi, che simulano, trasformano e attingono senza discriminazioni le proprie forme dal cinema, dalla fotografia, dal video, dal videoclip, dalla pittura, dal videogioco, etc. o dalle differenti piattaforme (la sala, la consolle, la televisione, internet, il telefono) di comunicazione visiva. Nessuna distinzione di genere, nessuna gerarchizzazione: l'immagine digitale sembra muoversi abbattendo il tempo lineare.

A riprova di quanto detto, è utile soffermarsi su un film digitale ma con un occhio rivolto a dispositivi e modelli prospettici del passato. Si tratta del terzo film del giovane regista fiammingo Gust van den Berghe, *Lucifer* (2014), girato in un insolito formato, il Tondoscope. L'idea nasce in riferimento ai formati circolari della storia del pre-cinema come il praxinoscopio o le lanterne magiche, così come all'organizzazione spaziale e narrativa dei quadri dipinti su formato circolare tra la metà del Quattrocento e il tardo rinascimento, come *I sette peccati capitali* di Hieronymus Bosch (1475-1480), il *Tondo Doni* di Michelangelo (1503-1504) o *L'adulatore* del fiammingo Pieter Brueghel il Giovane (1592). *Lucifer* racconta l'antica storia dell'angelo Satana precipitato dal cielo sulla terra, rappresentandolo con il saio di un frate francescano arrivato dal nulla in un misero paese messicano. Tutto il film è girato con un mascherino bucato a formare un cerchio perfetto, le inquadrature e le azioni degli attori sono appositamente studiate per esservi incluse. Così come era il quadrato per Xavier Dolan, il formato circolare del Tondoscope di *Lucifer* non si discosta nelle intenzioni da quelle che sono prerogative tipicamente videografiche, ovvero, riplasmare lo spazio aprendo nuovi campi visivi. Così osserva il regista Gust van den Berghe: «La scena in sé, o la composizione prescelta, sarebbe stata il tondo. La scelta del cerchio avrebbe attribuito all'immagine un maggiore peso e impatto sullo spettatore, dando alla scena l'impressione di una maggiore completezza e perfezione in quanto nessun bordo superiore, inferiore, sinistro o destro sarebbe stato escluso»[152].

Ma sono alcune scene di *Lucifer* ad interessarci particolarmente per il modo in cui richiamano più o meno consapevolmente alcune forme del video. Il direttore della fotografia Hans Bruch Jr. insieme ad un ingegnere meccanico della Vrije Universiteit di Brussel costruiscono un tubo vuoto in PVC alto quasi un metro e mezzo; all'estremità inferiore inseriscono uno specchio a forma conica e dal lato opposto la macchina da presa digitale, con l'obiettivo che punta dritto al centro della superficie specchiante. Il risultato è un'inquadratura circolare con un'angolazione di 360 gradi con ridottissime deformazioni, utilizzata per filmare soprattutto intermezzi tra una vicenda e l'altra, per lo più paesaggi. Nonostante gli autori di *Lucifer* si richiamino al pre-cinema, è alle sperimentazioni di Steina e Woody Vasulka che vorrei viceversa riportarlo, in particolare a *Summer Salt*, un videotape realizzato nel 1982, composto da cinque diverse sperimentazioni sulla deformazione del campo visivo. Tre di questi video vengono realizzati con l'ausilio di un dispositivo ottico messo a punto dai due artisti già alla fine degli anni Settanta, ovvero la *Machinevision*. Steina ne spiega bene il funzionamento nel video *The Making of Summer Salt* (1982): «L'obiettivo di una videocamera si infila in un tubo di plastica trasparente contenente a metà una semisfera specchiante, ciò che ne risulta è un'immagine perfettamente circolare, al centro della quale si riconosce solo la circonferenza dell'obiettivo della telecamera mentre tutto intorno, adattandosi alle curvature della sfera, si riflettono le immagini riprese»[153].

In *Sky High,* uno dei cinque video, la *Machinevision* viene montata dai Vasulka su una lunga asta tenuta da Steina, inquadrando dall'alto un'autovettura in movimento nel deserto nel New Mexico; in *Somersault* Steina vi gioca in giardino utilizzandola come un attrezzo da ginnastica. In entrambi i casi la figura umana non è più al centro della visione, la macchina-video lo ha sostituita e la sua soggettiva, circolare e deformata, rovescia le convenzioni della prospettiva cartesiana. Anche se in questo caso non ha diviso lo spazio ma lo ha sferizzato, esattamente come nelle intenzioni degli autori di *Lucifer*, il dispositivo videografico si dimostra capace come pochi altri linguaggi di ribaltare o destabilizzare per sfasamento le convenzioni del nostro vedere.

4. 11. *Mèlange, Remix, Mash-up*

Philippe Dubois ha scritto che il *mélange* di immagini è indubbiamente principio costituente del video, si fa a mano comandando la tastiera, i tasti e le leve (del mixer), oppure ad occhio controllando le immagini su un monitor e verificando in diretta gli effetti inseriti, per cui «si pilota a vista e in tempo reale»[154]. Questo stesso principio di simultaneità (potremmo dire di interattività), aggiornato al tempo del digitale, si è talmente esteso a tutti i software in uso che qualsiasi utente, dall'amatore al professionista, può sulle immagini (fisse o in movimento) sperimentare in tempo reale (sul proprio portatile o sul proprio smartphone) decine di effetti di riproduzione e di postproduzione: «É il dito, quello che preme i tasti, a far sì che l'immagine sia appunto digitale, per fare un'immagine digitale occorre saper digitare. La tastiera ha la meglio sulla macchina da presa»[155], scriveva Dubois nel 1988, anticipando la portata del cambiamento, a quel tempo riferendosi alle prime immagini di sintesi numerica generate per mezzo di un computer. Come allora, oggi più che mai, ci si può spostare sopra un'immagine digitale senza necessariamente che sia una macchina da presa o una videocamera a farlo, «Il movimento diviene solo questione di cifre, di programmi matematici e logaritmi»[156], producendo un nuovo spazio, quasi inumano, generato dalla tecnologia e dall'elettronica e che istituisce modalità diverse di rapporto con l'immagine. Dal controllo della console del mixer video, alla tastiera del computer, dalle console ai joystick dei videogame fino agli schermi interattivi digitali, la dimensione tattile dell'immagine è già evidente al culmine tecnologico ed estetico dell'elettronica. Lo evidenziano ancora le parole di Dubois tratte dal saggio del 1988: «Filmare non è più guardare, misurare le distanze, cercare i modi di approccio più adatti. É toccare, palpare, andare a tentoni, infiltrarsi, prendere, carezzare, respingere». Il video aveva annunciato quello che sarebbe poi divenuto un nuovo modo di «toccare con l'occhio», oppure un «vedere toccando», dove l'immagine nasce lì dove la mano la muove, la capta, la sposta e riposiziona.

Questo dominio del tattile, passaggio dell'aptico sull'ottico, o una bilanciata commistione tra i due, non ci rimanda forse in *primis* alle funzioni di controllo introdotte per primo dal telecomando televisivo? Simultaneità e interattività non sono forse le cifre essenziali dello spettacolo televisivo? «La televisione – scriveva Jean-Paul Fargier – è video tattile. Quando ha per le dita un telecomando, nessuna esitazione, lo schermo della televisione mette il mondo a portata di mano. La televisione è un linguaggio braille (c'est du braille)»[157]. Un tale controllo sull'immagine, esercitato per mezzo del telecomando e del mixer video, riorientato verso la produzione di nuovi sensi audiovisivi, appartiene al linguaggio videografico (anche se il cinema si intende ha i suoi di *mélange*). A sperimentarla sono stati svariati artisti, in una fase storica compresa tra *Global Groove* (1973) di Nam June Paik, gli scratch video del collettivo britannico *Gorilla Tapes* (1986), il montaggio spietato di *Blob* (1989) ideato da Angelo Guglielmini, Enrico Ghezzi e Marco Giusti. Lo si ritrova ancora tra gli zapping convulsi di Mario Schifano e in quelli più meditati di Chris Marker (*Détour Causescu*, 1990), fino all'uso quasi brechtiano (per consapevolezza epica e politica) che ne ha fatto Harun Farocki in *Schnittstelle* (1996). Tutti esempi che esprimono un sentimento che Dubois giustamente definisce di duplice natura: «Da una parte, impressione di potere assoluto sull'immagine; dall'altra, angoscia di fronte al rischio di paranoia, sempre incombente», una specie di «vertiginosa vacuità» scaturita dal faccia a faccia con un muro di schermi, di fronte al quale non era più chiaro «chi più fosse il padrone e dove cominciasse l'abisso»[158].

Una vertigine che si acuisce ancora di più se pensiamo all'enorme accesso alle immagini consentito dalle piattaforme del web (dagli accumuli di YouTube ai palinsesti digitali di Netflix) dove un flusso di prodotti-immagine si neutralizzano a vicenda. «Vertigine dell'accumulo» la definiva Umberto Eco a proposito dell'infinita riproducibilità del libro o del documento[159]; così come il possesso della fotocopia esime dalla lettura, l'accumulo di immagini potrebbe privarci della possibilità di saperle vedere. Il lavoro di disarticolazione e riorganizzazione semantica del palinsesto televisivo operato da molti artisti è stato proprio il tentativo di riappropriarsi della facoltà di guardare e interpretare immagini sottraendole al flusso: «Il video sarebbe l'arte di togliere lo sguardo dalle cose e posarlo sui mille e uno modi di mostrarle» scriveva Jean-Paul Fargier e la sua natura non può che essere quella di un cannibale: «È un'immagine affamata di immagini, di preferenza leggendarie, dorate, antiche, traballanti, lampeggianti, raggianti: brevemente di sangue nobile»[160].

Di cosa si nutre il video? Potremmo dire allora, come oggi: di zapping[161]. Lo zapping è, sempre seguendo il brillante ragionamento di Jean-Paul Fargier in un articolo del 2004: «Non soltanto un vagabondare con indifferenza tra programmi televisivi ma un vagare aleatorio e gaudioso tra ogni sorta di genere...Nel magma televisivo, che lo zapping ci rende noto, la contaminazione dei generi è una condizione permanente...Lo zapping è il regno assoluto della giustapposizione di tutto con tutto – non importa cosa, bisogna essere un qualche genere pur di entrare nella danza»[162]. Una pluralità di generi (televisione, cinema, pittura, fonti letterarie) di cui non solo i video ma le stesse installazioni video sono prova. Agendo in uno spazio tridimensionale, le installazioni funzionano come un coro all'interno del quale convivono i più disparati elementi percettivi: la giustapposizione degli schermi, la molteplicità dei punti di vista, la sovrapposizione di immagini e suoni che generano contrasti di ritmo, ha scritto Anne-Marie Duguet «di tonalità, di senso, associando differenti punti di vista su una medesima scena, mettendo a confronto l'esterno e l'interno, il passato e il presente, l'immagine dello spettatore e le immagini televisive»[163].

Quel che è stata la televisione, una fonte inesauribile di immagini da registrare e rimontare, oggi è Internet, è qui che lo zapping si è spostato. L'artista canadese Dominique Gagnon (filmmaker, installation and performance artist, tra i fondatori del collettivo *Au travail/At Work (DATA)*, autore di installazioni sonore e video, sculture e, a suo dire, di «attivismo anonimo su Internet», è solito assemblare i suoi «self footage films» con materiali tratti esclusivamente da YouTube. Gagnon si forma all'università Concordia a Montrèal dove si misura agli inizi con cortometraggi sperimentali basati su montaggio di materiali d'archivio (*Beluga Crash Blues*, 1997; *Full Trottle Engine Component*, 2000). Nel 2005 poi nasce YouTube, consentendo a chiunque di caricare e condividere in rete i propri video, divenendo in breve tempo il terzo sito più visitato al mondo dopo Google e Facebook. Dopo un primo timido periodo di collaudo, sul neonato portale rapidamente si afferma la cultura del *vlogging* o *video log*, video nei quali le persone commentano un fatto o esprimono le proprie opinioni, interessi, etc. Gagnon ne osserva l'evoluzione, fin tanto che nel 2008 alcuni di questi video misteriosamente vengono rimossi dai gestori del portale che giudica il loro contenuto offensivo, violento o politicamente scorretto; da qui affiora in lui l'idea di salvarli dall'oblio. prima archiviandoli e poi riorganizzandoli in un montaggio tematico. Ne nasce *RIP in Pieces America* (2009, 20') un collage di video registrati dalle anonime webcam di fanatici religiosi, violenti, cospiratori, tutti di genere maschile e tutti nord americani, che sfogano le proprie delusioni, frustrazioni, prediche e confessioni. Sarà il primo della cosiddetta trilogia del Web, di cui farà parte anche *Love Hall to Hell* (2011, 60'), un montaggio di video girati da solo donne americane, classificati da YouTube come 'inappropriati', e *Big Kiss Goodnight* (2012, 60') sugli sfoghi reazionari di un americano emarginato.

Come nella migliore tradizione del *footage film* o del *remixage* video, il metodo di Dominique Gagnon consiste nel prendere materiali preesistenti e riorganizzarli in un nuovo montaggio (in una nuova drammaturgia) senza aggiungervi nulla di nuovo, né un suono né una voce off, a volte una musica. Per preservare l'unità stilistica, una sola regola deve essere rispettata: i video devono provenire da YouTube ed essere stati girati in prima persona dagli utenti con l'ausilio di una webcam; ciò fa sì che accumulando e accostando tra loro svariati modi in cui le persone scelgono di autorappresentarsi (parlando ad un ipotetico fuori campo, in primo piano, frontali, guardando in macchina), si riattiva una memoria su quel labile confine tra privato e pubblico, tra interno ed esterno, tra locale e globale, di cui gli artisti del video avevano intuito il potenziale nel televisivo.

Così Dominique Gagnon racconta le sue impressioni in una conversazione con Fabrice Montal: «Succede qualcosa di diverso con le webcam. Sono i soggetti stessi che decidono di filmarsi e condividere i propri video. Non esiste un rapporto tra cameraman e soggetto. Non c'è un progetto di film a venire. Non c'è un rapporto personale tra loro e me e neppure un accordo economico. D'un tratto i materiali che utilizzo nei mei montaggi mi sembrano più onesti, sinceri e ludici. Il rapporto con la camera è naturale, non sono io che la introduco nella vita della gente, fa parte della loro realtà d'internauti. Neppure pongo loro delle domande, li guardo e li ascolto, è tutto. Potremmo chiamare tutto questo una interpassività (inter-passivité *sic*)»[164].

Si tratta di uno lavoro di osservazione dei comportamenti e della spettacolarizzazione della vita privata, a questo *La trilogia del Web* (così il titolo) rimanda, caricandosi di una valenza quasi antropologica, etnografica, come osserva Gagnon in relazione al suo documentario *Hoax_canular* (2013, 90'). In questo caso, sulla base di una ricerca fatta su YouTube digitando la parola 'apocalisse', *Hoax_canular* doveva essere in origine un video suddiviso in quattro categorie: l'uomo, la donna, l'adolescenza, i bambini. La ricerca produce quasi 200 ore di video, troppe per affrontare da solo il montaggio. Ma quel che più colpisce Gagnon sono i video girati dagli adolescenti americani, rivelano d'un colpo i loro sogni e i loro turbamenti, e con questi decide di trarne un montaggio video di 90 minuti, ricavandone un ritratto di disperata vitalità.

Oltre ad un progetto editoriale ogni volta ben definito, le video-appropriazioni alla base del metodo di Gagnon sono contro il copyright, ignorano deliberatamente il diritto d'autore e rivendicano il libero uso: «Personalmente non mi interesso di diritti – afferma l'artista canadese – Non possiamo permettere solo alle grandi compagnie private di Internet e agli Stati nazionali di controllare il nostro profilo e i nostri dati di cittadini. L'estrazione di dati personali deve essere allo stesso tempo performata dagli artisti. Molti artisti in passato hanno osservato che se interrompessimo di rappresentare noi stessi, semplicemente spariremmo, per me si tratta pertanto di una questione di sopravvivenza»[165].

In più i video che Gagnon realizza non hanno uno scopo commerciale, sono dei documenti più che dei prodotti, e pertanto sono tutti visibili integralmente su YouTube, non sono, dice, né più privati né più pubblici di tutti i video caricati ogni giorno da migliaia di utenti nel mondo. Come un esploratore etnografico di inizio secolo, Gagnon è convinto di trovarsi alle soglie di un nuovo mondo da esplorare: «Da subito ho capito che il Web poteva essere un nuovo mondo da esplorare. Un mondo fatto d'immagini. Come un viaggiatore ne ho da prima esplorato le capitali, i musei e i luoghi popolari per poi inoltrarmi nell'underground. Qui la strada si è fatta ricca e paradossale. Gli utenti che producono i video che riuso nei mei film sono spesso degli emarginati, vivono ai bordi, lontano dal centro, intrecciando tra loro legami precari. A causa dei loro comportamenti estremi, spesso dai siti censurati, la loro presenza sul Web è il più delle volte limitata. Il mio ruolo diventa allora molto semplice: salvare queste immagini e questi discorsi dalla sparizione, riportare in superficie degli elementi critici altrimenti invisibili, raggrupparli in un montaggio e articolarli in una trama. Oltre che psicotropi, credo che i miei film siano apparentabili con l'antropologia, seppur io non realizzo dei film sulle persone ma su come queste si autorappresentano. Questa distinzione è importante per me. Viviamo in una nuova era della rappresentazione»[166].

Sono il Web e il suo zapping digitale, una nuova prospettiva dalla quale guardare le immagini in movimento? É indubbio che dalla nascita dei portali video come YouTube, Dailymotion (2005), Vimeo (2004), Blinkx (2007) e dalla messa in rete di interi archivi digitali, gli utenti si cimentino sempre più con azioni di riciclaggio e riuso di video, film, telefilm, video clip e suoni scaricati dal web. La tecnica detta del *mash up*[167] (*to mash* in inglese 'schiacciare') produce ad esempio oggetti molto diversi tra loro, per lo più semplici giochi, passatempo, divertimenti, parodie senza alcuna velleità artistica che sovvertono il significato delle fonti originali. I trailer dei film sono i materiali più gettonati, si prende l'angosciosa colonna sonora del trailer di *Requiem For A Dream* di Aronofsky e vi si montano le immagini di *Ferris Bueller's Day Off*, una divertente commediola americana del 1986, trasformandola in un incubo. Altre volte sono i musicisti ad usare le tecniche del *mash up*, come Pogo che nel 2007 remixa le immagini del cartone animato della Disney *Alice nel paese delle meraviglie* con un suo pezzo originale di musica elettronica intitolato appunto *Alice*. Il più delle volte i video di *mash up* sono amatoriali, assemblati dagli utenti con l'ausilio di tecniche e software di base, poi caricati sui propri canali video senza alcuno scopo commerciale. È sufficiente la conoscenza base di un qualsiasi software di postproduzione e un normale connessione di rete per potenzialmente dirsi in possesso di una piccola unità produzione, una microstazione di pirateria collegata 24 ore su 24 su un immenso repertorio audiovisivo online, in grado di diffondere e distribuire i propri contenuti gratuitamente.

In contatto costante con un palinsesto globale di testi, immagini, video, contenuti interattivi, potremmo ipotizzare di trovarci di fronte a una nuova forma di televisione espansa? É il nostro navigare, scaricare, uploadare, aprire e chiudere finestre, una logica estensione di quei primi hardware, dal magnetoscopio al VHS, che ci consentivano di esercitare un controllo sulle immagini, captando, piratando, registrando, accostando e riproducendo in diretta il segnale televisivo. Se cosi fosse, può dirsi realizzato il sogno di Nam Jun Paik, ovvero dare la possibilità a chiunque di produrre la propria televisione, il proprio palinsesto?[168] Siamo giunti nell'epoca della massima accessibilità alle immagini in movimento prevista dai pionieri del video? È proprio così? Oppure essendo tutti virtualmente in grado di possedere un proprio spazio di espressione ci ritroviamo per paradosso in uno stato di bulimica afasia?

Il fenomeno è ancora in evoluzione e le forme stesse nate del Web si stanno via via definendo, il *mash up* ad esempio ha acquisito negli anni una sua varietà stilistica (Wikepedia conta almeno quattro categorie: Music Video Mash up, Political Mash up, Trailer Mash up, Supercut Mash up) e una maggiore autostima artistica. Un punto privilegiato dal quale osservarlo è il MashUp Film Festival, che si svolge dal 2011 al Forums des images di Parigi. Lo scopo che il festival si propone è di interpretare la complessa varietà delle pratiche audiovisive digitali emerse o riemerse (se collegate con dei precedenti del passato) nel Web: «Remix, sovvertimenti di senso, nuove scritture, autoproduzioni, crowfounding, libera circolazione di contenuti, creative commons, creazioni collaborative o collettive... Le immagini digitali, e la loro massiva circolazione ha determinato la nascita di nuove pratiche e di nuove opere. Ciascuno oggi ha a portata di mano uno schermo tattile, una fonte quasi illimitata di immagini che può non soltanto vedere, ma anche riutilizzare, rimontare, virare, frammentare, commentare, condividere»[169].

Progetti partecipativi, interattivi e collaborativi, piattaforme open source nelle quali gli utenti collaborano alla realizzazione di un video, proponendo aggiunte o modifiche, generando come una forma di intelligenza collettiva e sviluppano e condividendo un sapere comune, sono questi dei nuovi orizzonti videografici ancora da esplorare, ovvero, come scrive il curatore del festival parigino: «Simbolo di un volontà di 'riprendere Il potere', questa tendenza mette in questione la circolazione dei beni culturali, la standardizzazione e il confezionamento dei prodotti legati all'industria dei media e dello spettacolo, lo sviluppo sfrenato del mercato»[170]. Se così fosse, la storia del video, tutt'altro che estinta, proietterebbe ancora la sua luce sul presente. Il «gigante addormentato»[171], come lo ha definito Stefania Carbonara, una giovane studentessa di un liceo di belle arti di Genova nel titolo nella sua tesina di diploma, alludendo al suo potenziale sopito, forse presto il video dal sonno si desterà.

1. Costantino V., nella sua tesi di dottorato *Il cinema del 'dopo video'. L'influenza del video e delle nuove tecnologie sull'estetica cinematografica*, (op. cit., 2006) ipotizza il persistere nel cinema di tre figure di scrittura videografica: 1. Figure dello spazio; 2. Figure del tempo; 3. Figure della memoria.
2. Saba C. G., *Per un supplemento d'indagine: le forza deterritorializzante del video*, in Saba C. G. – Valentini V. (a cura di), *Medium senza Medium*, op. cit., pp. 79-129.
3. Fargier J.-P., *Vidéo où, Couccou, vidéo partout*, saggio inedito, 2015.
4. Didi-Huberman G., *L'immagine insepolta. Aby Warburg, la memoria dei fantasmi e la storia dell'arte*, Bollati Boringhieri, Torino 2006, p. 13 [ed. orig. *L'image survivante. Histoire de l'art et temps des fantômes selon Aby Warburg*, Les éditions de Minuit, 2002].
5. Ivi, p. 34.
6. Zucconi F., *La sopravvivenza delle immagini nel cinema*, Mimesi edizioni, Sesto San Giovanni 2013, p.42.
7. Ivi, p. 75.
8. Didi-Huberman G., *L'immagine insepolta*, op. cit., p. 28.
9. Belting H, *Antropologia delle immagini*, Carocci, Roma 2013, p. 55 [ed. orig. *Bild-Anthropologie. Entwürfe für eine Bildwissenschaft*, Wilhelm Fink Verlag, Paderbon 2002].
10. Didi-Huberman G., *L'immagine insepolta*, op. cit., p. 30.
11. Ivi, p. 45.
12. Costantino V, *Il cinema del 'dopo video'*, op. cit. p. 37.
13. Panofsky E., *La storia dell'arte come disciplina umanistica*, in Id., *Il significato delle arti visive*, Einaudi, Torino 1962, pp. 5-28. [ed. orig. *The Meaning of the Humanities*, T.M. Green (ed.), Princeton University Press, Princeton 1940, pp. 89-118].

14. Ivi, p. 18.
15. Ivi, p. 22.
16. Ivi, p. 26.
17. Didi-Huberman G., *L'immagine insepolta*, op. cit., p. 86.
18. Ibid.
20. *Cosimo Terlizzi: 'Folder è il mio diario audiovisivo'*, intervista con l'autore in «Cinema italiano», 28 ottobre 2011.
21. Secondo la definizione di Enrico Crispolti in *Extra media. Esperienze attuali di comunicazione estetica,* Studio Forma, Torino 1978, p. 9: «'Extra media' è il momento decisivo (e) dell'utilizzazione progressiva di 'media' diversi ma assunti nell'occasionalità di uso di ciascuno di essi, secondo la necessità episodica del voler dire, del voler fare, del dover fare, e dunque non privilegiandone, non feticizzandone specificatamente alcuno». Vedi inoltre Kultermann U., *Vita e arte. La funzione degli intermedia*, Görlich, Milano 1972.
22. Emshwiller E., *Image maker meets video, or psyche to physics and back*, in Douglas D. – Simmons A. (eds.), *The new television: A Public/ Private Art*, Mit Press, 1977, p. 54.
23. Joselit D., *Dopo l'arte*, Postmedia Books, Milano 2015 [ed. orig. *After Art*, Princeton University Press, Princeton 2012].
24. Payant R., *La frenesia dell'immagine*, in Albertini R. – Lischi S. (a cura di), *Metamorfosi della visione*, op. cit., p. 147.
25. Parfait F., *Vidéo: un art contemporain*, op. cit., p. 8.
26. Ivi, p. 328.
27. Vedi Duguet A.-M., *Vidéo, la memoire au poing*, op. cit..
28. Fargier J.-P., *La poudre aux yeux*, in «Études françaises», vol. 22, n. 3, 1986, p. 128.
29. Dubois C. – Dubois P. – Melon M. E., *Cinema e video: compenetrazioni*, in Lischi S., *Cine ma video*, op. cit., p. 83 [ed. orig., *Cinéma et vidéo: interpénétrations*, in «Communications», n.48, op. cit.].
30. Ibid.
31. Greimas A. J. – Courtés J., *Semiotica: dizionario ragionato della teoria del linguaggio*, a cura di Fabbri P., La casa Usher, Milano 2007, p. 223.
32. Bellour R. (ed.), *Eye for I: Video Self-Portrait*, catalogo della mostra, Ball State University Art Gallery, Independent Curators Incorporated, New York 1990. Il testo in catalogo *Self-portaits* è stato tradotto in italiano con il titolo *Autoritratti* in Bellour R., *Fra le immagini*, op. cit., pp. 289-363.
33. Astruc A., *L'Avenir du cinéma* (1948), citato da Raymond Bellour in *Autoritratti*, all'interno di *Fra le immagini*, op. cit., p. 297.
34. Ivi, p. 308.
35. Ivi, p. 347.
36. Tra questi artisti Bellour cita Peter Campus, Vito Acconci, Bill Viola, Gary Hill, Joan Jonas, Pier Marton, Doug Hall per gli Stati Uniti; in Germania Rebecca Horn, Ulrike Rosenbach, Marcel Odenbach, Gerd Belz, Klaus vom Bruch, Valie Export; in Francia Kuntzel e Fieschi, e ancora Elisabeth Clark, Friederike Pezold, Wolf Kahlen, Barbara Hamman, Astrid Helbach, Bernd Kracke, Brigitte Odenthal, Lukas Rahm, Axel Schneider, Frank Soletti, Klaus Voigt, Ulay-Abramovic.
37. Citazione riportata da Helmut Friedel, *Video Narciso: il nuovo autoritratto*, in Albertini R. – Lischi S. (a cura di), *Metamorfosi della visione*, op. cit., p.162.
38. Routledge V., *L'arte alla fine del millennio. Intervista a Bill Viola*, in Valentini V. (a cura di), *Zero Visibility,* op. cit., p.95.
39. Renov M., *Video Confessions*, in Renov M. – Suderburg E. (eds.), *Resolutions. Contemporary Video Practices*, op. cit., pp. 78-101.
40. Vedi tra gli artisti le opere di Hershman Leeson, *Electronic Dairy*, 1986-88; Downey, *Video Trans Americas*, 1973-1977; Kuchar, *Weather Diary #1-3*, 1986-88; Hershman, *Binge*, 1987; Benning, *If Every Girl Had a Diary*, 1989. Vedi sull'argomento Hershman Leeson L., *The Subject of Autobiography*, in Renov M. – Suderburg E. (eds.), *Resolutions. Contemporary Video Practices,* op. cit., pp. 124-133.
41. Krauss R., *Il video, l'estetica del narciso*, in Valentini V. (a cura di), *Le Storie del video*, op. cit., p. 248 [ed. orig. *Video: The Aesthetics of Narcissism*, in «October», vol. 1, spring 1976, pp. 50-64].
42. Bellour R., *Fra le immagini*, op. cit., p. 289.
43. Payant R., *La frenesia dell'immagine. Verso un'estetica secondo il video*, in Albertini R. – Lischi

S (a cura di), *Metamorfosi della visione*, op. cit. p. 145 [ed. orig. *La Frenesie de l'Image, vers une Esthetique selon la Video*, «Revue d'esthétique», numero speciale *Vidéo-vidéo*, n. 10, 1986, pp. 17-23].

44. Scrive così l'artista Les Levine nel 1978: «La cosa veramente importante riguardo al videotape è che si tratta di un mezzo diretto per entrare in rapporto con la propria mente, senza creare un oggetto fisico che pone il corpo tra sé e la propria mente. Il videotape tende a esporre l'artista in un rapporto diretto con lo spettatore. Lo spettatore sa come l'artista si sente, e sa, senza che vi sia alcun intermediario e per la prima volta nella storia dell'arte, come si sviluppa il pensiero dell'artista». Riportato in Albertini R. – Lischi S. (a cura di), *Metamorfosi della visione*, op. cit., pp. 107-112 [ed. orig. *One-gun video art*, in Battcock G. (ed.), *New Artists Video*, Dutton, New York 1978, pp. 76-90].

45. Krauss R., *Il video, l'estetica del narciso*, in Valentini V. (a cura di), *Le Storie del video*, op. cit., p. 249.

46. *Cosimo Terlizzi: 'Folder è il mio diario audiovisivo'*, op. cit.

47. Ibid.

48. Pagliara A., *'Questo non è un film'. Intervista a Cosimo Terlizzi* (http://www.pointblank.it/recensione/questo-non-e-un-film-intervista-a-cosimo-terlizzi/ ultimo accesso gen. 2020).

49. Impressionato nel 1975 dalla visione di *Jeanne Dielmann* di Chantal Akerman, Vincent Dieutre inizia a studiare cinema a l'IDHEC di Parigi dal 1984 al 1987. Durante un difficile periodo di tossicodipendenza produce i suoi primi cortometraggi fintantoché in *Rome désolée* (1995), suo primo lungometraggio, fissa i parametri del proprio linguaggio.

50. Dieutre V., *Lettre d'un tiers-cinéaste à Criticalsecret*, in «Criticalsecret», vol. 2, 2005.

51. Vlaeminckx J.-M., *Patrick Leboutte: le geste cinématographique*, in «Cinergie», 13 luglio 2011 (https://www.cinergie.be/actualites/patrick-leboutte-le-geste-cinematographique-2011-12-19-122026 ultimo accesso gen. 2020).

52. Dieutre V., *Lettre d'un tiers-cinéaste à Criticalsecret*, op. cit.,

53. «Vibratile, hésitante, d'un montage chaotique ou d'un mixage des formats, pour formuler une critique viable de la perception, une contestation du réel», Ibid.

54. Ibid.

55. Benjamin W., *Scritti 1932-1933*, a cura di Tiedemann R. e Schweppenhäuser H., Einaudi, Torino 2003, p. 540, [ed. orig. Benjamin W., *Erfahrung und Armut*, in GS v. 2, t. 1, pp. 213-219, Suhrkamp, Frankfurt 1933].

56. Agamben G., *Creazione e anarchia. L'opera d'arte nell'età della religione capitalistica,* Neri Pozza, Milano, 2017.

57. Ivi, p. 543.

58. Dieutre V., *Lettre d'un tiers-cinéaste à Criticalsecret*, op. cit.

59. Questa e le prossime citazioni sono tratte da Duguet A.-M. – Fargier Jean-Paul (éds.), *Vidéo Fiction et* Cie, op. cit., pp. 45-47.

60. Vedi Yates F., *L'Art de la mémoire*, Gallimard, Parigi 1966.

61. Sturken M., *The Politics of Video Memory: Electronic Erasures and Inscriptions*, in Renov M. – Suderburg E. (eds.), *Resolutions. Contemporary Video Practices*, op. cit., pp. 1-12.

62. Bellour R., *Le immagini del mondo*, in Id., *Fra le immagini*, op. cit. p. 213.

63. Per un'analisi approfondita di quest'opera vedi Bellour R., *Le immagini del mondo*, in Id., *Fra le immagini*, op. cit., pp. 213-231.

. Bal-Blanc P. – Marguerin M., *Beware! In palying the phantom, you become one. An interview with Johan Grimonprez*, in Büchler Pavel – Leighton Tania (eds.), *Saving the image. Art After Film*, op. cit., p. 124.

64. Ivi, p. 128.

65. Ivi, p. 125.

66. Vedi Baldacci C., *Il duplice volto dell'Atlas di Gerard Richter*, in «Leitmotiv», n.4, 2004 (disponibile online: http://www.ledonline.it/leitmotiv/Allegati/leitmotiv040413.pdf ultimo accesso gen. 2020.

67. Venturini R., *Marcel Broodthaers. Tante aquile*, in «Doppiozero», 3 luglio 2015, articolo scritto in occasione della mostra *Marcel Broodthaers. Musée d'Art Modérne - Département des Aigles*, La Monnaie de Paris, 18 aprile - 5 luglio 2015.

68. Un valido esempio sono gli oltre 2 milioni di fotografie che il Getty Museum di Los Angeles ha messo a disposizione gratuitamente online sul sito del suo archivio fotografico, oppure *The Internet Archive*, un sito no-profit, una libreria virtuale dove trovare video, foto, testi, audio, fondato con lo scopo di aiutare nella ricerca gli studenti e poter rendere accessibile tutti i materiali audiovisivi digitalizzati.
69. Foster H., *An Archival impulse*, «October», n.110, Fall 2004, pp. 3-22, saggio dedicato in particolare alle opere di Thomas Hirschhorn, Tacita Dean e Sam Durant. Sullo stesso argomento anche AA.VV, *Interarchive: Archival Practices and Sites in the* Contemporary *Art Field*, Walther Köning, Lunebourg/Cologne 2002; AA.VV Les *artistes contemporains et l'archive, interrogations sur le sens du temps et de la mémoire à l'ère de la numérisation*, Presses universitaires de Rennes, Rennes 2004; Enwezor O. (ed.), *Archive Fever: Uses of the Document in Contemporary Art,* Whitechapel/MIT Press, Londa/Cambridge (MA) 2006; Iovane G. – Ramos F. (a cura di), *Oggetti smarriti. Crisi della memoria nell'arte contemporanea-Lost & found. Crisis of memory in contemporary art*, Silvana Editoriale, Milano 2009; Boucher M.P. – Lemay Y. (éds.), *La mise en scène des archives par les artistes contemporains*, atti del convegno, 39e congress de l'Association des archivistes du Québec, Montréal, 4 giugno 2010; Venturini S. (ed.), *Revisiting the archive*, in «Cinéma&Cie, International Film Studies Journal», vol. XI, n. 16-17, primavera-autunno 2011; Galasso E. – Scotini M. (a cura di), *Politiche della memoria. Documentario e archivio*, Derive e approdi, Roma 2013; Federici F. – Saba C. (eds.), *Cinema and Art as Archive*, Mimesis International, Milano 2014.
70. Parfait F., *Vidéo: un art contemporain*, op. cit., p. 338.
71. Oltre a Fiona Tan, tra gli artisti vicini a questo argomento vedi John Akomfrah, Eric Baudelaire, Ursula Biemann, Yervant Gianikian e Angela Ricci Lucchi, Khaled Jarrar, Lamia Joreige, Gintaras Makarevicius, Angela Melitopoulos, Deimantas Narkevicius, Lisl Ponger, Florian Schneider, Eyal Sivan, Hito Steyerl, Jean-Marie Teno, Trinh T. Minh-ha, Wendelien van Oldenborgh, Adrian Paci, Clemens von Wedemeyer e Mohanad Yaqub.
72. Riportata da Cook L., *Fiona Tan: Re-take*, Vandenberg & Wallroth, Amsterdam 2000, p. 118.
73. Hall D., *Thoughts on Landscape in Nature and Industry*, in Podesta P. (ed.), *Resolution: A Critique of Video Art*, LACE, Los Angeles 1986, pp. 36-42.
74. Ibid.
75. Ciprì D. – Maresco F., Un modello alto di televisione, in Valentini V. (a cura di), *Vedute tra film, video e televisione*, catalogo della VII rassegna internazionale *Video d'autore*, Taormina 1992, Sellerio, Palermo 1992, p. 26.
76. Valentini V., *L'uomo e la natura del paesaggio elettronico*, in Valentini V. (a cura di), *Vedute tra film, video e televisione*, op. cit., pp. 11-16.
77. Ivi, p. 13.
78. Vedi le opere video *The Reflecting Pool* (1977-79), *Chott el Jerid e Hatsu Hume, The Passing* ad *Ancient of Days* (1979), passando per *Through Mass Individuation* (1977) e *The Veiling* (1995).
79. Viola B., *Perception, technologie, imagination et paysage*, in Magnan N. (éd.), *La vidéo entre art et communication*, École nationale supérieure des Beux-Arts, Paris, 1997, p. 152.
80. Flatform, *Oltre la collina*, in «Flatform» (https://www.flatform.it/ ultimo accesso gen. 2020).
81. Dubois P., *Video e scrittura elettronica. La questione estetica*, in Valentini V. (a cura di), *Le storie del video*, op. cit., p. 174.
82. Flatform, *Oltre la collina*, op. cit..
83. Ibid.
84. Flatform, *Movimenti di un tempo impossibile*, sinossi, «Flatform» (https://www.flatform.it; ultimo accesso gen. 2020).
85. Ibid.
86. Dubois C. – Dubois P. – Mélon M-E., *Cinema e video: compenetrazioni*, in Lischi S. (a cura di), *Cine ma video*, op. cit., p. 89.
87. Ivi, p. 90.
88. Lischi S., *Dal cine-occhio al video-occhio: riflessioni sull'eredità di Vertov*, in Ead. (a cura di), *Cine ma video*, op. cit., p. 29.
89. Dubois C. – Dubois P. – Mélon M-E., *Cinema e video: compenetrazioni*, op. cit., p. 94.
90. Citato in Dubois C. – Dubois P. – Mélon M-E., *Cinema e video: compenetrazioni*, op. cit., p. 96 [ed. orig. Daney S., *Nouvelle Grammaire*, in Id.,

Ciné Journal, 1981-86, Cahiers du Cinéma, Parigi 1986].

91. Curtis C., *Video Artist Bill Viola Thinkers With Technology in Conveying His Ideas*, in «Los Angeles Times», 17 novembre 1988.

92. Beauviala J.-P. – Godard J.-L., *Genesis of a Camera: Jean-Pierre Beauviala and Jean-Luc Godard*, «Camera Obscura», vol.5, n. 13-14, primavera-estate 1985, pp. 162-193, originariamente apparsa in «Cahiers du Cinéma», giugno-luglio 1983, pp. 348-349.

93. Sul 'cinema diretto' vedi Canosa M., *'Téchné' del cinema diretto*, in AA.VV., *Il cinema nell'epoca della riproducibilità elettronica*, Mostra internazionale del cinema libero Porretta Terme, Cineteca Comunale, Bologna, febbraio-marzo 1984, pp. 32-36. Per un approfondimento segnalo inoltre i documentari *The Camera that changed the world*, di Mandy Chang, BBC, UK 2011 (disponibile online: https://vimeo.com/50533709 ultimo accesso gen. 2020) e *Mille chemins du temp*, di Philippe Vandendriessche, Belgio 2014, sulla storia della Aaton.

94. Per un approfondimento su Jean-Pierre Beauviala vedi *Rencontre avec Jean-Pierre Beauviala*, tavola rotonda a cura di Bergala A. – Champetier C. – Mannoni L. – Toubiana S., 28 aprile 2015, Université Rennes 2 (https://www.lairedu.fr/media/video/conference/table-ronde-avec-jean-pierre-beauviala-2/ ultimo accesso gen. 2020).

95. Beauviala J.-P. – Godard J.-L., *Genesis of a Camera: Jean-Pierre Beauviala and Jean-Luc Godard*, op. cit., p. 152.

96. «Un œil au bout des doigts, littéralement. Impression étrange, neuve, qui tient de la greffe d'organe et du dédoublement, quand l'image se matérialise. La main avance comme malgré elle, se rapproche des objets sur la table, les contourne, les survole, pour voir... Un bref regard à l'écran de contrôle, sur la poitrine, où s'inscrit l'avancée du cadre: un champ familier mais inconnu est délimité par le troisième œil, par les impulsions de la main. C'est un espace jamais vu. En tout cas : jamais vu comme ça». J-A. Fieschi, *Point de vue sur un troisième œil nouveaux cinéma*, «Le Monde», 29 gen. 1976.

97. Riportata da Bellour R., *Fra le immagini*, op. cit., p. 318.

98. Fieschi J.-A., *Point de vue sur un troisième œil nouveaux cinéma*, op. cit..

99. Ibid.

100. Duguet A.-M. *La paluche un œil au bout de doigts*, in Ead., *Vidéo, la memoire au poing*, op. cit., p. 166.

101. Fieschi J.-A., *Point de vue sur un troisième œil nouveaux cinéma*, op. cit..

102. Pain F., *Metro Couronne*, 1980 (https://www.youtube.com/watch?v=heSRTgalMXw ultimo accesso gen. 2020).

103. Bouleau A., *L'instant fatal*, vidéo-paluche, b/n, 35', da una dichiarazione rilasciata a Roma il 13 settembre 1985 (http://www.ouvrirlecinema.org/pages/mon-coin/ab/filmo/if.html ultimo accesso 5 gen. 2020).

104. Mi riferisco a fenomeni come il 'citizen journalism', (che solo in Italia conta cinque portali: Blasting News Italia, Kappaelle.net, AgoraVox Italia, Cittanet, Youreporter), ovvero eventi ripresi amatorialmente da testimoni oculari o da giornalisti freelance, immagini che spesso rappresentano le uniche prove esistenti in grado di smentire o confermare una versione dei fatti.

105. Eugeni R., *Il First person shot come forma simbolica. I dispositivi della soggettività nel panorma postcinematografico*, «Reti, saperi, linguaggi», Anno 4, vol. 2., n. 2, 2013, pp. 19-23.

106. Dichiarazione riportata da Lim D., *The Merger of Academia and Art House. Harvard Filmmakers' Messy Worlds*, in «The New York Times», 31 agosto 2012.

107. Huerne T., *Biophilia Live*, «Alfabeta2», 26 dicembre 2014.

108. Entrambe le citazioni sono tratte da Davis D., *Time! Time! Time! The context of Immediacy*, in «The New Television», op. cit., p. 78.

109. Riportata da Kaizen W., *Live on tape: video, liveness and the immediate*, in Leighton T. (ed.), *Art and the moving image*, op. cit., pp. 258-272.

110. Albertini R. – Lischi S. (a cura di), *Metamorfosi della visione*, op. cit., p. 23.

111. Ivi, p. 35.

112. Fargier J.-P., *La guerre du temps*, in Id., *Tivi Ou, Tivi pas? Si tivi pas tant pis!*, Les Amis des Acharnistes, Paris 2010, p. 116.

113. Vedi AA.VV., *Il cinema nell'epoca della riproducibilità elettronica*, op. cit..

114. Per un approfondimento vedi Latini G., *Un sogno lungo un film. Note su Arca Russa*, «Close up», 'Storie della visione', n. 14, 2003, pp. 50-53.
115. Fargier J.-P., *La télevision pure*, in Id., *Ciné et tv vont en vidéo*, op. cit., p. 23.
116. Valentini V., *Il video a venire*, op. cit., p. 13.
117. Lischi S., *Cine ma video*, op. cit., p. 35.
118. Baxandall M., *Forme dell'intenzione. Sulla spiegazione storica delle opere d'arte*, Einaudi, Torino 2000, p. 92.
119. *Il nuovo mondo dell'immagine elettronica*, atti del convegno, Torino 24/26 maggio 1982, Aristarco G. – Aristarco T. (a cura di), Dedalo, Bari 1985 (organizzato dall'Università di Torino, dal comune di Torino e dalla Rai).
120. Autore nel 1973 di uno dei primi volumi di ricognizione sul cinema indipendente italiano, ovvero *1968-1972 Esperienze di cinema militante*, Società Gestioni Editoriali, Roma 1973.
121. Questa e le successive citazioni sono tratte da *Il nuovo mondo dell'immagine elettronica*, op. cit., p. 178.
122. Affermazione della studiosa Erika Balsom in uno scambio di e-mail con l'autore: «As for the notion of a 'videographic cinema', given the obsolescence of 35mm now virtually all cinema is 'videographic' in some sense», 16/03/2015.
123. Lippit A., *Video Cinema Ether (VCE)*, in Ma M.-Y. S – Suderburg E. (eds.), *Resolutions 3. Global Networks of Video*, Univ. Minnesota Press, Minnepolis/London 2012, p. 145.
124. Ivi, p. 146.
125. *About The Found Footage Festival*, in «Found Footage Festival» (http://www.foundfootagefest.com/about-fff/ ultimo accesso gen. 2020).
126. Vedi il documentario di Kinem D. M. – Peretic L., *Adjust Your Tracking: The Untold Story of the VHS Collector*, 2013 (trailer: https://www.youtube.com/watch?v=vvGNfx0TaE4 ultimo accesso gen. 2020).
127. Da un'intervista contenuta negli extra dell'edizione italiana del DVD di *Holy Motors*, regia di Leos Carax, Francia/Germania 2012.
128. Vedi in particolare la sezione intitolata *Une révolution, le numérique?*, in Gaudreault A. – Marion P., *La fin du cinéma?*, op. cit., pp. 68-73.
129. Fargier J.-P., *È Mallarmé l'inventore del video? L'angelo del digitale*, in Albertini R. – Lischi S. (a cura di), *Metamorfosi della visione*, op. cit., p. 135.
130. Costantino V., *Il cinema del 'dopo video'*, op. cit., p.118.
131. Vedi il documentario *Binary Lives. Steina and Woody Vasulka* di Peter Kirby, 1996 (https://www.youtube.com/watch?v=uYyR6EWbPC0 ultimo accesso 5 gen. 2020).
132. Fargier J.-P., *È Mallarmé l'inventore del video? L'angelo del digitale*, in Albertini R. – Lischi S. (a cura di), *Metamorfosi della visione*, op. cit., p. 137 [ed. orig. *Mallarmé a-t-il inventé la vidéo?*, «Cahiers du cinéma», n. speciale *Ou va la vidéo?*, 1986, pp. 97-100].
133. Bellour R., *La forma in cui passa il mio sguardo*, in Id., *Fra le immagini*, op. cit., p. 262.
134. Ivi, p. 264.
135. Dubois P., *Video e scrittra elettronica*, in Valentini V. (a cura di), *Le Storie del video*, op. cit., p. 173.
136. Costantino V., *Il cinema del 'dopo video'*, op. cit., p. 106.
137. Ivi, p. 110.
138. Il formato di ripresa passa in dieci anni dalla proporzione di 4:3 del DV al 16:9 dell'HD e del 6K, aumentando esponenzialmente da una risoluzione di 720x576 pixel ai 6.144x3.160 del 6k.
139. Vedi Haglund D. – Harris A., *The Aspect Ratio of The Grand Budapest Hotel*, «Slate web magazine», 6 marzo 2014.
140. Vedi Ballinger A., *Cinematography Aspect Ratio Part 1: Academy Ratio - Back in the Frame*, «Moviemail», 6 agosto 2013.
141. Dichiarazione riportata in Cardia L., *La Spagna punta all'Oscar con la 'Blancanieves' muta*, «La Stampa», 11 ottobre 2012.
142. Ebert R., *Computer Chess*, in «RogerEbert.com», luglio 2013.
143. Con falso documentario o *mokumentary* (dalla fusione delle parole inglesi *mock*, 'fare il verso' e *documentary*) si indica quel genere cinematografico o televisivo, oppure una singola opera, nel quale degli eventi fittizi appositamente realizzati per la trama sono presentati come reali o comunque creati per lo scopo della narrazione.
144. La Sony AVC-3260 è stata una delle prime videocamere ad incidere sul nastro da ¾ di pollice. Vedi *Video camera tutorial for the Sony AVC-3260* (https://www.youtube.com/watch?v=pG5QCg0BZF4/ ultimo accesso gen. 2020).

145. Grunsky M., *'Computer Chess': a more detailed look at the tube camera*, «matthias-grunsky.com», 2 febbraio 2013 (ultimo accesso gen. 2020).
146. *College Boy*, videoclip, regia di Xavier Dolan, 2013.
147. Frase riportata da Bunbury S., *Xavier Dolan discusses Mommy*, «Stuff», 1 luglio 2015.
148. Testimonianza riportata da Marine J., *Shooting a Film in a Square 1:1 Aspect Ratio: Xavier Dolan's 'Mommy',* «No film School», 22 maggio 2014. Su tale argomento segnaliamo vari articoli reperibili sul web: O'Falt C., *Why Xavier Dolan's 'Mommy' Was Shot as a Perfect Square*, «The Hollywood reporter», 1 agosto 2015 e, più in generale Winter M., *Watch: How Aspect Ratio Limns a Film Director's Vision*, «Press Play», 3 ottobre 2015.
149. O'Falt C., *Why Xavier Dolan's 'Mommy' Was Shot as a Perfect Square*, op. cit..
150. *Xavier Dolan Video Essay* | TIFF 2015 (https://www.youtube.com/watch?v=SaMzmQ0Mz_Y ultimo accesso gen. 2020).
151. *@xavierdolan*, pagina personale di Xavier Dolan su Instagram.
152. *Lucifer the genesis of Tondoscope*, video (https://vimeo.com/109240846/ ultimo accesso gen. 2020).
153. Steina Vasulka, *The making of Summer Salt*, in «fondatation-langlois» (http://www.fondation-langlois.org/html/e/media.php?NumObjet=12280/ ultimo accesso gen. 2020).
154. Dubois C. – Dubois P. – Melon M. E., *Cinema e video: compenetrazioni*, in Lischi Sandra, *Cine ma video*, op. cit., p. 104.
155. Ivi, p. 97.
156. Ibid.
157. Fargier J.-P., *Tivi Ou, Tivi pas? Si tivi pas tant pis!*, op. cit., p. 111.
158. Dubois P. – Mélon M-E. – Dubois C., *Cinema e video: compenetrazioni*, in Lischi S. *Cine ma video*, op. cit., p.104.
159. Eco U., *Come si fa una tesi di laurea*, Bompiani Milano 1977, p.139.
160. «C'est une image mangeuse d'images - annotava Fargier - de préférence légendaire, dorées, auréolées, anciennes, trembalntes, clignotantes, rayées. Bref du sang nobile». Fargier J.-P., in *Tivi Ou, Tivi pas? Si tivi pas tant pis!*, op. cit., p. 138. Si veda a tale proposito di Duguet A.-M., *Vidéo critque de la télevision*, in Ead., *Video, la memoire au poing*, op. cit., pp. 67-87; Valentini V. (a cura di), *Tv Arts Tv, The Television Shot by Artists*, catalogo della mostra, La fabrica editorial, Barcellona 2010; Senaldi M., *Arte e televisione*, Postmedia Books, Milano 2007.
161. De Goumay C. – Mercier P-A., *Le coq et l'âne: du zapping comme symptôme d'une nouvelle culture télévisuelle*, «Quaderni», n.4, primavera 1988, pp. 96-113.
162. Fargier J.-P., *La téleévision pure*, in Id., *Ciné et tv vont en vidéo,* op. cit., p. 25.
163. Duguet A.-M. *Vedere con tutto il corpo*, in Albertini R. – Lischi S. (a cura di), *Metamorfosi della visione*, op. cit., p. 58.
164. Montal F., *Dominique Gagnon. Data et la Trilogie du Web*, testimonianza raccolta in occasione della rassegna personale alla Cinémathèque Québécoise di Montrèal, 8 – 15 febbraio 2014 (https://www.cinematheque.qc.ca/fr/programmation/projections/cycle/dominic-gagnon-data-et-la-trilogie-du-web/ ultimo accesso gen. 2020).
165. Kier-La J., *Apocalypse now: an interview with video artist Dominic Gagnon*, 4 aprile 2014 (http://www.spectacularoptical.ca/2014/04/apocalypse-now-an-interview-with-video-artist-dominic-gagnon/ ultimo accesso gen. 2020).
166. Gagnon D., *Aujourd'hui,* «24 Images», n.165, dicembre 2013-gen. 2014, pp. 22-23.
167. Girardeau A., *Requiem pour les mash-up*, «Liberation», 10 ottobre 2008.
168. Suona come una prefigurazione della libera comunicazione dei dati lo scritto di Paik datato 1974. Vedi *The New Television*, op. cit. p. 32.
169. In «MashUp Film Festival» (http://mashup-film-festival.com/presentation/ ultimo accesso gen. 2020).
170. Ivi.
171. Carbonara S., *Videoarte. Un gigante addormentato*, tesina di diploma, Liceo Paul Klee, 2010-2011 (https://stefaniacarbonara.wordpress.com/2012/12/25/video-art-3/ ultimo accesso gen. 2020).

Bibliografia

AA.VV., *La Biennale di Venezia 1975*, catalogo della retrospettiva dedicata a Chantal Akerman, *Cinema e Spettacolo televisivo, proposte di nuovi film*, Edizioni La Biennale, Venezia 1975.

AA.VV., *Avant-Garde Film in England and Europe*, numero speciale di «Studio International», Vol. 190, n. 978, novembre/dicembre 1975.

AA.VV., *Il cinema nell'epoca della riproducibilità elettronica*, catalogo della Mostra Internazionale del Cinema Libero, Porretta Terme, febbraio – marzo 1984, s.e., s.l., 1984.

AA.VV., *Ars electronica. Im Rahmen des Internationalen Brucknerfestes 84 Linz*, catalogo della rassegna, Linz, 8 – 14 settembre 1984, Liva, Linz 1984.

AA.VV., *The Luminous Image*, catalogo della mostra, Stadelijk Museum A,sterdam, 14 settembre – 28 ottobre 1984, Shwartz, Amsterdam 1984.

AA.VV., *Vidéo-vidéo*, «Revue d'esthétique», n. 10, 1986.

AA.VV., *InVideo '90*, catalogo della I Mostra Internazionale di Video d'Arte e Ricerca. Milano 22 – 25 novembre 1990, Ergonarte, Milano 1990.

AA.VV., *The Projected image*, catalogo della mostra, Museum of Modern Art San Francisco, 1994.

AA.VV., *Stan Douglas*, catalogo della mostra, Centre Georges Pompidou, 12 gennaio – 7 febbraio 1994, Édtions du Centre Pompidou, Parigi 1994.

AA.VV., *Video-arte: sfondare una porta socchiusa*, catalogo *Link*, Bologna, novembre – dicembre 1994, s.e., s.l., 1994.

AA.VV., *Nuovi rapporti fra cinema e video*, atti del convegno, Pesaro 23 – 26 novembre 1995, s.e., s.l., 1995.

AA.VV., *Arti elettroniche e nuovi media nelle storie del cinema e della comunicazione*, atti del convegno, Palazzo delle Esposizioni Roma, 18 dicembre 1995, s.e., s.l., 1995.

AA.VV., *3e Biennale d'Art Contemporain de Lyon, Installation, Cinéma, Vidéo, Informatique*, catalogo della mostra, Musée Saint-Pierre Art Contemporain Lyon, 20 dicembre 1995 – 10 febbraio 1996, Rèunion des Musées Nationaux/ La Biennale d'Art Contemporain, Parigi 1995.

AA.VV., *Perfect Speed*, catalogo della mostra, Macdonald Steward Art Center Guelph e University of South Florida Contemporary Art Museum Tampa, 1995-1996, Macdonald Steward Art Center, Guelph 1996.

AA.VV., *InVideo '97. Le forme dello sguardo. Video d'arte e ricerca*, catalogo della IV Mostra Internazionale di Video d'Arte e Ricerca, Charta, Milano 1997.

AA.VV., *Interarchive: Archival Practices and Sites in the* Contemporary *Art Field*, Walther Köning, Lunebourg/Cologne 2002.

AA.VV., *Il nuovo cinema digitale*, «Close-Up», n.14, Revolver Libri, Bologna, 2003.

AA.VV., *Bill Viola: The Passions*, catalogo della mostra, J. Paul Getty Museum, 24 gennaio 2003 – 27 aprile 2004, edizione Getty, Los Angeles 2003.

AA.VV., *Round Table: The Projected image in contemporary art*, atti del convegno, New York, 8 dicembre 2002, in «October», vol. 104, primavera 2003, pp. 71-96.

AA.VV., Les *artistes contemporains et l'archive, interrogations sur le sens du temps et de la mémoire à l'ère de la numérisation*, Presses universitaires de Rennes, Rennes 2004.

AA.VV., *Cinéma au musée*, «Cahiers du Cinéma», n. 611, aprile 2006.

AA.VV., *Où va le cinéma? Rencontres, projections, débats*, atti del convegno, Centre Georges Pompidou, Parigi 3 – 7 dicembre 2008, s.e., s.l., 2008.

AA.VV., *The Screen experience*, «Screen», Vol. 50, n. 1, Oxford University Press, 2009.

AA.VV., *Artists' Cinema 2011: Projected Images*, catalogo della mostra, Walker Art Center Minneapolis, 5 maggio – 1 giugno 2011, edizione Walker Art Center, Minneapolis 2011.

AA.VV., *Agnes Varda, Triptyques atypiques*, Galerie Nathalie Obadia Paris, 8 febbraio – 5 aprile 2014.

AA.VV., *LVI Esposizione internazionale d'arte*, catalogo della mostra, La Biennale di Venezia, 9 maggio – 22 novembre 2015, Biennale Ed./ Electa, Venezia 2015.

AA.VV., *Asolo Art Film Festival 37° edizione*, catalogo della rassegna, Asolo, 20 – 23 giungo 2019.

Agamben Giorgio, *Creazione e anarchia. L'opera d'arte nell'età della religione capitalistica,* Neri Pozza, Milano, 2017.

Albertini Rosanna – Lischi Sandra (a cura di), *Metamorfosi della visione. Saggi di Pensiero elettronico*, Ets, Pisa 1988.

Amaducci Alessandro, *Il video. L'immagine elettronica creativa*, Lindau, Torino, 1997.

Id., *Segnali video. I nuovi immaginari della videoarte*, GS, Santhia 2000.

Id., *Anno zero. Il cinema nell'era digitale*, Lindau, Torino 2007.

Id., *Videoarte. Storia, autori, linguaggi*, Kaplan, Torino 2014.

Ameline Jean-Paul (éd.), *Face à l'histoire, 1933-1006*, catalogo della mostra, Centre Georges Pompidou, 19 dicembre 1996 – 7 aprile 1997, Éditions du Centre Pompidou, Parigi 1996.

Aprà Adriano, *Fra Cinema e Televisione*, in «Il Patalogo», annuario dello spettacolo, UBU Libri, Milano 1986.

Aprà Adriano – Di Marino Bruno (a cura di), *Il cinema e il suo oltre. Verso il cinema del futuro. Film, video, CD-Rom*, catalogo della XV Rassegna internazionale retrospettiva. Mostra internazionale del Nuovo Cinema, 19 – 24 ottobre, Pesaro 1996.

Aprà Adriano (a cura di), *Fuori Norma*, catalogo del festival, 27° Evento Speciale della 49a Mostra Internazionale del Nuovo Cinema Pesaro, 24 – 30 giugno 2013.

Aristarco Guido – Aristarco Teresa (a cura di), *Il nuovo mondo dell'immagine elettronica*, Dedalo, Bari 1985.

Armes Roy, *On Video*, Routledge, New York 1988.

Arrehenius Sara – Malm Magdalena – Ricupero Cristina (eds.), *Black Box illuminated*, NIFCA, Helsinki 2003.

Aumont Jacques, *L'œil interminable: cinéma et peinture*, Librairie Séguier, Parigi 1989.

Id., *Moderne? Comment le cinéma est devenu le plus singulier des arts*, Édition Chaiers du cinéma, Parigi 2007.

Id., *Que reste-t-il du cinéma?*, Libraire philosophique J. Vrin, Parigi 2012.

Autelitano Alice (a cura di), *The cinematic experience, Film, Contemporary Art, Museum*, Campanotto, Pasian di Prato 2010.

Baldacci Cristina, *Il duplice volto dell'Atlas di Gerard Richter*, in «Leitmotiv», n.4, 2004.

Ball Steven – Curtis David – Rees A.L. – White Duncan (eds.), *Expanded Cinema: Art Performance Film*, Tate Publishing, Londra 2011.

Ballinger Alexander, *Cinematography Aspect Ratio Part 1: Academy Ratio – Back in the Frame*, in «Moviemail.com», 6 agosto 2013.

Balsom Erika, *A cinema in the gallery, a cinema in ruins*, in «Screen», vol. 50, n.4, 21 dicembre 2009, pp 411-427.

Ead., *Screening Rooms: The Movie Theatre in/ and the Gallery*, in «Public: Art/Culture/Ideas» n. 40, 2010, pp. 24-36.

Ead., *Exhibiting Cinema in Contemporary Art*, Amsterdam University Press, Amsterdam 2013.

Balzola Andrea – Monteverdi Anna Maria (a cura di), *Le arti multimediali digitali*, Garzanti, Milano 2004.

Basualdo Carlos (ed.), *Hélio oiticica: Quasi-Cinemas*, catalogo della mostra, Hatje Cantz/ Kölnischer/Wexner Center, Ostfildern/Colonia/ Columbus 2001.

Battcock Gregory (ed.), *New Artists Video: A Critical Anthology*, Dutton, New York 1978.

Baxandall Michael, *Forme dell'intenzione. Sulla spiegazione storica delle opere d'arte*, Einaudi, Torino 2000.

Beauvais Yann – Bouhours Jean-Michel, *Monter/ sampler: L'échantillonnage généralisé*, catalogo della mostra, Centre Georges Pompidou, 15 novembre – 21 dicembre 2000, Editions du Centre Pompidou, Parigi 2000.

Beauviala Jean-Pierre – Godard Jean-Luc, *Genesis of a Camera: Jean-Pierre Beauviala and Jean-Luc Godard*, in «Camera Obscura», vol.5, n. 13-14, primavera-estate 1985, pp. 162-193.

Bellour Dominique, *Vidéo Art Explorations*, in «Cahiers du Cinéma», Hors Séries, n.10, Editions de l'Etoile, Paris 1981.

Bellour Raymond – Duguet Anne-Marie (ed.), *Vidéo*, «Communications», n.48, Seuil, Parigi 1988.

Bellour Raymond (ed.), *Eye for I: Video Self-Portrait*, catalogo della mostra, Independent Curators Incorporated, New York 1989.

Bellour Raymond – David Christine – Van Assche Christine (éds.), *Passages de l'image*, catalogo della mostra, Centre Georges Pompidou, 19 settembre 1990 – 13 gennaio 1991, Editions du Centre Pompidou, Parigi 1990.

Bellour Raymond, *L'Entre-Images 2. Mots, images*, POL, Parigi 1999.

Id., *D'un autre cinéma*, in «Trafic», vol.7, n. 2, primavera 2000.

Id., *Fra le immagini. Fotografia, cinema, video*, Mondadori, Milano 2007 [ed. orig., *L'Entre-Images. Photo. Cinema. Vidéo*, La Différence, Parigi 1990].

Id, *La querelle des dispositifs: Cinéma – installations, expositions*, P.O.L, Parigi 2012.

Belting Hans, *Antropologia delle immagini*, Carocci, Roma 2013 [ed. orig. *Bild-Anthropologie. Entwürfe für eine Bildwissenchaft*, Wilhelm Fink Verlag, Paderbon 2002].

Berger René, *L'art vidéo*, in «Art Press», n.13, settembre – ottobre 1974.

Bertolotti Francesca (a cura di), *Bulletin #1. The Documentary in Contemporary Art Practice*, atti del convegno, Lo Schermo dell'Arte 3° edizione, Firenze 2010, Archive Books, Firenze 2012.

Bertozzi Marco, *Recycled Cinema. Immagini perdute, visioni ritrovate*, Marsilio, Venezia 2012.

Id., *Documentario come arte. Riuso, performance, autobiografia nell'esperienza del cinema documentario,* Marsilio Editori, Venezia 2018.

Biserna Elena – Dubois Philippe – Monvoisin Frédéric (éds.) *Extended cinema. Le cinéma gagne du terraim*, Campanotto, Pasian di Prato 2010.

Bloch Dany, *L'art vidéo*, Limage, Parigi 1983.

Ead., *Art et Vidéo 1960-1980/82*, Flavia, Locarno 1999.

Bloemheuvel Marente (ed.), *Cinéma cinéma, contemporary art and the cinematic experience*, catalogo della mostra, Stedelijk Van Abbemuseum, 13 febbraio – 24 maggio 1999, NAI Publishers, Eindhoven 1999.

Blümlinger Christa, *Cinéma de seconde main: esthétique du remploi dans l'art du film et des nouveaux médias*, KLINCKSIECK, Paris 2014.

Bolter Jay David – Grusin Richard, *Remediation. Competizione e integrazione tra media vecchi e nuovi*, Guerini, Milano 2002 [ed. orig. *Remediation. Understanding New Media*, Hardcover, 1998].

Bonito Oliva Achille (a cura di), *I Punti cardinali dell'arte*, Edizioni Biennale, Venezia, 1993.

Bordina Alessandro – Dubois Philippe – Monteiro Lucia Ramos (éds.) *Oui, c'est du cinéma: formes et espaces de l'image en mouvement*, Campanotto, Pasian di Prato, 2009.

Bordini Silvia (a cura di), *L'arte elettronica. Metamorfosi e metafore*, catalogo della mostra, Palazzo dei Diamanti Ferarra, 24 giugno – 2 settembre 2001, Sate Editore, Ferrara 2001

Boucher Marie-Pierre – Lemay Yvone (éds.), *La mise en scène des archives par les artistes contemporains*, atti del convegno, 39e congress de l'Association des archivists du Québec, Montréal, 4 giugno 2010.

Bourriaud Nicolas, *Postproduction. Come l'arte riprogramma il mondo*, Postmedia Books, Milano 2006 [ed. orig. *Post-production*, Sternberg Press, Berlino 2002].

Boyle Deirde, *Subject to Change. Guerrilla Television Revisited*, Oxford University Press, New York-Oxford, 1997.

Bracey Andrew – Griffiths Dave (eds.), *Unspooling: Artists&cinema*, catalogo della mostra, Cornerhouse Manchester, 2 Ottobre 2010 – 9 Gennaio 2011, Cornerhouse, Manchester 2010.

Brougher Kerry – Horowitz Deborah E. (eds.), *The Cinema Effect: Illusion, Reality, and the Moving Image*, catalogo della mostra, The Hirshhorn Museum and Sculpture Garden, Smithsonian Institution, Part I *Dreams*: 14 febbraio – 11 maggio 2008, Part II *Realisms*: 19 giugno – 7 settembre 2008, D Giles Ltd, Londra 2008.

Bruno Giuliana, *Pubbliche intimità. Architettura e arti visive*, Mondadori, Milano 2009.

Id., *Surface: Matters of Aesthetics, Materiality and Media*, University of Chicago Press, Chicago 2014.

Büchler Pavel – Leighton Tania (eds.), *Saving the image. Art after film*, Centre for contemporary art, Glasgow 2003.

Bullot Érik (éd.), *Point ligne plan: cinéma et art contemporain*, Editions Léo Scheer, Parigi 2002.

Id., *Sortir du cinéma. Histoire virtuelle des relations de l'art et du cinéma*, Mamco, Ginevra 2013.

Bunbury Sthephanie, *Xavier Dolan discusses Mommy*, in «stuff», 1 luglio 2015.

Caffoni Paolo – Ferracci Giulia (a cura di), *The Cast. Clemens von Wedemeyer*, catalogo della mostra, MAXXI Roma, 26 settembre 2013 – 26 gennaio 2014, Archive Books, Berlino, 2013.

Campo Alessandra – Cecchi Dario – Guastini Daniele, *Alla fine delle cose. Contributi a una storia critica delle immagini*, Volo Publisher, Firenze 2011.

Carbonara Stefania, *Videoarte. Un gigante addormentato*, tesina di diploma, Liceo Paul Klee, 2010-2011 (https://stefaniacarbonara.wordpress.com/2012/12/25/video-art-3/; ultimo accesso gennaio 2020).

Cardia Laura, *La Spagna punta all'Oscar*, in «La Stampa», 11 ottobre 2012.

Casetti Francesco, *L'occhio del Novecento. Cinema, esperienza, modernità*, Bompiani, Milano 2005.

Id., *L'esperienza filmica e la rilocazione del cinema*, in «Fata Morgana», n.4, 2008.

Id., *Ritorno alla madrepatria. La sala cinematografica in un'epoca post-mediatica*, in «Fata Morgana», n.8, 2009.

Id., *La questione del dispositivo*, in «Fata Morgana», n. 20, 2013.

Id., *La galassia Lumière. Sette parole chiave per il cinema che viene*, Bompiani, Milano 2015.

Cassagnau Pascale, *Future amnesia: Enquêtes sur un troisième cinema*, Isthmus Editions, Madison 2006.

Celant Germano, *Offmedia*, Dedalo, Bari 1977.

Ceram C.W., *Archeologia del cinema*, Arnoldo Mondadori Editore, Milano 1965 (*Eine Archäologie des Kinos*, 1963).

Chevrier Jean-Francois, *Documenta X, politics – poetics*, catalogo della mostra, Kassel, 21 giugno – 29 settembre 1997, Cantz, Berlino/Stoccarda 1997.

Christie Ian – Dodd Philip (eds.), *Spellbound: Art and Film in Britain*, catalogo della mostra, Hayward Gallery London, 22 febbraio – 6 maggio 1996, BFI/Hayward Gallery, Londra 1996.

Ciotti Fabio – Roncaglia Gino, *Il mondo digitale. Introduzione ai nuovi media*, Laterza, Roma-Bari 2000.

Connolly Maeve, *The Place of Artists' Cinema: Space, Site, and Screen*, Intellect, London 2009.

Costantino Vincenza, *Il cinema del 'dopo video'. L'influenza del video e delle nuove tecnologie sull'estetica cinematografica*, Tesi di Dottorato, Università della Calabria, tutor V. Valentini, co-tutela Paris 1 (D. Château), 2006.

Cooke Lynne, *Fiona Tan: Re-take*, in van den Berg Marisa (ed.), *Fiona Tan. Scenario*, catalogo della mostra, Amburgo, 14 aprile – 26 giugno 2001, Vandenberg & Wallroth, Amsterdam 2000.

Courtés Joseph – Greimas Algirdas Julien, *Semiotica: dizionario ragionato della teoria del linguaggio*, a cura di Fabbri Paolo, La casa Usher, Milano 2007.

Crispolti Enrico, *Extra Media. Esperienze attuali di comunicazione estetica*, Studio Forma, Torino 1978.

Cubitt Sean, *Timeshift: On Video Cultures*, Routledge, Londra 1991.

Id., *Videography: Video Media as Art and Culture*, Macmillan, Londra 1994.

Curtis Cathy, *Video Artist Bill Viola Thinkers With Technology in Conveying His Ideas*, in «Los Angeles Times», 17 novembre 1988.

Curtis David, *A History of artists' film and video in Britain*, British Film Institute, London 2007.

D'Agostino Peter, *Transmission: Theory and Practice for a New Television Aesthetics*, Tanam Press, New York 1985.

Daneri Anna – Lissoni Andrea – von Fürstenberg Adelina, *Collateral. Quando l'arte guarda il cinema*, catalogo della mostra, Hangar Bicocca, 2 febbraio – 15 marzo 2007 Charta, Milano 2007.

Daniel Noel (ed.), *Broken Screen, 26 conversations with Doug Aitken expanding the image braking the narrative*, D.A.P./Distributed Art Publisher, New York 2006.

Danto Arthur Coleman, *Dopo la fine dell'Arte*, Mondadori, Milano 2008 [ed. orig., *After the End of Art, Contemporay Art and the Pale of History*, Princeton University Press, 1997].

Davis Douglas – Simmons Allison (eds.), *New Television: A Pubblic Private Art*, The MIT Press, Cambridge 1977.

Davis Douglas, *Art and the Future*, Praeger, New York 1973.

Id., *Time! Time! Time! The context of Immediacy*, in AA.VV., *The New Television*, atti della conferenza Future of Television, MOMA, New York 1977, MIT Press, New York 1977.

De Baecque Antoine – Jousse Thierry, *Le retour du cinema*, Hachette Livre, Parigi 1996.

De Giusti Luciano (a cura di), *Immagini Migranti. Forme intermediali del cinema nell'era digitale*, Marsilio, Venezia 2008.

De Goumay Chantal – Mercier Pierre-Alain, *Le coq et l'âne: du zapping comme symptôme d'une nouvelle culture télévisuelle*, in «Quaderni», n. 4, 1988, pp. 95-113.

De Mèredieu Florence, *Arts et Nouvelles Technologies. Arts vidéo et numériques*, Larousse, Parigi/Bologna 2003.

De Rosa Miriam, *Cinema e postmedia. I territori del filmico nel contemporaneo*, Postmedia Books, Milano 2013.

Deggiovanni Piero, *Tendenze nel documentario italiano tra antropologia e videoarte*, «Rifrazioni», anno 8, n. 16.

De Giusti L. (a cura di), *Immagini Migranti. Forme intermediali del cinema nell'era digitale*, Marsilio, Venezia 2008.

Dennison Lisa – Young Joan – Spector Nancy (eds.), *Moving Picture: Contemporary Photography and Video from the Guggenheim Museum Collections*, catalogo della mostra, Salomon R. Guggenheim Museum New York, 28 giugno 2002 – 12 gennaio 2003, Guggenheim Museum Publications, New York 2003.

Deslandes Jeremy, *Histoire comparée du cinema. De la cinématique au Cinématographe 1826-1896*, Casterman, Parigi 1966.

Di Marino Bruno – Nicoli Lara (a cura di), *Elettroshock - 30 anni di video in Italia - 1971-2001*, Castelvecchi, Roma 2001.

Di Marino Bruno – Scuro Carla, *Paesaggi. Arte-Cinema-Video*, Museo Laboratorio di Arte Contemporanea, Università La Sapienza, Roma 1994.

Didi-Huberman Georges, *L'immagine insepolta. Aby Warburg, la memoria dei fantasmi e la storia dell'arte*, Bollati Boringhieri, Torino 2006 [ed. orig. *L'image survivante. Histoire de l'art et temps des fantômes selon Aby Warburg*, Les éditions de Minuit, Parigi 2002].

Dieutre Vincente, *Gran Canale*, in «La lettre du cinéma», n. 12, inverno 2000.

Id., *Lettre d'un tiers-cinéaste à Criticalsecret*, in «Criticalsecret», vol. 2, 2005.

Dovey John – Fifer Sally Jo (rds.), *Illuminating video, An Essential Guide to Video Art*, Aperture, New York 1991.

Dovey Jon, *Video on tv – paying the rent*, in «Indipendent Media», n. 94, dicembre 1989.

Dubois Colette – Dubois Philippe – Melon Marc-Emmanuelle, *Cinéma et vidéo: interpénétrations*, in «Communications», n. 48, 1988, pp. 267-326.

Dubois Philippe, *Mouvements improbable. L'effet cinéma dans l'art contemporain*, 2002 Rio de Janeiro CCBB Centro Cultural de la Banco do Brazil, 2003.

Id., *Un 'effet cinéma' dans l'art contemporain*, in «Cinéma&Cie, n. 8, Il Castoro, Milano 2006.

Id., *La question vidéo. Entre cinéma et art contemporain*, Yellow Now, Crisnée, Belgio 2011.

Duguet Anne-Marie – Fargier Jean-Paul (éds.), *Vidéo Fiction et Cie. 2éme manifestation internationale de vidéo*, atti del convegno, CAC, Montbéliard 1984.

Duguet Anne-Marie, *Vidéo, la mémoire au poing*, Hachette, Parigi 1981.

Ead., *Déjouer l'image. Créations électroniques et numériques*, Éditions Jacqueline Chambon, Nîmes 2002.

Ebert Roger, *Computer Chess*, in «RogerEbert.com», luglio 2013.

Eco Umberto, *Come si fa una tesi di laurea*, Bompiani Milano 1977.

Ehmann Antje – Farocki Harun (Hrsg.), *Kino wie nich nie. Cinema like never before*, catalogo della mostra, Generali Foundation Vienna, 20 gennaio – 23 aprile 2006, König, Colonia 2006.

Elsaesser Thomas, *Early Cinema. From Linear History to Mass Media Archeology*, in Barker Adam – Elsaesser Thomas (eds.), *Early Cinema. Space Frame Narrative*, BFI, Londra 1990.

Id., *L'archeologia dei media come poetica dell'obsolescenza*, in Fidotta Giuseppe – Mariani Andrea (a cura di), *Archeologia dei media. Temporalità, materia, tecnologia*, Meltemi, Sesto San Giovanni, 2018, pp. 77-108.

Elwes Catherine – Hilderbrand Lucas – Horsfield Kate, *Feedback: The Video Data Bank Catalog of Video Art and Artist Interviews*, Temple University Press, Philadelphia 2006.

Elwes Catherine, *Video Art: A Guided Tour*, I.B. Tauris, Londra 2005.

Enwezor Okwui (ed.), *Archive Fever: Uses of the Document in Contemporary Art,* Whitechapel/ MIT Press, London/Cambridge 2006.

Eugeni Ruggero, *Il First person shot come forma simbolica. I dispositivi della soggettività nel panorma postcinematografico*, in «Reti, saperi, linguaggi», anno 4, n. 2, 2013, pp. 19-22.

Fadda Simonetta, *Definizione Zero, Origini della videoarte fra politica e comunicazione*, Costa&Nolan, Genova/Milano 1999.

Fagone Vittorio (a cura di), *Arte e Cinema. Per un catalogo del cinema d'artista in Italia 1965/1977*, catalogo della mostra, Centro Internazionale di Brera, 17 – 21 maggio 1976 / 17 – 25 giugno 1977, Marsilio, Venezia 1977.

Id., *L'immagine video. Arti visuali e nuovi media elettronici*, Feltrinelli, Milano 1990.

Id. (éd.), *L'Art Vidéo 1980-1999. Vingt ans du Videoart Festival, Locarno. Recherches, theories, perspectives*, Mazzotta, Milano 1999.

Id. (a cura di), *Arte video: il viaggio dell'uomo immobile; videoinstallazioni, videoproiezioni,* Fondazione Ragghianti studi sull'arte, Lucca 2004.

Fargier Jean-Paul *La Vidéo, comme (tout contre) la télevision*, in *Premiére manifestation international de la video*, Montbéliard 6-12 dicembre 1982.

Id. (ed.), *Ou va la vidéo?*, «Cahiers du Cinéma», n.14, numero speciale, Editions de l'Etoile, Parigi 1986.

Id., *La poudre aux yeux*, in «Études françaises», vol. 22, n. 3, 1986, pp. 125-130.

Id., *Ciné et TV Vont en Vidéo [avis de tempête]*, De l'incidence éditeur, Parigi 2010.

Id., *Tivi Ou, Tivi pas? Si tivi pas tant pis!*, Les Amis des Acharnistes, Parigi 2010.

Id., *Vidéo où, Couccou, vidéo partout,* saggio inedito, 2015.

Fasolo Antonio, *Matthew Barney, Cremaster cycle*, Bulzoni, Roma 2009.

Federici Francesco – Saba Cosetta (a cura di), *Cinema and Art as Archive*, Mimesis International, Milano 2014.

Id. (a cura di), *Cinéma: immersivité, surface, exposition*, Campanotto, Pasian di Prato, 2013.

Federici Francesco, *Cinema esposto. Arte contemporanea, museo, immagini in movimento*, Forum, Udine 2017.

Ferguson Russel (ed.), *Douglas Gordon*, catalogo della mostra, The Museum of Contemporary Art, Los Angeles 16 settembre 2001 – 20 gennaio 2002, MIT Press, Cambridge 2001.

Ferguson Russell – Brougher Kerry (eds.), *Hall of Mirrors. Art and Film since 1945*, catalogo della mostra, Museum of Contemporary Art LA, 17 marzo – 29 luglio 1996, Museum of Contemporary Art, Los Angeles 1996.

Fieschi Jean-André, *Point de vue sur un troisième œil nouveaux cinéma*, in «Le Monde», 29 gennaio 1976.

Foster Hal, *An Archival impulse*, in «October» n. 110, autunno 2004, pp. 3-22.

Friedberg Anne, *The Virtual Window: From Alberti to Microsoft*, MIT Press, Cambridge 2006.

Frodon Jean-Michel – Nicolas Marc – Toubiana Serge (éds.), *Le cinéma vers son deuxième siècle*, atti del convegno, Odéon-Thèâtre de l'Europe, 20 – 21 marzo 1995, Le Monde Ed., Parigi 1995.

Frohne Ursula (Hg.), *Video Culture. Multimediale installationen der 90er Jahre*, catalogo della mostra, Museum der Neue Kunst/ZKM Karlsruhe, 6 maggio – 29 agosto 1999 Dumont Reiseverlag, Colonia 1999.

Fumarola Donatello – Momo Alberto, *Atlante sentimentale del cinema per il XXI secolo*, DeriveApprodi, Roma 2014.

Gagnon Dominique, *Aujourd'hui*, in «24 Images», n. 165, dicembre 2013 - gennaio 2014.

Galasso Elisabetta – Marco Scotini (a cura di), *Politiche della memoria. Documentario e archivio*, DeriveApprodi, Roma 2013.

Gaudreault André – Marion Philippe, *La fin du cinéma? Un média en crise à l'ère du numérique*, Armand Colin, Parigi 2013.

Gaudreault André, *Le cinématographe, le cinéma et, maintenant, le 'vidéocinéma'*, testo per il seminario *Vidéo des premiers temps*, Université Paris VIII, Paris, ottobre 2014 (inedito).

Gazzano Marco Maria (a cura di), *Il 'cinema' dalla fotografia al computer. Linguaggi, dispositivi, estetiche e storie moderne*, Quattro-Venti, Urbino 1999.

Id., *Kinema, il cinema sulle traccie del cinema. Dal film alle arti elettroniche*, Exòrma, Roma 2013.

Girardeau Astrid, *Requiem pour les mash-up*, in «Libération», 10 ottobre 2008.

Granata Paolo, *Videomorfosi. Il video come forma simbolica* in Arte, *estetica e nuovi media*, Fausto Lupetti, Bologna 2009.

Griffiths Alison, *Shivers Down Your Spine: Cinema, Museums, and the Immersive View*, Columbia University Press, New York 2008.

Grisolia Raul, *Milieux ambiants: de l'image à l'espace, de l'espace à l'image*, PUP, Aix-Marseille 2015.

Grosenick Uta – Martin Sylvia – Rush Michael (eds.), *Video Art*, Taschen, 2006.

Grunsky Matthias, *'Computer Chess': a more detailed look at the tube camera*, in «matthias-grunsky.com», 2 febbraio 2013.

Haglund David – Harris Aisha, *The Aspect Ratios of The Grand Budapest Hotel*, in «Slate web magazine» 3 giugno 2014.

Halbreich Kathy (ed.), *Bordering on Fiction: Chantal Akerman's D'Est*, catalogo della mostra, San Francisco Museum of Modern Art, 18 gennaio – 30 aprile 1995.

Hanhardt John, *Video Culture: A Critical Investigation*, Peregrine Smith Books, Layton 1986.

Hermange Emmanuel, *Four nous, le cinéma est mort, Notes sur quelques stratégies cinéphiles de l'art*, in «Parachite», n.103, luglio-settembre 2001.

Hornbacher Sara (ed.), *Video: The reflexive Medium*, in «Art Journal» vol. 45, n. 3, Autunno 1986, pp. 191-193.

Huerne Timothee, *Biophilia Live*, in «Alfabeta2», 26 dicembre 2014.

Huhtamo Erkki – Parikka Jussi (eds.), *Media Archelogy. Approaches, Applications, and Implications*, University of California Press, Berkeley 2011.

Huhtamo Erkki, *An Archeological Approach in Media Art*, in MacLeod Douglas – Moser Mary Anne (eds.), *Immersed in technology: art and virtual environments,* Banff Centre for the Arts, MIT Press, Cambridge 1996.

Id., *Elements of Screenology: Toward an Archaeology of the Screen*, Japan Society of

Image Arts and Sciences, Tokyo 2004.

Huyssen Andreas, *Nostalgia for ruins*, in «Grey Room», n. 21, primavera 2006.

Iles Chrissie (ed.), *Into the light, the projected image in american art 1964-1977*, catalogo della mostra, Whitney Museum of American Art New York, 18 Ottobre 2001 – 6 Gennaio 2002, Whitney, New York 2002.

Iovane Giovanni – Ramos Filipa (a cura di), *Oggetti smarriti. Crisi della memoria nell'arte contemporanea. Lost & found. Crisis of memory in contemporary art*, Silvana Editoriale, Milano 2009.

Iten Anré – Lamunière Simon (éds.), *8e Biennale de l'image en mouvement,* catalogo della mostra, Ginevra, 5 novembre – 12 dicembre 1999, JRP Ringier, Zurigo 1999.

Jäger Joachim – Knapstein Gabriele – Hüsch Anette (Hrsg.), *Beyond Cinema: The Art of Projection. Films, Videos and Installations from 1963 to 2005*, catalogo della mostra, Hamburger Bahnhof, 29 settembre 2006 – 25 Febbraio 2007, Distributed Art Pub Incorporated, Berlino 2006.

Javault Patrick (éd.), *Vidéo Topiques – tours et retours de l'art vidéo*, catalogo della mostra, Musée d'art moderne et contemporain de Strasbourg, 18 ottobre 2002 – 2 febbraio 2003, Les Éditions des Musée de la Ville/Les Musées de Strasbourg, Parigi/Strasburgo 2002.

Jenkins Henry, *Cultura Convergente*, Apogeo, Milano 2007 [ed. orig. *Convergence Culture: where Old and New Media Collide*, New York University Press, New York 2006].

Jimenez Marc, *La querelle de l'art contemporain*, Gallimard, Parigi 2005.

Joselit David, *Dopo l'arte*, Postmedia book, Milano 2015 [ed. orig., *After Art*, Princeton University Press, Princeton 2012].

Kier-La Janisse, *Apocalypse now: an interview with video artist Dominic Gagnon*, 4 aprile 2014 (http://www.spectacularoptical.ca/2014/04/apocalypse-now-an-interview-with-video-artist-dominic-gagnon/; ultimo accesso gennaio 2020.

Knight Julia – Thomas Peter, *Reaching Audiences. Distribution and Promotion of Alternative Moving Image*, Intellect, Bristol/Chicago 2011.

Koch Gertrude – Pantenburg Volker – Rothöler Simon (eds.), *Screen Dynamics: Mapping the Borders of Cinema*, Synema/ Osterreichisches Filmmuseum, Vienna 2012.

Kocur Zoya – Leung Simon (eds.), *Theory in Contemporary Art Since 1985*, Wiley-Blackwell, Malden 2004.

Korot Berl – Schneider Ira (ed.), *Video Art: An Anthology*, Raindance Foundation, New York/London 1976.

Krauss Rosalind, *L'arte nell'era postmediale*, Postmedia Books, Milano 2005 [ed. orig. *A Voyage on the North Sea: Art in the Age of the Post-Medium Condition*, Thames & Hudson, Londra 2000].

Kultermann Udo, *Vita e arte. La funzione degli intermedia*, Görlich, Milano 1972.

Lageira Jacinto – Wright Stephen, *Relocating the Viewer: An interview with Atom Egoyan*, «Parachute», n. 103, 2001, pp. 51-71.

Latini Giulio, *Un sogno lungo un film. Note su Arca Russa*, in «Close up», n. 14, 2003, pp. 50-53.

Le Maître Barbara – Verraes Jennifer, *Cinéma muséum. Le musée d'après le cinéma*, PU, Vincennes 2013.

Leighton Tanya (ed.), *Art and the moving image. A critical reader*, Tate Publishing, Londra 2008.

Lévy Pierre, *Cybercultura*, Feltrinelli, Milano 1999.

Lim Dennis, *The Merger of Academia and Art House. Harvard Filmmakers' Messy Worlds*, in «The New York Times», 31 agosto 2012.

Lischi Sandra, *Cine ma video*, Ets, Pisa 1996.

Ead., *Cinema e video, una conversazione ininterrotta*, in Quaresima Leonardo (a cura di), *Il cinema e le altre arti*, atti del convegno, La Biennale di Venezia, Marsilio, Venezia 1996.

Ead., *Visioni elettroniche. L'oltre del cinema e l'arte del video*, Bianco&Nero, Roma 2001.

Lissoni Andrea, *Forme di resistenza. Il video alle prese con il mantenimento della sua identità*, in «Close-Up», n. 17, settembre-febbraio 2005/06.

Lizzani Carlo, *Il discorso delle immagini. Cinema e televisione: quale estetica?*, Marsilio, Venezia 1995.

London Barbara (ed.), *Video Spaces: Eight Installations*, catalogo della mostra, The Museum of Modern Art New York, 22 giugno – 12 settembre 1995, MoMA Publishing, New York 1995.

Luginbül Sirio (a cura di), *L'immagine mobile, l'immagine protagonista: Cinema e video-tape creativo negli anni '70*, catalogo della rassegna Internazionale d'Arte Istruzioni per l'Uso delle Avanguardie, Albano Terme, 16 – 25 ottobre 1978, Azienda Cura Soggiorno e Turismo, Albano Terme 1978.

Lyotard Jean-François (éd.), *Les Immaterieux*, catalogo della mostra, Centre Georges Pompidou, 28 marzo – 15 luglio, Centre Georges Pompidou, Parigi 1985.

Ma Ming-Yuen S. – Suderburg Erika (eds.), *Resolutions 3. Global Networks of Video*, Univiversity Minnesota Press, Minneapolis 2012.

Magnan Nathalie (éd.), *La vidéo entre art et communications*, ENSBA, Parigi 1997.

Mannoni Laurent, *La grande arte dalla luce all'ombra. Archeologia del cinema*, Lindau, Torino 2007 [ed. orig. *Le grand art de la lumière et de l'ombre, archéologie du cinéma*, Nathan, Parigi 1995].

Marchessault Janine, *Fluid Screens, Expanded Cinema*, University of Toronto Press, Toronto 2008.

Marine Joe, *Shooting a Film in a Square 1:1 – Aspect Ratio: Xavier Dolan's 'Mommy'*, 22 maggio 2014 (https://nofilmschool.com/2014/05/square-1-1-aspect-ratio-xavier-dolan-mommy; ultimo accesso gennaio 2020).

Mariniello Silvestra, *Commencements*, in «Intermeédialités», n. 1, primavera 2003, pp. 47-62.

Marks Laura, *Video haptics and erotics*, in «Screen», vol. 39, n. 4, inverno 1998, pp. 331-348.

Markus David – Egoyan Atom, *Conversazione con* Atom Egoyan, in «Saatchi Online Magazine», 2007.

McLuhan Marshall, *Understanding Media: The Extensions of Man*, Mentor, New York 1964.

Id., *Il medium è il messaggio*, Feltrinelli, Milano 1968.

Medesani Angela, *Icone Fluttuani. Storia del cinema d'artista e della videoarte in Italia*, Mondadori, Milano 2002.

Meigh-Andrews Chris, *A History of Video Art*, Berg, New York 2006.

Melcher Paola Hilda – Paoletti Gianluca – Petri Sara, *Zbigniew Rybczynski: appunti per un cinema elettronico*, video, 20', 1999.

Meyer Marc (ed.), *Being & Time: The Emergence of Video Projection*, catalogo della mostra, Albright-Knox Art Gallery, 21 settembre – 1 dicembre 1996, Albright-Knox, Buffalo NY.

Michaud Philippe-Alain *Aby Warburg et l'image en mouvement*, Macula, Parigi 1998.

Id. (éd.), *Le mouvement des image*, catalogo della mostra, Centre Georges Pompidou, 5 aprile 2006 – 29 gennaio 2007, Centre George Pompidou, Parigi 2006.

Moisdon-Trembley Stéphanie, *L'image avec sa perte*, in «Cinémathéque», n.10, autunno 1996, pp. 96-103.

Ead., *La belle équipe*, in «Art Press», n.227, settembre 1997, pp. 20-24.

Mondloch Kate, *Screens: Viewing Media Installation Art*, University of Minnesota Press, Minneapolis 2010.

Montani Pietro, *L'intelligenza intermediale. Perlustrare, rifigurare, testimoniare il mondo visibile*, Laterza, Bari 2010.

Morgan Jessica – Muir Gregor (eds.), *Time Zones: Recent Film and Video*, catalogo della mostra, Tate London, 6 ottobre 2004 – 2 gennaio 2005, Tate Publishing, Londra 2004.

N. Chen, *Xavier Dolan's 'Mommy' and Aspect Ratio Experimentation*, in «Grolsh Canvas», 25 luglio 2014.

O'Falt Chris, *Why Xavier Dolan's 'Mommy' Was Shot as a Perfect Square*, in «The Hollywood reporter», 1 agosto 2015.

Obrist Hans-Ulrich, *Interviste I*, Charta, Milano 2003.

Olson Alan M. – Parr Christopher – Parr Debra, *Video, icons and values*, Suny Press, New York 1991.

Osborne Peter, *Distracted Reception: Time, Art and Technology*, in Morgan jessica (ed.), *Time Zones: Recent Film and Video*, catalogo della mostra, Tate London, 6 ottobre 2004 – 2 gennaio 2005, Tate Publishing, Londra 2004, pp. 66-75.

Paci Viva, *Il cinema di Chris Marker. Come un vivaio ai pescatori di passato dell'avvenire*, Alberto Perdisa, Bologna 2005.

Ead., *La machine à voir. Á propos de cinéma, attraction, exhibition*, Presses Universitaires du Septentrion, Villeneuve-d'Ascq 2012.

Paci Viva - Boisvert Stéfany (a cura di), *Une télévision allumée. Les arts dans le noir et blanc du tube cathodique,* Presses universitaires de Vincennes, 2018.

Pagliera Arianna, *'Questo non è un film'. Intervista a Cosimo Terlizzi* (http://www.pointblank.it/recensione/questo-non-e-un-film-intervista-a-cosimo-terlizzi/; ultimo accesso gennaio 2020).

Païni Dominique – Cogeval Guy (éds.), *Hitchcock et l'art. Coïncidences fatales*, catalogo della mostra, Centre Georges Pompidou, 6 giugno – 24 settembre 2001, Mazzotta, Milano 2001.

Païni Dominique *Des images pour regarder le monde*, in «Art press», n. 13, 1993.

Ead. (éd.), *L'art et le 7e art. Collection de la Cinémathèque française*, catalogo della mostra, Musée des Beaux-Arts de Tourcoing, 30 settembre 1995 – 8 gennaio 1996, Fesnoy, Turcoing 1995.

Ead. (éd.), *Projections, les transportes de l'image*, catalogo della mostra, Le Fresnoy, Studio national des arts contemporains, novembre 1997 – gennaio 1998, Hazan/Le Fresnoy/AFAA, Parigi 1997.

Ead., *Le retour du Flâneur*, in «Art press», n. 255, 2000, pp. 33-41.

Ead., *Le temps exposé. Le cinéma de la salle au musée*, Cahiers du cinéma, Paris 2002.

Ead., *Cinéma au musée*, in «Chaiers du cinéma», n. 611, 2006.

Ead., *Le cinéma un art plastique*, Yellow, Paris 2013.

Palazzoli Daniela, *Nuovi media. Fotografia, cinema, videotape, l'uso artistico dei nuovi media*, Fabbri, Milano 1976.

Panofsky Erwin, *Il significato delle arti visive*, Einaudi, Torino 1962 [ed. orig. *The Meaning of the Humanities*, Green Theodore Meyer (ed.), Princeton University Press, Princeton 1940].

Parfait Françoise, *Video: un art contemporain*, Édition du Regard, Paris, 2001.

Parolo Lisa, *Per una storia della videoarte italiana negli anni Settanta: il fondo archivistico della galleria del Cavallino di Venezia (1970-1984). Riesame storico-critico delle fonti e individuazione di nuovi metodi di catalogazione digitale*, tesi di dottorato di ricerca, rel. Saba Cosetta G., corr. Cinelli Barbara, Università di Udine, a.a. 2015/2016.

Peggy Gale (ed.), *Video by Artists 1*, Art Metropole, Toronto 1976.

Perniola Mario, *Marshall McLuhan e l'ideologia della totalità*, in «Nuovi Argomenti», n.9, gennaio-marzo 1968.

Id., *L'arte come mutante neutro*, in Bonito Oliva Achille (a cura di), *Punti cardinali dell'arte*, Catalogo della XLV Edizione de La Biennale di Venezia, Edizioni Biennale, Venezia 1993.

Perov Kira (a cura di), *Bill Viola: Visioni Interiori*, catalogo della mostra, Palazzo delle Esposizioni, 21 ottobre 2008 – 6 gennaio 2009, Giunti, Roma 2008.

Perrée Rob, *Into Video Art. The Characteristics of a Medium*, Com Rumpre-Idea Books, Amsterdam 1988.

Pinotti Andrea – Somaini Antonio (a cura di), *Cultura visuale. Immagini sguardi media dispositivi*, Einaudi, Torino 2016.

Idd. (a cura di), *Teorie dell'immagine: il dibattito contemporaneo*, Rafaello Cortina, Milano 2009.

Podesta Patti (ed.), *Resolutions: A Critique of Video Art*, catalogo della mostra, LACE Los Angeles Contemporary Exhibitions, 18 aprile – 10 maggio 1986, LACE, Los Angeles 1986.

Popper Frank, *L'Art a l'age electronique*, Hazan, Parigi 1993.

Ragghianti Carlo Ludovico, *Arti della visione, I. Cinema; II. Spettacolo teatrale; III. Il linguaggio artistico*, Einaudi, Torino 1974-1979.

Rancière Jacques, *Le cinéma dans la 'fin' de l'art*, in «Chaiers du cinéma», n. 552, 2000, pp. 50-51.

Renov Michael – Suderburg Erika (eds.), *Resolutions: Contemporary Video Practices*, University of Minnesota Press, Minneapolis 1996.

Ribaldi Cecilia (a cura di), *Il nuovo museo*, Il saggiatore, Milano 2005.

Rieser Martin – Zapp Andrea (a cura di), *New Screen Media: Cinema/Art/Narrative*, BFI, Londra 2002.

Roelstraete Dieter (ed.), *Chantal Akerman, too far, too close*, catalogo mostra, MuHKA, 9 febbraio – 29 maggio 2012, Ludion, Anversa 2012.

Rosati Faliero, *1968-1972 Esperienze di cinema militante*, Società Gestioni Editoriali, Roma 1973.

Royoux Jean-Christophe, *The Expanded Cinema of Exhibitions*, in AA.VV., *Stan Douglas*, catalogo della mostra, Centre Georges Pompidou, 12 gennaio – 7 febbario 1994, Édtions du Centre Pompidou, Parigi 1994.

Id., *Narration et Paysage: ce que devient le cinéma à l'heure de sa réproduction-Quelques remarques à partir du travail de six jeunes artistes britanniques*, in AA.VV., *Perfect Speed*, catalogo della mostra, Macdonald Steward Art Center Guelph e University of South Florida Contemporary Art Museum Tampa, 1995-1996, Macdonald Steward Art Center, Guelph 1996.

Id., *Pour un cinéma d'exposition, Retour sur quelques jalons historique*, in «Omnibus», n. 20, aprile 1997, pp. 36-41.

Id., *D'une boucle à l'autre: activité artistique, post-cinéma et télévision*, in «Journal de l'Institute Francais de Bilbao», 8 aprile 1998.

Id., *Remaking cinema*, in AA.VV., *Cinéma cinéma, contemporary art and the cinematic experience*, catalogo della mostra, Stedelijk Van Abbemuseum, Eindhoven 1999.

Id., *De Douglas Gordon à Pierre Huyghe. Cinéma d'exposition: l'espacement de la durée*, in «Art press», n. 262, novembre 2000, pp. 36-41.

Id., *Remaking Cinema: le nouvelles stratégies du remake et l'invention du cinéma d'exposition*, in Coudinoux Vernoique – Weemans Michel (éds.), *Reproductibilitè et irreproductibilié de l'oeuvre d'art*, La lettre voleé, Cruxelles 2001.

Rush Michael (ed.), *Video Art*, Thames&Hudson, Londra 2003.

Rutledge Virginia – Viola Bill, *Art at the End of the Optical Age*, intervista a Bill Viola, «Art in America», n. 86, v. 3, marzo 1998.

S. a., *Cosimo Terlizzi: 'Folder è il mio diario audiovisivo'*, in «Cinema italiano», 28 ottobre 2011.

Saba Cosetta – Polan Cristiano (a cura di), *Unstable Cinema: film and contemporary visual arts*, Campanotto, Pasian di Prato 2007.

Saba Cosetta – Valentini Valentina (a cura di), *Medium senza medium. Amnesia e cannibalizzazione: il video dopo gli anni Novanta*, Bulzoni, Roma 2015.

Schefer Jean Louis, *Du monde et du mouvement des images*, Édition Chaiers du cinéma, Parigi 1997.

Senaldi Marco, *Doppio sguardo. Cinema e arte contemporanea*, Bompiani, Milano 2008.

Shamberg Michael – Raindance Foundation, *Guerilla Television*, Henry Holt&Company, New York 1971.

Shaw Jeffrey – Weibel Peter (eds.), *Future cinema: The cinematic imaginary after film*, catalogo della mostra, Center for Art and Media Karlsruhe, 16 Novembre 2010 – 30 Marzo 2003, MIT Press, Cambridge 2003.

Smith Gene, *$995 Home Tv Tape Recorder to Be Introduced Here by Sony*, in «The New York Times», 9 giugno 1965.

Somaini Antonio, *La distinzione tra Medium e Form. Luhmann e la questione del dispositivo*, in «Fata Morgana», anno 9, n. 26, 2015, pp. 39-54.

Sontag Susan, *The Decay of Cinema*, in «New York Times», 25 febbraio 1996.

Sossai Maria Rosa, *Artevideo. Storie e culture del video d'artista in Italia*, Silvana Editoriale, Milano 2002.

Ead., *Film d'artista. Percorsi e confronti tra arte e cinema*, Silvana Editoriale, Milano 2008.

Sperlinger Mike – White Ian (ed.), *Kinomuseum, towards an Artists'Cinema,* Walther Köning/ D.A.P., Colonia/New York 2008.

Spielmann Yvonne, *Video: The Reflexive Medium*, MIT Press, Cambridge 2008.

Subrizi Carla (a cura di), *Baruchello e Grifi. Verifica incerta. L'arte oltre i confini del cinema*, DeriveApprodi, Roma 2004.

Szeemann Harald (a cura di), *XLIX Esposizione Internazionale d'Arte. Platea dell'umanità*, catalogo della mostra, Biennale di Venezia, 10 giugno – 4 novembre 2001, Electa, Milano 2001.

Id. (a cura di), *XLVIII Esposizione Internazionale d'Arte. dAPERTutto*, catalogo della mostra, Biennale di Venezia, 12 giugno – 7 novembre, Marsilio, Venezia 1999.

Id. (Hg.), *100 Jahre Kino, Illusion – Emotion – Realität*, Kunsthaus Zürich, 10 novembre 1995 – 25 febbraio 1996, 1996.

Taiuti Lorenzo, *Corpi sognanti. L'arte nell'epoca delle tecnologie digitali*, Feltrinelli, Milano 2001.

Terlizzi Cosimo, *Prefazione*, in AA.VV., *Asolo Art Film Festival 37° edizione*, catalogo della rassegna, Asolo, 20 – 23 giugno 2019.

Trodd Tamara (ed.), *Screen/Space. The projected image in contemporary art*, Manchester University Press, Manchester 2011.

Tryon Chuck, *Reinventing Cinema: Movies in the Age of Media Convergence*, New Brunswick, Rutgers University Press, New Brunswick 2009.

Ussia Nicola, *I linguaggi del video. Tra arte e cinema: analisi delle specificità di linguaggio e della produzione anni '90 attraverso l'archivio di Invideo, con un'intervista a Sandra Lischi sulle prospettive future della videoarte*, Tesi di laurea specialistica in Saperi e Tecniche dello Spettacolo Cinematografico, Università La Sapienza, Roma a.a. 2009/2010.

Valentini Valentina (a cura di), *Intervalli, tra film, video, televisione*, Sellerio, Palermo 1989.

Ead. (a cura di), *Dialoghi, tra film, video, televisione,* Sellerio, Palermo 1990.

Ead. (a cura di), *Dissensi, tra film, video, televisione*, Sellerio, Palermo 1991.

Ead. (a cura di), *Vedute tra film, video e televisione*, catalogo della VII rassegna internazionale Video d'autore, Taormina 1992, Sellerio, Palermo 1992.

Ead. (a cura di), *Bill Viola. Vedere con la mente e con il cuore,* Gangemi, Roma 1993.

Ead., *La narrazione astratta e atonale del video*, in «Filmcritica», n. 493, 1993.

Ead., *Video d'autore. Luoghi forme tendenze dell'immagine elettronica*, Gangemi, Roma 1994.

Ead. (a cura di), *Video d'autore 1986-1995*, Gangemi, Roma 1995.

Ead., *Visibilità zero*, Gangemi, Roma 1996.

Ead., *Il video a venire*, Rubbettino, Soveria Mannelli 1999.

Ead. (a cura di), *Le storie del video*, Bulzoni, Roma 2003.

Ead. (a cura di), *Zero visibility of the reverse order – Dell'ordine inverso*, Maska, Ljubljana, 2003.

Ead., *Le pratiche del video*, Bulzoni, Roma 2003.

Ead., *Le forme del narrare in video*, in «Close-Up», n. 17, 2004, pp. 91-103.

Ead., *La vocazione plurale della regia. Conversazione con Paolo Rosa*, in «Biblioteca teatrale», *I modi della regia nel nuovo millennio*, n.91-92, luglio-dicembre 2009, Bulzoni, Roma 2009, pp. 143-165.

Ead. (ed.), *Tv Arts Tv, The Television Shot by Artists*, catalogo della mostra, Arts Santa Mònica Barcellona, 15 ottobre – 5 dicembre 2010, La Fàbrica/Arts Santa Mònica, Madrid/Barcellona 2010.

Ead., *La condizione postmediale del video*, in Ardovino Adriano – Guastini Daniele (a cura di), *I percorsi dell'immaginazione: studi in onore di Pietro Montani*, Pellegrini, Cosenza 2016, pp. 409-416.

Vancheri Luc, *Cinémas contemporains, du film à l'installation*, Aléas, Lione 2009.

Venturini Riccardo, *Marcel Broodthaers. Tante aquile*, in «Doppiozero», 3 luglio 2015.

Venturini Simone (ed.), *Revisiting the archive*, in «Cinéma&Cie, International Film Studies Journal», vol. XI, n. 16-17, primavera-autunno 2011, Carocci, Roma.

Viatte Germain (éd.), *Peinture, Cinéma, Peinture*, catalogo della mostra, Centre de la vieille charité ,15 ottobre 1989 – 14 gennaio 1990, Hazan, Marsiglia 1989.

Wei Lilly, *Martha Rosler, Making Art, Making Money, 13 artists comment*, in «Art in America», luglio 1990.

Willis Holly, *New Digital Cinema. Reinventing the Moving Image*, Wallflower Press, London, 2005.

Winter Max, *Watch: How Aspect Ratio Limns a Film Director's Vision*, in «Press Play», 3 ottobre 2015.

Yates Frances, *L'Art de la mémoire*, Gallimard, Parigi 1966.

Youngblood Gene, *Expanded Cinema*, Studio vista, London 1970.

Id., *The videosphere*, in «Radical Software», vol. I, n. 1, New York 1970, p.1.

Zecca Federico (a cura di), *Il cinema della convergenza : industria, racconto, pubblico*, Mimesis, Milano 2012.

Id., *Le relazioni tra i media nell'epoca della convergenza*, in «Fata Morgana», anno 9, n. 26, 2015, pp. 203-215.

Zielinski Siegfried, *Audiovisionen. Kino und Fernsehen als Zwischenspiele in der Geschichte*, Rowohlt, Berlino 1989 [trad. eng. *Audiovisions. Cinema and television as entr'actes in history*, Amsterdam University Press, Amsterdam 1999].

Zucconi Francesco, *La sopravvivenza delle immagini nel cinema: archivio, montaggio, intermedialità*, Mimesis, Udine 2013.

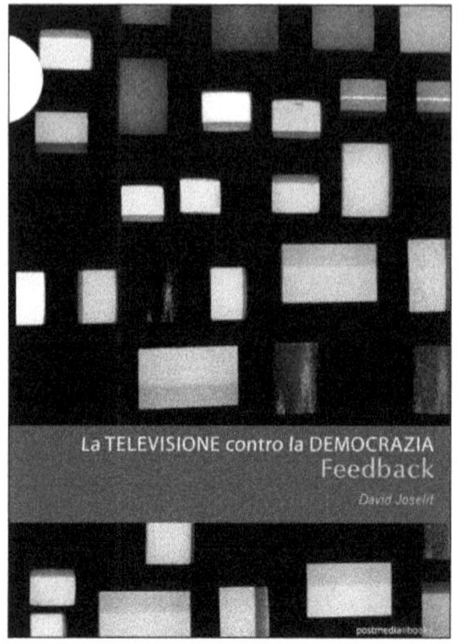

La televisione contro la democrazia
Feedback

di David Joselit

Postmedia Books 2016
isbn 9788874901661

Feedback è uno studio di storia dell'arte il cui archivio non è l'opera di un artista, uno stile, un tema, e neppure un medium. Quello che fa è raccontare alcuni eventi nell'ecologia del video dell'America di metà secolo che hanno perturbato o riconfigurato il circuito chiuso della televisione. Malgrado le differenze dalle opere d'arte convenzionali, ho sottoposto queste immagini-evento alle stesse procedure di analisi formali che organizzano la storia dell'arte... In un mondo "televisivizzato", dove l'arte sta sulla televisione e la televisione sta sulla democrazia, la storia dell'arte ha la capacità di diventare scienza politica. Il mio libro rappresenta un passo avanti in questa direzione.
__ David Joselit

Per quanto sia apparso originariamente nel 2007, cioè in un'epoca di conclamata "maturità" del mezzo televisivo, Feedback. Tv Against Democracy, *di David Joselit costituisce per molti aspetti uno studio pioneristico. Il motivo è semplice: anche se i media studies stanno occupando una fetta sempre crescente nel panorama delle humanities, gli studi dedicati all'impatto realmente culturale e artistico della televisione restano ancora molto scarsi.* Feedback *costituisce una notevole eccezione in questo panorama, riuscendo a coniugare in un unico discorso sia un'analisi delle maggiori sperimentazioni artistiche in ambito televisivo, che una serrata critica dell'ideologia soggiacente al mezzo...*
__ dall'introduzione di Marco Senaldi

Civil Imagination
Ontologia politica della fotografia
di Ariella Azoulay

Dopo l'arte / After Art
di David Joselit

William Kentridge
di Valeria Burgio

Service
A Trilogy on Colonization
di Martha Rosler

Antropologia della comunicazione visuale
di Massimo Canevacci

Media, New Media, Postmedia
di Domenico Quaranta

Il cinema come happening
di Luca Caminati

Cinema e postmedia. I territori del filmico nel contemporaneo
di Miriam De Rosa

L'exforma
Arte, ideologia e scarto
di Nicolas Bourriaud

Francis Ford Coppola
di Jeff Menne

Cindy Sherman
di Johanna Burton

Cronologia. Tempo e identità nei film e nei video degli artisti contemporanei
di Daniel Birnbaum

Arte e televisione
Da Andy Warhol al Grande Fratello
di Marco Senaldi

Obversione
di Marco Senaldi

Arte, fotografia e femminismo in Italia negli anni Settanta
di Raffaella Perna

Azioni che cambiano il mondo
Donne, arte e politiche dello sguardo
di Carla Subrizi

Tacita Dean
di Emanuela De Cecco

Elena Bellantoni
Una partita invisibile con il pubblico
di Cecilia Guida

Fiamma Montezemolo
Dell'inquietudine / Of Disquiet
di Anna Cestelli Guidi

Ketty La Rocca. Nuovi studi
di di F. Gallo e R. Perna (a cura di)

Karlheinz Stockhausen
Sulla musica
di Robin Maconie

Questa cattiva reputazione...
di Guy Debord

La forma video
Tra cinema e arti visive dopo il digitale
di Milo Adami

postmedia books 2020
240 pp. 4 ill.
isbn 9788874902613

Postmedia Srl
Milano
www.postmediabooks.it

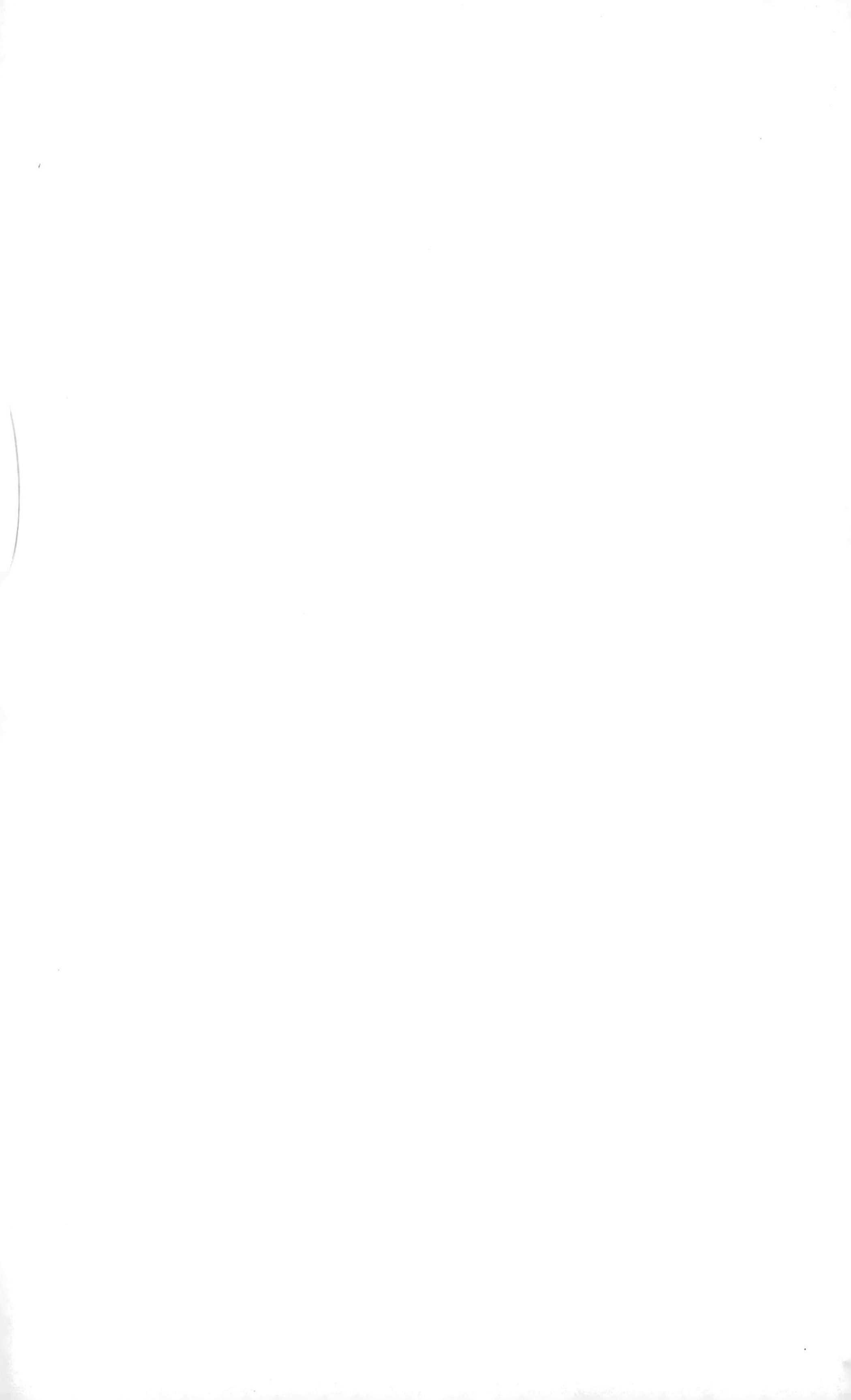